인생교과서

헤겔

KI신서 6608

인생교과서 헤겔

1판 1쇄 인쇄 2016년 6월 17일
1판 1쇄 발행 2016년 6월 24일

지은이 / 최신한 권대중
공편 / 재단법인 플라톤 아카데미
펴낸이 / 김영곤 펴낸곳 / (주)북이십일 21세기북스
인문기획팀장 / 정지은 책임편집 / 장보라
디자인 / 표지 씨디자인 본문 김현주
출판사업본부장 / 안형태 출판영업팀장 / 이경희
출판영업팀 / 정병철 이은혜 유선화 출판마케팅팀 / 김홍선 최성환 백세희 조윤정
홍보팀장 / 이혜연 제작팀장 / 이영민

출판등록 2000년 5월 6일 제406-2003-061호
주소 (우-10881) 경기도 파주시 회동길 201(문발동)
대표전화 031 - 955 - 2100 팩스 031 - 955 - 2151

ISBN   978-89-509-6555-6 04100
         978-89-509-6064-3 04100(세트)

삶 에 대 한 궁 극 의 질 문 과 답 **10**

인생교과서

헤겔

세계 속의 이성을 인식하라

최신한 + 권대중

21세기북스

이 책을 읽기 전에

● 『인생교과서』 시리즈는 인류의 위대한 스승 19명에게 묻고 싶은 인생의 질문에 대해 각 계의 대한민국 대표 학자들이 답하는 형식으로 이루어져 있다. "삶이란 무엇인가", "행복이란 무엇인가", "죽음이란 무엇인가" 등 인생의 화두라할 수 있는 질문에 대해 저마다 어떻게 생각했는지 비교하며 살펴볼 수 있다.

● 『인생교과서 헤겔』은 최신한(한남대학교 철학과 교수), 권대중(계명대학교 철학과 교수)의 글로 구성되었다. 헤겔에게 묻고 싶은 29개의 질문 중 한 질문에 두 저자가 답한 경우도 있고, 한 저자가 답한 경우도 있다. 이 책을 읽고 마지막 30번째의 질문은 여러분 스스로 만들어보고, 이에 대한 답을 생각해보는 기회를 가져도 좋을 것이다.

● 헤겔이라는 인물을 오랜 시간 연구해온 두 저자는 오늘날 우리 개인과 사회에 헤겔의 정신이 필요하다는 생각은 같이하지만, 각각 다른 시각으로 삶에 대한 통찰과 지혜를 풀어내고 있다. 따라서 이 책에서 같은 주제에 대한 두 저자의 다른 해석을 살펴보는 색다른 재미를 느낄 수 있을 것이다.

현자 19人이 목숨 걸고
사유한 인생의 질문과 답

플라톤 아카데미 총서 편집국

2010년에 설립된 재단법인 '플라톤 아카데미Academia Platonica'는 인문학 연구 역량을 심화시키고, 탁월함Arete의 추구라는 인문 정신의 사회적 확산을 위해 설립된 공익 재단입니다. 재단의 출연금을 조성하신 분의 의지에 따라 '기부자 개인이나 관련 기업의 홍보는 일절 하지 않는다'는 방침을 세웠고, 설립 이후 오 년 동안 이 원칙을 지켜왔습니다. 대학의 사명이라 여겨졌던 인문학 연구의 심화와 확산을 한 기업가가 돕겠다고 나선 것은 인문학 공부가 주는 의미와 효과 때문일 것입니다. '플라톤 아카데미'라는 이름처럼, 저희 재단은 그리스 철학자 플라톤이 제기한 인문학 공부의 의미와 그 효용성을 널리 전하고자 했습니다.

플라톤은 『국가』 제7권에서 유명한 '동굴의 비유'를 통해 국가 수호자가 갖추어야 할 덕목과 그들이 받아야 할 지도자 교육에 대해 설명했습니다. 그는 스승인 소크라테스의 입을 통해 "우리의 관심사는 국가 안에서의 특정 계급의 특별한 행복이 아니라, 전체의 행복이라는 것"을 강조합니다. 우리 재단의 설립자가 아무 대가를 바라지 않고 인문학의 심화와 확산을 시도하는 것은 바로 이러한 '전체의 행복'을 지향하기 때문입니다.

　인문학 공부는 개인에게도 큰 도움이 됩니다. 소크라테스의 입을 빌려 말한다면, 인문학이 '철학과 공무 양쪽에 다 참여할 수 있는 능력'을 제공해주기 때문입니다. 재단법인 플라톤 아카데미가 추구하는 인문학은 국가와 사회 전체의 행복을 추구하는 공적 성격을 지니면서, 동시에 개인의 공무 처리 능력을 함양한다는 점에서 사적 유익도 분명히 존재합니다. 플라톤은 그런 인문학적 사유의 사적 유익을 다음과 같이 표현했습니다.

　"여러분은 차례대로 동료 시민들의 거처(동굴)로 내려가서 어둠에 싸인 사물들을 보는 일에 익숙해지지 않으면 안 되오. 일단 익숙해지면 여러분은 그것들을 그곳에 있는 사람들보다 월등히 더 잘 보게 될 것이며, 모든 영상映像을 그것이 무엇이며, 어디서 왔는지 식별할 수 있을 테니 말이오. 여러분은 아름다움과 정의와 선에 관하여 진리를 보았기 때문이오."

재단법인 플라톤 아카데미는 '나는 누구인가?'에 대한 인문학적 성찰에서 출발해 '어떻게 살 것인가?'라는 질문으로 시작하는 타자에 대한 사회적 존재로서의 책임과 전체의 행복을 추구합니다. 이러한 공공성의 확보는 우리 모두 '철학과 공무에 다 참여할 수 있는 능력'을 함양하는 유익을 제공합니다. 따라서 재단법인 플라톤 아카데미를 통한 인문학의 심화와 확산 사업은 기부자와 그 기부의 혜택을 받는 우리 모두에게 의미와 유익을 주는 학문적 성찰이라 하겠습니다.

재단법인 플라톤 아카데미는 공공성과 개인적 유익을 확대하기 위해 지난 삼 년 동안 새로운 사업을 추진해왔습니다. 인류의 스승이라 할 수 있는 현자 19명(부처, 공자, 예수, 무함마드, 호메로스, 플라톤, 아리스토텔레스, 아우구스티누스, 장자, 이황, 간디, 데카르트, 니체, 칸트, 헤겔, 미켈란젤로, 베토벤, 톨스토이, 아인슈타인)을 오늘의 시점으로 소환하여 그들과 상상의 대화를 나누는 것이었습니다. 그들의 면면은 인류의 현자라 불리기에 손색이 없습니다.

위대한 현자들에게 삶이란 무엇인지, 행복이란 무엇인지 등 인생의 본질적인 질문들을 물어보고, 그들은 이러한 질문에 대해 어떻게 생각했을지 살펴보기로 했습니다.

이를 위해 우리나라 인문학계에서 해당 인물을 연구해오신 대표 학자들을 초청해서 그 현자들의 생각을 대신 추론하시도록 부탁했습니다. 단순하게 그 인물에 대해 전기적인 연구를 하는 것도 아니고, 사상사적 의미를 밝히는 작업도 아니었습니다.

인간이라면 누구나 가질 법한 삶의 근본적인 고민들에 대해 함께 이야기해보고 고민하는 시간을 마련함으로써 인류의 현자 19명이 평생 목숨을 걸고 사유했던 인생의 질문을 우리도 해보고자 했습니다. 그것이 공통된 질문일 수도 있고, 상이한 질문일 수도 있지만, 묻고 답하는 상상의 인문학을 통해 우리 자신이 놓치지 말아야 할 인생의 질문을 도출하고자 했습니다.

19명의 현자들을 오늘의 시점으로 소환해 그들의 학문과 사상을 추론하며 인생의 질문을 도출하셨을 뿐 아니라, 스스로 상상의 답변을 마련해주신 학자들에게 찬사를 보냅니다. 연구 과정도 고단했겠지만, 발표하는 시간도 쉽지 않는 지적 모험이었을 것입니다. 그리고 그것을 다시 출간하기 위한 원고 작업은 상상하지 못할 시간과 노력을 요구하는 것이었을 겁니다. 그럼에도 우리나라를 대표하는 학자분들께서 재단이 추구하는 정신에 공감해주셨고, 최선을 다해 연구하고, 발표하고, 그리고 집필에 임해주셨습니다. 진심으로 감사드립니다.

더불어 앞선 학자분들의 노력을 후원해주시고, 강의에 참여해 함께 토론해주셨던 재단 관계자분들과 수공회 회원분들께도 찬사를 보냅니다. 격주로 수요일에 모인다고 해서 '수공회'라 이름 붙인 이 공부 모임은 재단의 프로젝트를 위한 든든한 정신적인 버팀목이 되어주셨습니다. 만 삼 년 동안 진행되었던 쉽지 않은 인문학 성찰의 여정에 함께 참여해주시고 후원해주신 수공회 도반 여러분들께도 감사드립니다.

『인생교과서』 시리즈의 현자가 19명인 이유는 특별한 나머지 한 분을 포함시키기 위해서입니다. 바로 이 책을 읽고 계신 독자 여러분입니다. 인류의 스승들이 던졌던 인생의 질문을 숙고하신 다음, 여러분이 마지막 스무 번째 현자가 될 수 있는 가능성을 열어두시기 바랍니다. 사실 인문학은 답을 찾는 학문이 아닙니다. 오히려 질문을 제기하는 것이 인문학의 본질적 의무입니다. 현자들의 질문과 답을 사숙하신 다음, 스스로에게 인생의 질문을 던지는 독자들이 되시기를 바랍니다. '나는 누구인가? 어떻게 살아야 하는가? 어떻게 죽어야 멋진 죽음인가?'

서문 1

궁극적으로,
삶의 새로운 의미를 꿈꾸다

최신한
(한남대학교 철학과 교수)

'인생교과서', 이러한 주제는 철학자 헤겔에게 어울리지 않을지 모른다. 그는 일반적인 인생론을 쓴 철학자가 아닐 뿐 아니라 사람들이 기대하는 인생의 경구를 말한 적도 별로 없다. 그는 철두철미 당대의 철학적 문제와 씨름했으며 시대를 넘어서 철학사를 관통하는 보편사상을 정립하려고 했다. 그렇지만 빛난 업적을 남긴 철학자에게도 개인의 삶이 있으며 그 삶이 사상형성에 영향을 미친다. 삶과 철학의 관계는 필자나 독자에게도 마찬가지로 나타난다. 나 속의 헤겔, 헤겔 속의 나는 서로 밀접한 연관성을 갖는 부분이 있는가 하면 그렇지 않은 부분도 있다.

우리에게 헤겔은 일본을 통해 일찌감치 소개되었지만 그에 대한 학문적 관심은 1980년대 사회 변동기에 폭발적으로 일어났다. 주로 마르크스를 통해 소개된 헤겔은 사

10

회비판과 변혁의 정신적 지주로 생각되었다. 그러나 당시에는 마르크스가 대세였기 때문에 헤겔은 마르크스를 이해하기 위한 전 단계 정도로 받아들여졌다. 따라서 헤겔철학이 특별한 전제 없이 균형적으로 연구되기 시작한 것은 그리 오래되지 않았다.

필자와 헤겔의 만남은 시대분위기와 상관없이 순전히 개인적 관심에서 이루어졌다. '죽음'에 대한 궁금증을 안고 철학공부에 몰두할 때 실존철학과 더불어 마음에 와 닿은 철학이 헤겔이었다. 우연히 『정신현상학』의 '자기의식' 장을 읽고 그 가운데 나오는 '불행한 의식'을 접한 것이 석사논문으로까지 이어졌다. 도움받을 수 있는 참고문헌도 거의 없던 시절이라 엉성한 독일어 실력으로 원전강독에 매달렸다. 당시 유일한 독일책방이었던 '소피아서점'에서 원전을 구하고 학우들과 『정신현상학』을 읽은 것이 헤겔 이해의 첫걸음인 셈이다. 떨어져나온 낱장을 다시 붙이면서 읽던 그 책을 보면 지금도 감회가 새롭다.

인생의 물음에 답을 얻기 위해 독일유학길에 오른 것은 일종의 결단이었다. 그때는 미래의 진로보다 삶의 물음이 더 절박했다. 다행스럽게도 튀빙겐대학은 나의 물음에 대한 대답의 저장소 같았다. 철학 강의는 헤겔, 칸트, 플라톤이 대부분을 차지했다. 과연 헤겔이 수학했던 대학다

왔다. 헤겔강의는 대형 강의실임에도 계단까지 학생들로 가득 찼었다. 헤겔연구로 그 시대를 대변했던 하르트만K. Hartmann과 부브너R. Bubner, 신학자 융-엘E. Jüngel과 웨잉-한 호프L. Oeing-Hanhoff는 나에게 맞춤식 강의를 하는 듯했다. 지도교수였던 큄멜F. Kümmel 선생님은 헤겔 철학의 문제들을 현대의 관점과 연결시켜주셨다.

헤겔 공부에서 얻은 필자의 큰 깨달음 가운데 하나는 절망과 죽음의 극복가능성이었다. 변증법적 사유운동이 삶의 부정성을 고양시킬 뿐 아니라 변화와 상승의 삶을 가장 잘 설명하는 것으로 이해되었다. 기독교의 삼위일체론을 변화와 극복의 논리로 풀이하는 대목에서는 철학적 보편언어의 위력을 실감했으며, 교리언어의 한계 밖에서 삶과 존재의 진리를 만날 수 있었다.

그리고 변증법은 나에게 삶의 변화가능성으로 다가왔다. 변증법이 삶을 관통하는 원리라는 것은 결코 추상적인 것이 아니다. 그때마다의 삶을 상위에서 조명해본다면 그 속에서 이 원리를 발견하는 것은 어렵지 않다. 누구에게나 엄습하는 삶의 굴곡은 반드시 성찰을 요구하며 성찰을 거친 삶은 이전과는 다른 삶으로 이어진다. 이것은 삶의 부정성과 긍정성의 교차다. 이것은 개인의 삶에서뿐만 아니라 공동체의 삶에도 동일하게 나타난다. 헤겔을 신랄

12

하게 비판했던 키르케고르도 변증법의 힘만큼은 인정하지 않을 수 없었다.

헤겔은 나에게 삶을 전체로 바라보는 시각을 부여해주었다. '진리는 전체다'라는 언명은 처음에 수수께끼처럼 들렸다. 한 사실의 진리는 그 사실에만 해당하며 다른 사실에는 해당하지 않는 것 아닌가. 이것은 과학적 진리의 단면이다. 그러나 우리 삶에는 전적으로 독립된 사실이 존재하지 않는 것으로 보인다. 한 경험은 다른 경험과 얽혀 들어가며, 한 시점의 판단도 다른 시점의 판단과 뒤섞인다. 삶의 연속성은 삶의 진리의 연속성이다. 결국 모든 것을 다 아우를 수밖에 없다. 그렇지 않는 한 자기모순과 자기부정을 피할 수 없을 것이다. 헤겔은 전체에 대한 관점을 신의 시선과 연결시킨다. 그는 모든 관점을 끌어안는 관점, 그리고 전체 관계망 속에서 드러나는 진리를 추구했던 것이다. 이것을 고려하는 삶은 철학과 종교를 경시할 수 없다.

우리는 전체에 대한 시각을 가질 때 좀 더 지혜로운 삶을 영위할 수 있다. 이럴 때 스스로 후회하는 경우가 적을 것이며 다른 사람과의 갈등도 피할 수 있다. 시간적으로 보면 이것은 모든 차원의 시간을 고려하는 관점이다. 누구에게든 현재의 삶과 현재의 시간이 중요하다. 그러나 현재는 과거와 분리될 수 없으며 이로부터 미래가 결정된다. 현재 속에 들어온 과거를 정확하게 인식해야 미래를 제대로 전망할 수 있다. 누구나 시대의 아들이지만 이 시대를 정확하게 파악해야 한다. "미네르바의 올빼미는 황혼에 날기 시작한다." 하이데거는 이것을 '피투被投된 기투企投(내던져진 상황 속에서 삶을 기획함)'로 변형함으로써 현대를 대변하는 철학자의 반열에 올랐다.

헤겔이 나의 삶을 자극한 또 하나의 주제는 자기의식이다. 자기의식은 한편으로 외부세계와 관계하기 전의 자의식이며, 다른 한편으로 외부세계와 관계하는 나에 대한 나의 관계다. 외부세계와 관계할 때 나를 채우고 있는 것은 외부세계다. 외부세계로 채워져 있는 나의 의식은 대상에 대한 의식이다. 그런데 나는 이 대상의식에 대해 다시 의식한다. 대상의식에 대한 2차적 의식이 자기의식이다. 그러므로 자기의식 속에는 나와 더불어 대상이 있으며 대상과 관계하는 나를 재조명하는 상위의 의식도 있다. 나는 대상의식인 동시에 대상의식에 대한 의식이다.

때로는 주입된 것으로, 때로는 내가 선택한 것으로 자리 잡고 있는 경험은 분명 나의 일부다. 주입된 대로 살아가거나 내가 선택한 바대로 살아가는 것이 일상이다. 그렇지만 인생은 일상 그 이상을 요구한다. 일상의 의미는

14

퇴색될 수 있기 때문에 삶은 그때마다 새로운 의미를 찾아나선다. 나와 세계의 직접적 만남은 2차적 의식을 통해 다른 형태로 변형된다. 이것은 매개적 만남이다. 자기의식은 직접성에 대한 반성과 매개다. 자기의식이 작동하는 한, 직접적 경험은 '나' 속에서 새롭게 파악된 경험으로 바뀐다. 바로 이 지점에서 삶의 의미가 발생한다.

이와 같은 자기의식의 활동은 헨리히D. Henrich가 말하듯이 '깨어 있는 삶'을 가능하게 한다. 깨어 있는 삶은 자기가 자기와 관계할 때 발생하고 지속된다. 이것은 종교적 경건에서부터 인륜적 삶에 이르기까지 모든 유의미한 삶을 관통한다. 자기의식은 삶의 새로운 의미가 발생하는 마당이다.

우리는 플라톤아카데미의 기획 덕분에 헤겔문헌에서 쉽게 접할 수 없는 인생 문제들을 대할 수 있게 되었다. 이 책이 뽑은 인생의 문제들은 헤겔의 문제임과 동시에 필자의 문제이기도 하다. 이 책이 다루는 문제들이 독자의 물음과 만나면서 삶에 새로운 의미가 발생하기를 기대한다.

헤겔에 대한 친절로 친절한 헤겔을 만드는 이유

권대중
(계명대학교 철학과 교수)

Kant ist schwierig(칸트는 어렵다).

Hegel ist schwieriger(헤겔은 더 어렵다).

Adorno ist am schwierigsten(아도르노는 가장 어렵다).

대략 21년 전이었던 것으로 기억한다. 유학준비를 위해 후암동 남산 자락에 위치한 주한독일문화원이 제공하는 어학강좌를 수강중이었는데, 그의 이름 때문이었는지 특히 한국 학생들과 매우 친했던 라이스Reis 교수가 형용사 'schwierig(어려운)'의 원급-비교급-최상급을 설명하기 위해 (특히 철학도인 나를 보고 씩 웃으면서) 예로 들었던 세 문장이다. 물론 사람에 따라 이 세 명의 사상가에 대해 부여하는 형용사의 급은 얼마든지 바뀔 수 있지만 (가령 나에게는 얼마 전까지만 해도 칸트가 최상급이었다), 비철학도는 물론이고 철학 전공자나 전문학자 집단에서도 이 형용사의 최상급을 가장 자주 부여받는 철학자는 아마 헤겔일 것이다. 캄캄한 터널 속 미로 같기만 했던 헤겔의 논리학을 내가 겨우 이해하기 시작하는 데 결정적인 가르침을 주셨던 이창환 선생님(서울대 미학과 교수)께서도 당신의 평생 소원 중 하나가 "『대논리학』을 무협지처럼 재미나게 읽는 날을 맞이하는 것"이라고 하셨다. 하지만 이 선생님께도 나에게도 그날은 오지 않았고 아마 앞으로도 오지 않을 것이다. 그리고 감히 장담컨대 헤겔 자신도 자신의 글을 그렇게는 못 읽을 것이다.

그렇다면 우리가 헤겔 철학에서 그토록 악명 높은 난이도를 느끼는 이유는 무엇일까? 먼저, 거의 소통이 불가능한 그의 생소한 용어 구사가 그 이유로 언급될 수 있겠다. 실로 그의 철학 체계는 칸트에게서처럼 일반인의 선지식이나 언어 관행을 전혀 고려하지 않은 두껍고도 단단한 '용어의 장갑裝甲' 속에 엄폐되어 있어서, 처음 접하는 이들에게는 거의 난공불락의 철옹성처럼 보이기는 한다. 게다가 칸트의 경우에는 아이슬러R. Eisler가 정리한 정전급正典級의 용어사전[1]이 있지만, 헤겔의 경우에는 옥스퍼드대학의 마이클 인우드Michael Inwood 교수가 쓴, 질적으로는 매우 탁월하면서도 그 분량 면에서는 아쉽기 짝이 없는 영어

본 사전[2)]이 현존하는 헤겔 용어집 가운데 그나마 최고라는 평가를 받고 있으니, 이러한 용어법상의 문제에서 그 혐의점을 찾는 것도 일견 무리가 아닐 법도 하다. 그러나 사실 칸트 이후 철학업계 용어의 복잡화와 전문화는 점점 가속화되었기 때문에, 거의 물리학 미시분과의 전문가들만큼이나 자신의 특화된 용어들을 쏟아내는 현대의 첨단 철학자들을 다 제쳐놓고 철학의 그러한 특화 과정의 비교적 초입에 서 있는 헤겔에게만 유독 용어적 난해성의 혐의를 씌우는 것은 옳지 않아 보인다.

헤겔 철학의 난해성에 대한 이보다 좀 더 설득력 있는 이유는 헤겔 자신의 글쓰기 방식에 있다고도 보인다. 몇몇 전기 작가들이 적고 있듯, 헤겔은 '펜이 사상을 따라가지 못한' 사람으로 종종 언급된다. 20세기의 아도르노와는 전혀 달리, 헤겔은 '아는데 말로 표현할 수 없다'고 말하는 것이야말로 오히려 무지를 드러내는 전형적인 방식이라고 비판했던 사람, 즉 언어적 명증성을 그 누구보다도 자신의 철학의 무기로 삼고자 했던 사람이다. 그리고 어느 정도 친숙해진 과정에서 헤겔을 읽다 보면 더 나은 언어구사가 불가능할 만큼 천재적인 표현도 종종 눈에 띠며, 셰익스피어에게서 느낄 수 있을 정도의 인간 언어의 위대함을 다시금 체험하기도 한다. 그러나 플라톤이 『국가론」을 일곱 번 고쳐 쓴 것을 상기하면서 자신은 『대논리학』을 일흔일곱 번 고쳐 쓰고 싶다고 했던 만큼, 헤겔은 본인의 글에 대해서도 상당한 불만을 지녔던 것도 사실이다. 그의 체계서인 『철학대계Enzyklopädie der philosophischen Wissenschaften im Grundrisse』도 본문보다는 주석이 좀 더 쉽고, 주석보다는 후일 그의 전집 편찬 시 편집자들이 추가해 넣었던 구두보론口頭補論, mündliche Zusätze 필기본이 훨씬 더 쉽게 읽히는 것을 보면, 적어도 그의 펜과 사상 사이의 거리가 그의 입과 사상 사이의 거리보다는 컸던 것 같기도 하다. 나아가 「신앙과 지식Glauben und Wissen」이나 「독일 관념론의 가장 오래된 체계 강령Das älteste Systemprogrmm des deutschen Idealismus」처럼 그가 아주 젊었던 시절에 쓴 글들은 요즘의 글쓰기 수업 평가 기준을 들이대면 거의 최저점을 받을 정도로 문장의 난삽함과 미숙함이 현저하게 드러나는 것도 사실이다. 그러나 이 역시 우리가 흔쾌히 동의할 수 있는 이유는 아니다. 청산유수 같은 말을 늘어놓으면서 엉망진창의 글을 쓰는 자, 어린 시절에 주어-술어 호응조차 되지 않는 글을 썼던 사람이 어디 헤겔뿐이겠는가.

세 번째로 거론될 수 있는 이유는 헤겔 자신에게서보다 오히려 그의 후학들 또는 주석가들에게서 더욱 악화된 형태로 종종 나타나는 난삽함이다. 헤겔 철학의 정수가 워낙 깊은 형이상학적 담론에 있기 때문에 일견 그 외양은 —방금 언급한 용어의 난해함 및 문체의 난삽함까지 더해지기 때문에—캄캄한 심연 속에 파놓은, 꼬인 실타래 같은 미로로 여겨질 수도 있지만, 그의 사상에 필적하는 또 다른 버전의 철학의 생산은 고사하고 적어도 그의 사상과 체계를 분석하는 주석가의 처지에도 충분히 만족하는 자라면, 그 외양적 어둠 속에 감춰진 실체적 밝음을 우리 모두가 볼 수 있도록 드러내야 한다. 그러나 우리가 주로 접하는 후대의 주석들을 보면, 일군에서는 헤겔의 관념론이 이성주의의 극대치임을 제대로 이해하지 못한 채 '발이 아닌 머리로 서 있는' 전도된 철학이라고 비난하거나 심지어는 '죽은 개' 취급을 하고 있고, 또 다른 일군에서는 헤겔의 정통 계승자를 자처하면서 오히려 헤겔이 지향했던 개념적 명증성을 무색케 하는 어지러운 수사의 향연을 펼치곤 하는 사태가 자주 목격된다. 그래서 내가 보기에 헤겔은 가히 '22세기 만에 나타난 플라톤의 철학적 적장자'라고, 더욱이 데카르트, 스피노자, 라이프니츠, 나아가 칸트라는 경로를 거쳐 더욱 업데이트되고 최적화된 이성지상주의자라고 칭할 법한데, 어떤 주석가들은 오히려 '비철학적 신비주의자'의 탈을 헤겔에게 덧씌워 대중들에게 출품하는 페이크-헤겔주의자가 되어 있는 것이다.

그렇다면 지금까지 열거한 대충 세 가지의 걸림돌을 제거하면 헤겔의 사상은 그 모습을 깨끗하게 드러낼까? 즉 헤겔주의자들 사이에서만 통용되는 헤겔-은어를 가급적 일반적인 현대어에 가깝도록 바꾸고, 헤겔 특유의 난삽한 문장들을 최대한 간명한 문체로, 거의 번역 수준으로 윤문함으로써 대중들에게 잘못 알려져 있는 '신비주의자로서의 헤겔'의 모습을 '로고스중심주의자로서의 헤겔'로 정정하면 괜찮아질까?

그런데 쉽게 짐작할 수 있듯이, 헤겔 철학을 '들어가는 데 10년, 나오는 데 10년' 걸린다고 일컬을 수 있는 근본적인 이유가 이와 같은 단어나 문체 또는 주석과 같은 피상적인 요소에 있는 것은 당연히 아니다. 내가 보기에 헤겔에 대한 용이한 접근을 가로막는 좀 더 본질적인 국면들이 분명히 존재한다.

Wir können alles. Außer Hochdeutsch.

우리는 모든 것을 할 수 있습니다. 표준 독일어만 빼고.

지금은 독일 첨단기술의 중심지이면서 전체 독일에서 가장 높은 소득을 자랑하는 바덴뷔르템베르크 주의 TV 광고 문구다. 지역적 자존심이 매우 강하면서 사투리도

심한, 어쩌면 '독일 병정'으로 상징되는 독일 특유의 고지
식함을 가장 전형적으로 보여주는 이 지역의 또 다른 이
름은 슈바벤이다. 그리고 많은 주석가들은 '슈바벤 사람
헤겔Hegel, der Schwabe'이라는 표현을 자주 쓴다. 고대 그리
스 시인 아르킬로코스에게서 처음 보이며 현대철학자 아
이사야 벌린이 다시 사용하는 비유법에 따를 때 헤겔이
영민한 '여우'보다는 우직한 '고슴도치' 유형에 속하는 철
학자로 분류될 수 있는 것에는 이러한 그의 태생적 환경
도 영향을 미친 듯하다. 게오르크 빌헬름 프리드리히 헤
겔은 1770년 8월 27일 이 주의 주도인 슈투트가르트에서
태어났다. 어려서부터 그리스-로마의 고전에 탐닉했고,
튀빙겐의 신학교에서는 당대 최고의 천재라 불렸던 셸링,
횔덜린과 함께 막역한 삼총사가 되었다. 헤겔이 튀빙겐에
서 지냈던 학창시절은 1788년에서 1793년까지다.

　여기에서 굳이 헤겔의 생년과 학창시절 기간을 구체
적으로 밝히는 것에는 이유가 있다. 먼저, 1770년은 베토
벤의 생년이기도 하다. 즉 헤겔과 베토벤은 동년배다. 따
라서 베토벤이 나폴레옹의 열혈 팬이었다가 급격한 실망
을 느꼈다는, 3번 교향곡 '영웅'을 둘러싼 얘기가 있듯이,
그의 학창시절 중에 일어난 프랑스혁명(1789)은 헤겔 사
상의 변화 및 발전에도 큰 계기로 작용한다. 이와 더불어

9번 교향곡 '합창' 4악장에서 베토벤에 대한 실러F. Schiller 의 지대한 영향이 드러나듯, 청년시절의 헤겔에게도 실러 는 사상적 태동기를 결정적으로 특징지은 선대 사상가다. 좀 더 구체적으로 말하자면 청년시절의 헤겔은 프랑스혁 명에 대한 실러의 사상을 – 어찌 보면 다소 과격화된 형태 로 – 좇았음을 알 수 있다.

헤겔 철학에 대한 이해를 어렵게 만드는 철학적 원인, 그것도 어떤 이의 해석이나 표현상의 난문성에 있는 것이 아닌 바로 헤겔 자신의 생각 안에서 발견되는 원인의 하 나가 바로 여기에 있다. 심하게 표현해서 '피도 눈물도 없 는 냉혈 이성주의자 헤겔' 또는 '국민의 생명까지도 떳떳 하게 요구하는 국가주의자 헤겔', '전쟁을 불가피한 필요 악이라 주장하는 비정한 역사주의자 헤겔'과는 정반대의 낭만주의적이고 무정부주의적인 과격한 문예지상주의자 가 바로 이때의 헤겔이다. 그리고 이러한 놀라운 모습의 청년 헤겔은 다른 누구도 아닌 실러를 스승으로 삼고 있 음이 분명하다. 왜냐하면 실러는 프랑스혁명에 이어 불어 닥친 피비린내 나는 공포정치의 노도를 목격하고는, 혁명 의 정신적 원리로서 작용한 계몽주의를 그 뿌리부터 재검 토하고 진정한 문화의 단계로 인류를 이끌 수 있는 새로 운 프로젝트로서 인간정신에 대한 총체적인 '미적 교육'

을 주창했는데, 바로 이러한 입장을 청년기의 헤겔은 가장 전형적인 형태로 대변하기 때문이다. 즉 "아름다운 세계여, 그대는 어디에 있는가? 다시 오라!Schöne Welt, wo bist Du? Kehre wieder!"라고 외치는 실러처럼,[3] 이때의 헤겔은 기독교와 계몽주의 및 혁명기 프랑스라는 근대적 모델 대신, 다신교적 신화와 문예적 상상력 및 고대 그리스라는 과거 모델을 자신의 이상으로 삼는 것이다. 물론 극단적 낭만주의자나 반이성주의자들처럼 이성 자체를 아예 폐기처분하지는 않지만, 그럼에도 이성에 의한 (철)학적 인식보다는 시문학을 통해 미적 문화, 즉 '새로운 신화'의 창출을 궁극적인 목적으로 삼고 그 과정에서 국가를 비인간적이고 무용한 것으로 여긴다는 점에서, 도대체 어떤 정신적 전회가 있었기에 헤겔이 나중에 가서 그리스를 오히려 '다시는 회복 불가능한 또는 회복해서도 안 될 과거지사'로 규정하고 또한 국가를 '이성의 진정한 인륜적 현실태'로 극찬하는, 정반대의 모습을 보이는지를 설명하기는 쉽지 않다. 즉, 그 사상 세계가 형성되는 과정에서 일어난 역동적인 변화 또는 전환이 우리로 하여금 그에 대한 분명하고 통일된 이해를 가로막는 이유로 작용할 수 있는 것이다.

그러나 그의 관점이 현저하게 전환되었다는 이러한 사

실도 헤겔 사상의 난해성을 타인의 그것과 비교 불가능하게 만드는 진정한 근본 요인은 아니다. 한평생의 사유과정에서 노선의 전회나 전도를 감행한 사상가가 어디 헤겔뿐이랴. 더욱이 많은 경우 노선의 변경은 오히려 해석가나 독자들의 흥미를 돋우지, 그 앞에서 아예 접근의 노력을 포기하게 하지는 않는다. 따라서 헤겔 사상의 난해성의 정체를 밝히기 위해서는 다른 선대나 후대 철학자들에게서는 좀처럼 찾아보기 어려운 그만의 독특한 특징을, 그것도 전기적 사실이나 시대적 배경 또는 문체상의 불명료성과 같은 주변적 요소가 아닌, 그의 사상 자체가 내재적으로 지닌 국면들을 대상으로 삼는 것이 가장 필요하다고 여겨진다.

많은 경우 헤겔은 아리스토텔레스와 비교 대상이 된다. 물론 플라톤까지 끌어들여 헤겔의 철학적 노선이 이상주의냐 현실주의냐를 따지는 맥락이라면 헤겔을 혹자는 플라톤주의자로, 또 혹자는 아리스토텔레스주의자로 규정할 수도 있겠지만, 이런 모든 것을 제쳐놓고 한 사람의 철학 세계가 당대까지의 모든 개별 과학들을 총망라하고 있다는 점에서는 헤겔은 아리스토텔레스의 마지막 후예라할 수 있다. 어떤 사상가는 뛰어난 논리학자이지만 형이상학적 문제에는 무관심할 수 있고, 또 어떤 사상가는 최고의 언어철학자이면서 윤리학에 대해서는 단 한 편의 글도 남겨놓지 않는 경우가 많은데, 이 두 사상가는 모든 자연과학, 사회과학, 정신과학은 물론 가장 근본적인 철학분과인 논리학과 형이상학 영역에서도 타의 추종을 불허하는 깊은 차원과 높은 수준의 저술을 남겼다는 점에서 철학사상 극히 드문 두 거인으로 거론된다.

물론 두 사람 사이에는 작은 차이가 있기는 하다. 아리스토텔레스는 한 철학자에 그치지 않고 거의 모든 개별과학적 연구까지 '직접 수행한' 최후의 인물이며, 헤겔은 당대까지의 거의 모든 개별과학적 성과들을 전문가적 수준에서까지 정통하게 '알고 있던' 최후의 인물이라는 점이다. 그가 당대의 최첨단 과학 분야에서도 (물론 보기에 따라 괴테에게는 약간 못 미치는 것처럼 여겨질 수도 있지만) 최고 전문가 수준에 이르러 있음은 잘 알려져 있다.

그런데 우리로 하여금 헤겔 앞에서 질려버리게 하는 것은, 그는 모든 개별과학적 주제들을 철학이라는 하나의 상급 학문 아래로 포섭해, 그것도 정연한 일련의 개념적 · 범주적 질서 속에 위치시킨다는 점이다. (가령 수학에 대한 철학의 위상에 있어서도 이러한 자세는 견지된다. 즉 근세 철학의 첫 장을 열었던 대륙 이성주의자들은 철학을 철학답게 만들기 위해 수학의 법칙과 방법에 기

26

대었지만, 헤겔은 역으로 수학의 개념들마저도 철학을 통해 정초하려 했다. 물론 헤겔 철학에서 다른 분과철학에 비해 수학철학이 가장 빈약한 부분이기는 하지만, 어쨌거나 그의 의도는 철학으로 하여금 수학에 빼앗긴 제1학문의 자리를 되찾게 하려 했던 것임은 분명하다). 다시 말해 아리스토텔레스에게서는 그가 연구한 수많은 분과학문들은 종종 서로 무관하게 나열되어 있지만, 헤겔에게서는 (먼지 단계의 자연에서부터 신의 왕국에까지 이르는) 모든 주제 영역이 분명한 하나의 원리에 의해 관통되고 있으며, 이 원리는 각각의 주제 영역들을 논리적 필연성에 따라 (나중에 그의 제자들이 개발한 용어법으로 하자면 '정-반-합'의 순서로 이루어지는) 이행과 발전의 과정상에 위치지운다. 그렇기 때문에 칸트의 3개 비판을 '건축술 Architektinik'이라 부르는 반면, 헤겔의 철학은 전체가 하나의 거대 운동체로서 '체계System'라 불리는 것이다.

'하나의' 근본적인 메타 원리를 통한 삼라만상 '전체'의 해명. 인간의 지성이 꿈꾸는 이 극대치를 실제로 구현하고자 한 기획 때문에 헤겔은 서양철학사 2500년 전체를 걸쳐 가장 야심찬 인물로 꼽힌다. 이 점에서 나는 헤겔 철학을 데카르트주의의 완성으로 보는 로버트 피핀 교수의 견해에 동의한다. 즉 이성을 통해 해명되지 않는 영역을 단 하나도 남겨두지 않으려는 근대의 꿈을 헤겔은 궁극적으로 실현하고자 한 것이다.

무진장하다고 할 정도의 거대한 스케일 + 그 대규모 스케일을 채우는 세세한 디테일 + 이 모든 것을 관통하는 하나의 원리. 이 전대미문의 대담한 야심을 담은 출품작이 바로 헤겔의 체계이니 어찌 무협소설처럼 쉽고 재미있게 읽힐 수 있겠는가. 여기에 최고도의 밀도로 압축된 개념적 순수성과 그 개념들을 통해 구사된 고난도 추론의 연쇄는 물론, 독자들에 대한 불친절함에다 그 특유의 눌변까지 더해졌으니, '헤겔 속으로 들어가는 데 걸리는 10년'은 오히려 짧게 잡은 시간일 수도 있겠다.

그런데 우리가 진지하게 던져야 하는 정말 중요한 물음은, 그 어려운 헤겔 철학을 우리가 지금 이 시점에서 굳이 이해해야 할 유의미한 이유가 과연 있는가 하는 것이다. 만약 헤겔 철학이 지금 우리에게 실질적인 지혜의 기능을 더 이상 수행할 수 없고 단지 역사적인 가치만을 지닌다면, 즉 고고학이나 해석학적 맥락에서 흥미를 유발하는 데 그친다면, 그의 사상에 대한 연구는 정말 일부 전문가 집단에게만 의미가 있을 뿐이다. 그리고 이는 그가 예술이나 종교에 대해 내렸던 것보다 더 가혹한 의미에서

28

'종언' 판정을 그 자신의 철학이 받아야 한다는 것을 의미한다. 게다가 실제로 그의 사상은 대부분 철학사적 맥락에서 연구되거나 가르쳐지지, 현재의 살아 있는 주제들에 대한 유의미한 방법론이라고 인정되는 경우는 많지 않다.

그래서 우리는 헤겔 철학과 관련해서 두 가지 문제에 대해 확인할 필요가 있으며, 이 필요야말로 바로 이 책이 나오게 된 이유이기도 하다. 즉, 1) 지금의 우리 자신이 풀고자 하는 문제들에 대해 과거의 헤겔이 과연 의미 있는 단서를 제공할 수 있는지, 그리고 2) 만약 그 가능성이 헤겔에게 있다면 그의 용어들로는 단지 어렵게만 내려질 수 있는 대답들이 어떻게 우리와 소통 가능한 평이한 언어로 치환될 수 있는지를 확인하고자 하는 것이다.

이 두 과제의 동시적 수행은 나뿐 아니라 비슷한 공부를 한 다른 동료 학자들도 항상 그 당위성과 필요성을 인식하고 있을 뿐 아니라 주위로부터 요청받고 있으면서도 정작 용감하게 착수하지는 못해왔다. 전문가 입장에서 헤겔이 제시할 법한 답변들을 구성하고 그 근거를 제시하려면 부득이하게 그의 저작들에 기댈 수밖에 없고, 그러다 보면 또한 부득이하게 소수 전공자들끼리만 공유할 수 있는 고난도의 전문 개념어 위주로 진술이 이루어질 공산이 매우 크고, 결국엔 책을 쓰는 목적인 지식의 보편적 공유

를 달성하는 데 있어서 또 하나의 실패 사례로 남을 개연
성이 매우 크기 때문이었을 것이다.

　헤겔은 언제나 우리에겐 불친절하고 불편한 거장이다.
더욱이 그가 죽은 지 거의 200년이 다 되어가는 지금 우
리가 체감하는 불편함은 더욱 커졌다. 그렇다면 발상을
정반대로 돌려서 혹시 우리가 헤겔에게 친절하게 다가설
수는 없을까? '인생교과서' 기획은 이러한 '헤겔에 대한
친절'이라는 역발상에 꽤 잘 호응하는 방식을 취하고 있
다. 즉, 순전히 철학 관심자 내지 입문자의 입장에서 매우
간결하고 직설적인, 그러나 내용적으로는 실로 보편적이
고 본질적인 질문을 던짐으로써, 그의 사상 체계 안에서
는 오로지 어렵게만 짜낼 수 있었던 대답들을 우리의 눈
높이에 맞추어 좀 더 쉽게 내놓을 수 있도록 유도하는 것
이다. 다시 말해 헤겔도 좀 덜 힘들게 말하고 우리도 좀
더 쉽게 그를 이해할 수 있도록 하는 전략이 바로 '헤겔에
대한 친절'의 요체다.

　헤겔의 사상에 대한 후학들의 반응들을 보면 가끔씩 우
리는 재미있으면서도 눈여겨보아야 할 대결 양상을 발견
할 수 있다. 오늘날에도 비록 극소수이긴 하지만 어떤 헤
겔주의자들은 ─ 마치 교황이라는 유한한 자연인이 무류성

無謬性, infallibilitas이라는 무한한 초자연적 덕성을 지녔다고 믿는 사람들처럼, 그리고 저 옛날 수많은 유한한 자연인들의 글들을 모아 한 권으로 펴낸 종교 경전에 일획일점의 오류도 없다고 믿는 사람들처럼 – 헤겔 철학에는 한 치의 오류도 없고, 오류의 가능성은 오로지 해석에 있을 뿐이라고 한다. 역으로 그 반대 진영에 위치하는 사람들에게서는 헤겔 철학을 마치 과대망상과 폭력적 궤변으로 가득 찬, 철학사상 최악의 괴물인 것처럼 혐오를 표출하는 경우도 종종 목격된다.

하지만 내가 지금까지 겪어보니 헤겔은 무류의 초인도 아니고 무자비한 궤변가도 아니다. 다만 최선을 다해 진지하게 사유하고 개념의 순수성을 통해 그것을 철학의 메타 차원에서 기술하고자 노력한, 꽤 뛰어났던 사상가이자 미련한 모범생이었다. 여기에 던져진 질문들에 대해 그는 부분적으로는 타의 추종을 불허할 정도로 탁월하게, 부분적으로는 좀 억지스럽게 대답하며, 또 부분적으로는 큰 관심을 보이지 않는다. 독자들이 이러한 그의 면모를 확인하면서, 또한 제시된 질문에 대한 자신들의 답을 찾아가는 데 약간의 단서라도 찾을 수 있기를 바란다.

1부
삶과 죽음

2부

나와 우리

3부
생각과 행동

4부

철학과 사상

1부

삶과 죽음

중요한 것은 운명을 삶의 계기로 인식하는 것이다. 운명을 삶의 '한' 계기로 받아들이고 이 계기를 성찰할 때 현재의 고통과 비극 너머의 길이 열린다. 고통의 극복은 운명 이전의 평온한 삶과 운명적 삶의 통합으로 등장하는 새로운 삶이다. 이전 계기를 망각하거나 무시하는 삶은 가상의 삶이다. 진정한 삶은 고통과 비극과 운명까지도 끌어안는 적극성에서 펼쳐진다. 이 적극성은 삶과 시간에 대한 성찰을 요구한다. 지나간 삶에 대한 인식이 상처를 치유하는 것이다.

참된 삶의 의미는
무엇인가
?

삶의 의미는 사람들 관계의
생동성에 있다

참된 삶은 생동적인 삶
그리고 의미 있는 삶

삶의 의미는 사람들 관계의 생동성에 있다

―최신한

개인 차원을 넘어선 헤겔의 '삶' 개념

철학자들 중에는 삶과 철학이 밀접하게 연관되는 경우도 있으며 별 연관이 없는 경우도 있다. 헤겔의 경우 개인의 삶과 철학은 그다지 밀접하지 않다. 하지만 청년기 헤겔의 삶은 그의 철학 형성과 많은 연관을 지닌다. 헤겔은 부친의 요구에 따라 튀빙겐대학 신학부에 진학한다. 독일에서 신학대학 입학은 탁월한 학생들에게만 허용되었으며 이는 그때나 지금이나 마찬가지다. 헤겔은 성직자시험을 통과했음에도 성직자의 길을 접는다. 청년 헤겔에게 삶의 의미는 성직자가 되고 가문의 자랑이 되는 데 있는 것이 아니었다. 헤겔은 삶의 관심을 신학에서 철학으로 옮겼으며 철학 중에서도 실천철학에 더 많은 관심을 가졌다. 신과 초월적 세계에 대한 관심은 헤겔의 일생을 동반했지만, 성직자의 삶은 그의 선택에서 멀어졌다. 그는 철학을 연구하는 자유로운 삶을 위해 안정적이지 않은 가정교사의 길을 택한다. 베른과 프랑크푸르트에서 보낸 가정교사의 삶은 훗날 빛나게 될 그의 사상을 준비한 기간이었다.

혜겔을 연구하는 사람들은 청년 혜겔이 가졌던 '삶의 이상'에 대해 많이 언급한다. 그가 추구한 삶은 '자유'로 요약할 수 있다. 이러한 생각의 배경에는 대학 초년생 때 접하게 된 프랑스혁명이 크게 자리 잡고 있다. 19세 청년에게 전해진 이웃나라의 대변혁은 그의 삶에 결정적인 영향을 미쳤다. 이것은 슈티프트Stift(튀빙겐 신학교 겸 기숙사)의 친구들인 횔덜린과 셸링에게도 마찬가지였다. 나중에 정교한 모습으로 등장하는 세 사상가의 철학은 프랑스혁명 없이 언급될 수 없다. 자유의 정신에 의기투합한 동기생 셋은 튀빙겐 뒷산에 올라 '자유의 나무'를 식수했다는 이야기가 전해지기도 한다. 이러한 행동은 급변하는 현실에 대한 일상적 관심을 넘어서 이들의 철학으로 이어진다. '프랑스는 혁명을 일으켰고 독일은 이를 내면화했다'는 철학역사가들의 평가는 살아 있는 철학의 힘을 잘 표현하고 있다. 청년기 삶의 이상이었던 자유는 혜겔 고유의 철학, 변증법적 자유의 철학을 탄생시킨 것이다.

청년기 삶의 이상을 결정한 또 다른 요소는 칸트의 실

천철학과 루소의 시민종교 사상이다. 신학을 전공한 새내기 철학자는 프랑스혁명의 충격을 통해 초월과 현실의 조화에 대해 큰 관심을 갖는다. 자유의 상태가 하늘에서와 같이 땅에서도 이루어지는 상태를 꿈꾼 것이다. 헤겔이 생각한 진정한 삶은 세상 가운데 하늘의 자유가 이루어진 상태다. 이것은 개인의 자유는 물론이고 공동체의 자유가 성취된 현실의 삶이다. 그렇기 때문에 헤겔에게 종교는 초월적 세계만이 아니라 현실도 포함해야 한다. 현실 또한 개인의 현실과 공동체의 현실을 아울러야 한다. 칸트의 도덕신학과 루소의 시민종교가 만나는 지점은 결국 자유가 성취된 공동체의 삶일 수밖에 없다. 도덕의 토대인 자유의 상태가 공동체 속에서 종교적 고백이 되는 삶! 헤겔은 이러한 삶을 추구했다.

'산다는 것은 무엇인가?' 이러한 질문은 보통 개인을 향한다. '나 개인의 삶이 무슨 의미를 갖느냐'는 물음으로 이해되는 것이 일반적이다. 그러나 철학자 헤겔에게서 개인의 삶의 의미를 찾아내는 것은 어렵다. 삶을 언급할 때 그는 이미 '삶', '생', '생명'에 대한 철학적이고 보편적인 의미를 다루고 있기 때문이다. 그가 말하는 삶의 개념은 개인의 차원을 넘어선 것이다.

삶은 통합의 원리인 동시에 생명을 추동하는 개념

신학적 관심에서 출발한 헤겔은 진정한 삶을 유한한 삶과 무한한 삶의 통일에서 찾는다. 유한한 삶은 다양성이라는 장점을 갖는 반면 늘 분리와 대립 속에 있으므로 이를 극복해야 하는 과제를 안고 있다. 분리와 대립이 문제의 삶을 만들어낸다면 결합과 통일은 문제의 해결이다. 다른 개인과의 대립은 긴장과 갈등으로 이어지며 내면의 분열은 마음의 병으로 나타날 수 있다. 헤겔은 유한한 삶과 무한한 삶의 통일을 달성하기 위해서 양자의 분리를 극복할 수 있는 결합원리를 찾으려고 애쓴다. 진정한 삶을 분리와 대립의 통일에서 찾는 것은 누구나 생각해봄직한 인생의 평범한 진리다.

그런데 정말 중요한 것은 분리를 결합하고 통일을 달성하는 과정이다. 이것은 통일이 어떻게 달성될 수 있느냐는 물음이기도 하다. 청년 헤겔의 철학적 고민은 이 문제에서 비롯된다. 문제 해결을 위해 그가 도입하는 철학적 개념은 '사랑', '생/삶', '정신'이다. 이들 개념은 목적을 위해 단순히 고안된 인공의 말이라기보다 그 가운데 존재와 삶의 진리가 포함되어 있는 철학적 개념이다.

헤겔이 유한한 삶과 무한한 삶의 통합을 설명하기 위해 염두에 두는 것은 사랑이며 그것도 신의 사랑이다. 일반적으로 유한한 삶이 무한한 삶으로 고양되는 것은 '종교'이므로 헤겔이 생각하는 진정한 삶은 종교적 삶과 뗄 수 없다. 종교적 삶의 특징은 인간의 삶이 오로지 인간에 의해서만 영위되지 않고 신과 함께하는 삶이라는 데 있다. 사랑은 이러한 종교적 삶을 설명하는 원리가 된다. 사랑은 결합과 통합의 원리로서 유한자 인간과 무한자 신을 결합한다. 또한 사랑은 유한한 개별자들을 묶는 원리이기도 하다. 이러한 생각은 나중에 '타자 가운데 자기 자신으로 머무름'이라는 고유한 표현으로 전개된다. 헤겔에게 사랑의 삶은 A가 B 안에서 A로 존재하며 B가 A 안에서 B로 존재하는 상태를 가리킨다. A와 B는 자신의 독자성을 상실하지 않는 가운데 상대방과 통합되어 있다.

이러한 통합은 입체적인 통합으로 나타난다. 분리된 것들의 단순한 결합만으로는 진정한 통합을 설명할 수 없다. 헤겔은 결합과 함께 결합 바깥에 있는 영역도 고려한다. 여기서 그는 '결합과 비결합의 결합'이라는 탁월한 생각에 도달한다. 예컨대 항목 A와 항목 B의 결합 A-B만 생각한 것이 아니라, 이 결합(A-B)이 그 바깥에 있는 것(C D E…)과 맺는 관계도 생각한 것이다. 그러므로 통합은 개별자들 간의 통합에 그치지 않으며 존재전체에 대한 통합으로 나아간다. 사랑은 이제 존재전체를 묶는 원리가 되며, 진정한 삶은 유한자와 무한자가 통합된 삶이다. 장년 헤겔은 존재전체를 묶는 사랑의 원리를 기독교의 삼위일체성으로 파악하기도 한다. 이렇게 거시적 관점을 갖고 있는 헤겔에게 삶은 이미 개인 너머에 있는 삶이며 전체존재의 역동적인 운동이다.

통합의 원리를 '사랑'에서 '삶'으로 바꾼 데에는 사랑 개념에 대한 일반적인 오해를 피하려고 하는 의도가 들어 있다. 사랑은 대부분의 사람들에게 감정으로 다가온다. 상황에 따라 유동적인 사랑의 감정은 더 이상 확고한 통합의 원리가 될 수 없다. 그래서 헤겔은 사랑이 함축하는 통합의 의미를 살리면서도 감정의 유동성을 극복할 수 있는 개념으로 '삶' 내지 '생' 개념을 제시한다. 삶은 통합의 원리인 동시에 생명을 추동하는 개념이다. 사랑이 갖는 결합의 의미에 '생동성'이 덧붙여진 것이 바로 '삶'이다.

"정신의 삶은 오성이 나누어놓은 세계를 통합한다"

헤겔에게 삶이 개인의 삶을 넘어서 신적인 삶, 우주적 삶을 아우르는 것인 한 그것은 모든 것을 자기 안에 끌어안는 전생全生, alllebendig의 삶이며 모든 것을 할 수 있는 전능의 삶이다. 이것은 그 자체가 무한한 삶이다. 무한한 삶은 유한한 삶을 자기 밖에 두지 않는다. 무한한 삶은 이미 대립을 극복한 것이며 자신 가운데서 모든 다양한 삶의 통합을 성취한 삶이다. 이러한 삶은 부분과 전체의 유기적 관계로 나타난다. 진정한 삶은 이제 삶을 구성하는 모든 요소들의 상호 유기적 관계로 구체화된다. 단순한 통합이 아니라 생명의 통합인 한, 통합을 구성하는 모든 요소들은 서로 유기적으로 관계한다. 삶의 유기적 통일에서 삶의 생동성이 나오며, 이러한 통일은 그때마다 삶의 생명력을 강화한다. 인간과 인간이 유기적으로 관계할 때 이 관계는 새로운 것을 창출할 수 있는 역동성으로 나타난다. 인간과 신이 유기적으로 관계할 때 인간은 더 큰 삶의 힘을 얻는다. 모든 존재들의 관계를 삶의 생동성과 유기체성으로 파악한 것은 청년 헤겔의 탁월한 통찰이다.

얼마 후 헤겔은 이러한 삶을 '정신'으로 규정한다. 여기서 육체적 삶은 큰 의미를 갖지 못하는 것으로 보인다. 현대철학 입장에서 보면 이것은 인간에 대한 억압이다. 그러나 헤겔은 정신 개념을 육체를 배제한 정신으로서가 아니라 모든 존재요소들을 포함하는 원리로 사용한다. 존재하는 것을 나누고 나누어진 것을 고착화시키는 대신 분리된 것을 통합하고 이 통합에 힘을 불어넣는 원리가 정신이다. 헤겔에게 정신은 '이성'의 다른 이름이다. 인간에게 이성과 정신의 힘이 있다면 그는 원칙적으로 모든 분열과 대립을 통합할 수 있다. 현실 가운데 분열이 있다 하더라도 그는 이 분열을 극복하고 통일시킬 수 있어야 한다. 왜냐하면 인간은 애당초 분열을 파악할 수 있는 능력과 이를 극복할 수 있는 힘을 지니고 있기 때문이다. 정신적 삶 또는 이성적 삶은 손익을 따지는 삶이 아니라 현실을 관통하고 있는 깊은 분열을 파악하고 이를 극복하는 삶이 되어야 한다.

존재하는 것을 나누고 이를 고착화시키는 능력은 오성悟性, understanding이다. 칸트는 오성을 판단하는 능력으로 보았다. 판단은 한 대상을 다른 대상과 구별하고 규정하는 능력이다. 오성적 판단은 존재에 대한 확실한 지식을 우리에게 제공한다. 그렇지만 구별된 것들 간의 관계는 오성의 관심 밖에 있다. 그리고 규정된 것 너머에 있는 존재는 오성에게 미지의 영역으로 남게 된다. 존재들 간의 관계가 파악되지 않을 때 존재의 생동성은 인간의 관심 밖으로 밀려난다. 헤겔은 삶과 정신의 개념을 가지고 칸트의 한계를 넘어서려고 한다. 지식의 영역에서 영위되는 삶과 지식을 넘어서는 삶은 분리될 수밖에 없는가? 헤겔은 이 물음에 적극적으로 응답한다. "정신의 삶은 오성이 나누어놓은 세계를 통합한다." 정신은 앎과 행위를 통합하며 이 세상과 저 세상을 하나로 묶는다. 이를 위해 정신

46

은 운동한다. 운동하는 정신은 분리된 세계를 하나로 통합한다.

 이러한 생각은 훗날 딜타이의 생철학에서 되살아난다. 삶은 사람들 사이에서 이루어지는 상호작용의 연관이라는 딜타이의 생각 배후에 헤겔의 삶과 정신 개념이 자리잡고 있다. 삶은 이미 사람들 속에 있으며 관계 가운데 있다. 삶의 의미는 이 관계의 생동성에 있다.

참된 삶은 생동적인 삶
그리고 의미 있는 삶
―권대중

논리학적 이념의 한 단계로서의 생명

보통 헤겔주의에 반대하는 성향을 지닌 사람들은 헤겔의 철학은 구체적인 이 세계, 특히 생동적으로 약동하는 이 세계와는 정반대편에 있는, 회색빛 개념으로 뒤덮인 추상적 체계에만 머무는 사변의 극치라고 오해하기 쉽다. 더욱이 헤겔주의에 대한 반동으로 생겨난 여러 철학 사조들 가운데 하나가 '생철학生哲學, Lebensphilosophie'이라고 불리고 있으니 그런 오해의 가능성은 특히 높다고 보인다. 물론 생철학에서 말하는 '삶'이 단순히 생물학적 차원의 '생명'이 아니라 과학이나 이성지상주의에 의해 자칫 소홀해지기 쉬운 인간 존재의 구체적인 삶, 즉 실존적 차원의 삶을 가리키기 때문에, 근대 이성지상주의를 대표하는 객관적 관념론자 헤겔에게 그러한 차원의 삶의 문제가 소홀히 다

48

루어졌을 것이라는 의혹이 생길 법도 하다.

그러나 헤겔에게서 '삶' 또는 '생명'이라는 주제는 자연철학에서 다루어질 뿐 아니라, 이미 그의 체계의 동력원 기능을 하는 근본 학문인 논리학에서, 그것도 최종 범주인 '이념'을 다루는 장에서 '생명의 이념'이라는 특화된 제목으로 주제화되고 있을 정도로[4] 중요한 위상을 차지한다. 즉 헤겔은 '삶'이라는 범주를 절대자인 이념 그 자체의 핵심적 계기로 여기고 있는 것이다. 그 때문에 논리학적 단계로서의 삶 내지 생명은 일차적으로는 자연철학의 마지막 부분인 '유기 물리학organische Physik'[5]을 논리적으로 정초하는 역할을 하지만, 거기에서 더 나아가 정신적 주체로서의 한 인간 및 가족에서 국가에 이르는 인륜적 공동체의 존재 의미를 밝히는 데도 핵심적인 단서가 되는 요소들을 또한 포함하고 있다. 즉 헤겔은 우리의 구체적 삶의 문제를 생물학적으로뿐 아니라 인간학적 및 사회철학적으로도 분명히 다루고 있거니와, 다만 그 유형에 있어서 객관적 관념론적 판본을 취하는 것이다. 이 장의 물음이 생물학적 또는 자연철학적 차원의 생명 범주와 관계되었다기보다는 많은 철학 수요자들이 궁금해하는 '인생의 의미'에 대한 물음에 속하는 것이므로 이제 헤겔의 유기체 개념으로부터 유추할 수 있는 해답을 그려보기로 한다.

종적 본질로서의 생명체, 그리고 유적 본질로서의 인간의 삶

살아 있는 개별 생명체의 특징으로 많이 이야기되는 것들은 '모든 부분들의 통일' 및 '부분들 상호간의 목적론적 관계', '연속적인 자기 재생산' 등인데, 이는 고대 그리스의 철학부터 이어진 전통적인 생각이다. 즉 부품들이 조립된 기계와는 달리 유기체에서 각 부분들은 단일 개체로 통일되지 않고는 존재할 수 없으며 하나의 부분은 다른 부분에 대해 수단이면서도 동시에 목적으로 존재한다.

그런데 헤겔은 이 점 외에 특히 하나의 개체가 자신이 속한 종種, species의 구성원이라는 사실에 주목한다. 즉 생명체란 근본적으로 자족적인 단일 개체로서 존재하는 것이 아니라, 자기와 동일하면서 성별이 다른 또 다른 개체를 만나고 이를 통해 또 다른 개체를 생성케 함으로써 그 존재의 층위가 개체로부터 종적 과정으로 고양된다. '종적 과정'이란 '기존의 개체에서 같은 종에 속하는 다른 개체가 발생하는 것' 그리고 '한 개체의 소멸에도 불구하고 (또는 한 개체의 소멸을 통해) 이루어지는 종의 연속성'을 말한다. 유기체로서의 생명체에 대한 이러한 설명으로부터 유추될 수 있는 인간학적인 '삶'은 어떤 것일까?

첫 번째로 주목할 것은 '죽음'에 대한 헤겔의 생각이다.[6] 그에 따르면 한 개체는 종 차원의 생산적 과정에 더 이상 적극적으로 참여할 수 없을 때 죽는다. 즉 생명의 상태가 일종의 '습관Gewohnheit'이 되면 그 개체는 죽는다. 생명의 진정한 의미를 그는 생동성Lebendigkeit에서 찾는 것이다. 그저 변치 않는 습관처럼 생명만 유지하면서 종의 재생산 과정에 참여하지 못하는 생명체는 병들거나 늙은 생명체, 즉 생동성이 결여된 생명체다. 생동성을 결여한 생명체는 회복이 불가능할 경우 필연적으로 죽음을 맞이할 수밖에 없다. 더욱이 비생동적인 생명체가 죽어야만 종의 재생산 과정은 활발하게 지속될 수 있다.

생명체 일반의 죽음에 대한 이러한 생각은 인간의 삶에 그대로 적용될 수 있다. 우리는 종종 우리의 순간순간의 그리고 하루하루의 삶이 아무런 의미 있는 생산적 활동 없이 그저 똑같은 생존의 상태로만 지속된다고 느낀다. 또 매일 뭔가를 얻고자 분투하면서도 그것이 자기 개인의 생계를 넘어선 더 높은 차원의 목적과는 무관하다고 느낄 때도 많다. 이처럼 생물학적으로 살아 있음에도 '무의미한 존속의 연속'만이 마치 습관처럼 타성화되면, 그러한 삶은 그 물질적 존속과 무관하게 의미론적 차원에서는 '죽음'과 마찬가지다. 인간 그 자체를 신성의 육체적 및 정신적 현시로 보는 것이 헤겔의 기본 입장이기 때문에, 그는 우리에게 끊임없이 무언가 의미 있는 것을 수행하라고, 즉 '주체'로서 살라고 다그친다. 그리고 그 '의미 있는 것'은 개별적 차원의 쾌락이나 사익私益이 아니라, 인류라는, 아니면 적어도 가족이라는 더 큰 차원의 인적 단위를 위해 가치 있는 것을 말한다. 투쟁에서 자유로운 평화롭고 목가적인 삶을 헤겔이 오히려 아무런 의미 없는 권태로운 삶으로 바라보는 것도 같은 맥락에서다.

둘째, 이러한 생각은 동물의 종적 과정과 인간의 유적類的 과정을 구별하는 것에도 그대로 반영된다. 동물의 종적 과정은 부단한 자기재생산 및 다른 개체와의 짝짓기를 통해 또 다른 개체를 발생시키는 것이다. 그런데 가령 '사자'라는 종의 유지를 위해 구체적으로 어떤 사자 개체가 그 과정에 참여하는가 하는 것은 관심사가 되지 못한다. 그런 점에서 모든 사자 개체는 상호 대체 가능한 존재다. 어떤 사자가 어떤 행동을 하건 사자의 종적 과정은 동일하게 이루어진다. 그리고 이 과정은 천 년 전에도, 지금도, 천 년 후에도 똑같이 수행된다. 유형의 무한반복이 이루어지는 것은 사자의 수준에서는 그래도 종의 항상성 유지라는 점에서 의미 있는 일일지 모르지만, 인간에게는 보편성에의 참여가 그처럼 단지 생물학적 차원에 그치면 그것은 곧 '삶의 습관화' 즉 의미상으로는 죽음과 다를 바 없는 것이 될 수 있다.

52

그렇기 때문에 인간이 참여하는 보편적 과정은 유적 과정이라 할 수 있으며, 이 과정에의 참여는 단순한 유전 정보 전수의 무한반복이 아닌 세대 간에 이어지는 '의미 있는 역사'가 되어야 한다. 즉 인간의 유적 과정은 동일 유형 사건의 무의미한 반복이 아니라 세대 간에 질적인 변화 내지 발전을 이룩하는 것이어야 한다. 그래서 역사는 '사건의 병렬'이 아니라 '층의 변환'인 것이다.

사회적 유기체로서의 국가

이러한 의미 있는 역사를 통해 구현되는 인간의 유적 과정은 인간집단 자체를 생명을 가진 유기체로 만든다. 즉 하나의 생물학적 유기체에게서 모든 부분들이 서로 간에 목적이면서도 수단이 되고, 각 부분들이 대체할 수 없는 고유성과 가치를 지니는 것과 꼭 마찬가지의 관계가 '사회'라는 집단 내지 공동체 차원에서 형성되어야 한다는 것이다. 모든 구성원은 저마다 대체 불가능한 유일한 주체들이면서도 다른 주체들과의 호혜적인 인정 관계를 통해서만 각각의 주체성을 유지할 수 있으며, 이를 통해 공동체의 생명성 또한 유지될 수 있다는 것이다.

헤겔에게서 살아 있는 유기체로서의 공동체는 바로 국가다. 국가와 국민은 서로의 존재를 전제하며, 국민들 각각도 서로가 서로를 위해 그리고 서로가 서로에 의해 존재한다. 그렇지 않고 각각의 구성원이 다른 구성원들이나 국가에 대한 배려 없이 자신만을 주장한다면, 그 공동체는 더 이상 국가가 아니라 그저 기계적인 부품들의 꾸러미와 다를 바 없다. 즉 생명이 없는 죽은 집합인 것이다. 살아 있는 유기체에서 신체의 각 부분들은 저마다의 가치를 지니고 있고, 그것들이 없으면 생명성 자체가 성립하지 않는다. 하나의 부분이라도 손상을 당하면 유기체는 질병에 걸리게 되고, 많은 부분에 손상이 발생하면 그 유기체는 죽음에 이른다. 마찬가지로 국가의 모든 구성원 각각은 저마다 가치 있는 존재, 즉 생동적이고 자유로운 주체라야 한다. 국민의 자유가 억압되거나 안녕이 위험에 처하게 되면 그 국가는 건강치 못하게 되고, 그 억압과 고통이 보편화되면 그것은 더 이상 국가가 아니다. 즉 죽은 국가 또는 국가의 자격을 상실한 명목상의 국가에 불과하다.

뿐만 아니라 유기체의 개체적 통일성과 생명성이 유지되지 않으면 각각의 신체 부분도 소멸하는 것처럼, 국가적 연대와 국가의 생명성 없이는 국민의 존속도 불가능해진다. 이 때문에 헤겔의 입장에 따르면 자유로운 국민일수록 조국의 전쟁에 적극적으로 참여한다. 전체는 하나를 위해, 하나는 전체를 위해 존재함으로써 유기체의 생명과 국가의 생명이 유지된다. 국가는 국민을, 국민은 국가를, 그리고 국민끼리는 서로를 그 존속의 필요조건으로서 전제하는 것이다.

이 책의 다른 지점에서 헤겔이 지향하는 사회모델이 현대 많은 유럽 국가들이 채택하고 있는 '사회국가'라는 점이 언급되는데, 유기체의 생명성에 상응하는 사회적 생명성에 대한 이러한 설명 역시 오늘날 자유주의와 경합하고 있는 공동체주의를 이론적으로 강화하는 데 기여할 수 있는 것으로 보인다.

죄와 용서의 관계는
무엇인가
?

상호인정은 용서와 화해의
다른 이름이다

원죄에서 원복으로,
그리고 복수에서 형벌로

상호인정은 용서와 화해의
다른 이름이다
—최신한

가장 큰 죄는 죄가 어디 있는지 바로 알지 못하는 것

헤겔에 의하면 죄는 모순적인 자유의 형태이며 '실존하
는 모순'이다. 죄는 자유의지의 자의적 행위에서 나오는
데, 이는 자기모순을 범하는 악이다. 죄와 악은 동전의 앞
뒤와 같다. 헤겔은 죄를 악 속에서 벌어지는 신으로부터
의 소외로 간주한다. 죄는 오로지 자기 자신과만 관계하
는 내면성의 행위다. 오로지 자기 자신과만 관계하는 소
외된 자기는 진정한 내면성을 상실하고 자연적 특수성에
머물러 있다. 자연적이고 감각적인 상태는 내면성이라기
보다 오히려 외면성이다. 외면성은 무관계적이며 무반성
적인 상태다. 결국 죄는 고립적이고 소외된 주관성의 상
태를 가리킨다. 모순, 불일치, 분열, 소외, 이 모두는 부정
적인 것이다. 죄가 자유의지에서 나오는 한 이것은 잘못

된 자립성에 근거한다. 죄는 자기 자신에 대한 부정적 관계다. 이렇게 자기에 대해 부정적으로 관계하는 것은 자신의 행위가 무無임을 입증하는 것과 다르지 않다.

헤겔은 나와 죄의 관계를 다음과 같이 설명한다.

나는 죄악성 가운데 있는 나의 자유를 드러내보인다. 이것이 자유이며 사유다. 나는 바로 나 자신 가운데 있는 존재다.[7]

죄는 이와 같이 자유의지의 한 양태이지만, 실제로는 "자유로부터의 도피"다.[8] 죄는 오로지 자기 자신의 생각에 사로잡혀서 자기 밖의 존재에 대해 반성하지 않는다. 그래서 죄는 자신이 알고 있는 것에 대해서조차 알려고 하지 않고 오로지 자신의 의지만 관철하려고 한다. 이로써 죄는 악의 모순에 빠지며 결국 아무것도 할 수 없는 무기력에 떨어진다. 이것은 당연히 잘못된 자립성이며 왜곡된 자유이고 사악한 마음이다.

모든 죄 가운데 가장 큰 죄는 죄가 도대체 어디 있는지를 바로 알지 못하는 데 있다.[9]

이것은 인간에게 자기의식적 상태와 인식이 얼마나 중요한지를 강조하는 대목이다. 죄는 분명히 의식적인 상태에서 나오지만 이 상태는 불완전하고 불충분한 반성에 그친다. 사람들은 아무 생각 없이 죄를 저지르지는 않지만 이는 결핍된 생각이므로 악한 행위에 이르게 된다. 몰沒정신적 상태에서 저지르는 죄가 있지만 헤겔은 이것은 죄로 규정하지 않는다.

몰정신은 이미 인정된 정신에 반하는 지식과 의지의 존재로서 죄가 아니다. 몰정신은 이미 인정된 정신을 알지 못하므로 죄가 없다.[10]

비슷한 맥락에서 헤겔은 범죄자가 범법행위를 하는 순간에 그 행위가 불법이라는 사실을 분명하게 생각하지 않았다면 그에게 책임을 돌릴 수 없다는 주장도 한다. 책임이 귀속되는 범죄가 구성되지 않는다 하더라도 이러한 요구는 범죄자에게서 지적 본성을 박탈한다고도 말한다.[11] 지적 본성을 박탈한다는 사실은 그에게 죄를 돌리는 것보다 더 냉혹한 판단이다.

죄는 생각을 수반한 개인의 사악한 자기분열이다. 그럼에도 죄는 여전히 선과 관계하고 있으며 심지어 신적인 정신과 관계를 맺고 있다. 이러한 변증법적 관계에서 죄는 용서의 가능성을 지니고 있다. 죄가 모순이라면 용서와 화해는 이 모순을 극복하는 통일성이다. 그러므로 죄는 화해의 조건이기도 하다.

죄는 오용이다. 죄는 비진리의 형태를 띤 진리이며 자유의 결핍양태다.[12]

이런 점에서 죄의 모순은 모순의 해소와 용서를 전제하고 있다. 잘못되고 모순된 행위는 올바른 행위가 될 수 있으며 결핍된 자유는 충족된 자유가 될 수 있다. 모순과 동일성, 결핍과 충족은 하나의 관계망에 있으므로 양자는 서로 긴장을 유지하는 가운데 죄를 극복하고 화해와 선의 상태에 도달할 수 있다.

죄 개념도 그렇지만 죄의 용서는 개인과 개인의 관계 내지 인간과 신의 관계를 상정한다. 죄의 용서는 타자와의 관계에서 언급되고 해명되어야 한다. 죄가 타자와의 관계가 단절되거나 대립된 상태를 말한다면, 죄의 용서는 타자와의 관계가 회복되고 다시금 화해를 이룬 상태를 지시한다. '대립'과 '화해', 이것은 죄와 용서를 대변하는 개념이다. 이웃과의 관계에서 죄의 용서는 도덕적인 영역에서 이루어진다. 도덕적 상태나 양심의 상태는 내면성이 도달한 선善의 상태와 상관없이 그것이 '주관적'이라는 한계가 있다. 헤겔이 이해하는 "양심은 객관적 내용을 지니지 못한 한낱 대자적으로 무한한 형식적 자기확신일 뿐이다."[13] 도덕적 의지는 한편으로 내적 확신의 상태로서 그 자체가 불가침적이지만, 다른 한편으로 그것은 자기만을 위한 자유일 수 있다. 칸트에 의하면 선의지는 이 세상 안이나 이 세상을 초월한 곳 어디서든 동일하다. 헤겔은 이를 수용하면서도 선의지의 주관적 한계를 염려한다. 양심적으로 행했다고 하는 것이 이웃에게 손해를 입히는 경우가 있을 수 있다. 그러므로 양심이 보편적인 지평에 있다 하더라도 추상성을 띨 수 있다는 염려는 타당하다.

죄의 용서도 상호인정을 요구한다

헤겔은 이른바 '양심의 변증법'을 통해 죄책과 용서에 대해 설명한다. 양심의 변증법을 다루는 것은 양심의 내적 절대성과 개인적 주관성의 부조화를 극복하기 위함이다. 이 변증법은 행동하는 양심과 판단하는 양심 간의 관계다. 행동하는 양심은 선에 대한 확신을 가지고 행동한다. 자신의 행동이 선하다는 생각에 추호의 의심도 없으며 다른 사람들에게도 자신의 행동을 요구한다. 행동하는 양

심은 확신에 차서 행동하지만 다른 사람의 양심의 소리
에 귀를 기울이지 않는다. 그러나 행동하는 양심은 개인
적 양심에 그칠 수 있으며 보편과 대립되는 주장을 할 수
도 있다. 이것이 극단화되면 행동하는 양심은 자신의 확
신만 가지고 다른 사람을 강제하게 된다. 헤겔은 이 상태
를 '양심'이 아니라 '사악'과 '위선'으로 간주한다. 양심이
사악과 위선으로 전락하는 과정은 의외로 단순하다. 이웃
의 입장을 무시하고 이웃으로부터 인정받을 수 없는 양심
의 행동은 이미 위선인 것이다.

판단하는 양심의 경우도 마찬가지다. 판단하는 양심은
자신의 기준이 양심적이며 보편적이라는 확신을 가지고
다른 사람의 행동을 판단한다. 스스로 양심적으로 행동하
지 않으면서도 그는 상대방의 옳고 그름을 판단한다. 실
제의 양심적 행동 없이 내리는 판단은 비현실적이며 추상
적일 수 있다. 그리고 다른 사람의 행동을 오로지 자신의
기준에 따라서만 판단하므로 독선적이며 위선적일 수 있
다. 이러한 판단은 경우에 따라 비열할 수도 있다. 자신의
판단은 보편적이며 이웃의 판단은 이기적이라는 방식으
로 상대를 몰아세울 때가 이런 경우에 해당한다.

행동하는 양심이나 판단하는 양심은 똑같이 보편의 지
반을 떠났다. 양자가 양심에서 사악과 위선으로 전락한

것은 자기만 생각하고 상대방을 고려하지 않았기 때문이며 상대방으로부터 인정받지 못했기 때문이다. 양심은 이제 이웃에 대해 자신의 잘못을 고백하며 용서를 구한다. 이것은 상호인정으로 나아가는 길이다. 상대방을 인정하는 데서 사악과 위선은 극복된다. 사악과 위선으로 나타났던 가짜 보편은 서로에 대한 인정에서 진짜 보편이 되며 진정한 양심으로 바뀐다. 상호인정은 용서와 화해의 다른 이름이다. 용서하고 화해할 때 사람들은 개인의 입장을 내려놓으며 이웃의 입장에 귀를 기울인다. 진정한 선과 보편으로서의 선은 절대적 확신에서 출발하지만 확신하는 개인들 간의 상호인정에서 완성된다. 결국 죄의 용서도 상호인정을 요구한다.

형벌은 잘못에 대한 용서와 같다

개인과 개인 사이에 일어나는 잘못과 용서를 넘어서 사회와 국가 차원에서 일어나는 범죄와 용서는 또 다른 설명을 요구한다. 원칙적으로 인간의 자유와 책임은 상호 연관적이다. 인간은 누구나 자신의 자유로운 행위에 대해 책임을 져야 한다. 그러나 독자적 판단을 할 수 없는 미성년자나 정신질환자가 저지른 잘못에 대해서는 책임을 물을 수 없다. 이들에게는 온전한 자유의 능력이 결핍되어 있기 때문이다. 자유의 상호인정은 잘못을 범할 수 있는 가능성에 대한 인정도 포함한다. 그러므로 잘못된 행위를 하는 것은 독자적 자유를 행사하는 만큼 인간에게 본질적 이다. 헤겔에 따르면 잘못을 범할 수 있다는 사실은 인간에 대한 부정적 규정이 아니라, 오히려 인간에 대한 높은 규정이며 심지어 절대적인 규정이다.

인간은 잘못을 범할 수 있지만 이 잘못을 다시금 바로 잡아야 한다. 인간의 자유는 잘못을 바로잡는 것까지 포함한다. 이것은 자유의 회복이다. 법치사회에서 자유의 회복은 법률위반에 대한 형벌로 이루어진다. 탈세는 세금납부를 통해 보상해야 하며 범행은 그것에 걸맞은 형벌로 보상해야 한다. 형벌과 보상은 피해사실을 제자리로 돌려놓을 뿐 아니라, 범행한 사람도 원래 모습으로 돌려놓는다. 잘못을 범한 사람도 자유의 주체이기 때문에 형벌과 보상행위는 그를 원래 모습으로 회복시킨다. 법치사회에서 형벌과 보상은 개인들 간에 일어난 잘못을 용서하는 것과 같다.

헤겔은 "범죄자는 형벌을 통해 이성적인 존재로 대우받는다"[14]고 말한다. 국가의 형벌은 범죄자의 자유를 제한하는 부정적 의미만을 갖는 것이 아니라 범죄자를 도덕적, 법률적 관계에서 회복시키는 긍정적 의미를 갖는다.

잘못을 범했음에도 아무런 형벌을 가하지 않고 관용을 베
푸는 것은 오히려 범죄자의 교화가능성을 앗아가는 일이
다. 이러한 맥락에서 형벌은 잘못을 저지른 사람을 올바
른 사람으로 교육시키기 위해 요구되는 필수적 요소라고
할 수 있다. 개인 간의 용서가 상호인정을 목표로 하듯이
법률적 형벌도 범죄자와 피해자 간의 화해를 목표로 한
다. 이로써 자유는 현실 가운데서 실질적으로 실현된다.

원죄에서 원복으로,
그리고 복수에서 형벌로

—권대중

'원죄'와 '복된 죄' : 죄에 대한 종교적 자기의식

헤겔은 칸트에 이어서 철학을 일반 담론의 수준을 넘어 최고난도의 전문 학문으로 격상시킨 또 하나의 인물로 평가된다. 그렇기 때문에 우리는 칸트를 이해하는 데 『칸트 사전』을, 그리고 헤겔을 이해하는 데 『헤겔 사전』을 종종 쓴다. 그만큼 이런 부류의 철학자들에게서는 매우 많은 단어들이 특화된 전문용어로 다듬어져 있는 것이다. 더욱이 중요한 개념어들에 대해서는 그 말의 의미 변천과정이나 그 단어가 어떤 글에서 어떤 맥락에 따라 쓰이는지 등을 파악하는 데 이 사전들이 큰 역할을 한다.

그런데 헤겔 사전을 보면 '죄罪, Sünde'에 대해서는 헤겔이 큰 비중을 두어 다루고 있지 않다는 것이 드러난다. 종교철학적 차원에서 유대교나 기독교를 논할 때는 물론

'원죄' 내지 '인간의 타락'에 대한 종교적 관념을 철학적으로 분석하는 지점들이 종종 눈에 띄지만, 즉 죄에 대한 자신과는 다른 관점의 세계관에 대해서 나름 설명이나 해석을 가하는 것은 맞지만, 그 자신의 입장에서 인간의 (원)죄를 적극적으로 다루고 있다고는 보이지 않는다.

게다가 기독교 등의 원죄 관념에 대한 그의 설명에서는 오히려 인간 존재의 근원을 '원죄'와는 정반대의 것으로 보고 있다는 것이 드러난다. 즉 그가 정확히 사용한 단어는 아니지만 헤겔은 '원죄(Erbsünde 또는 Ursünde, original sin)'라는 기독교적 관념을 '원복Urglück'이라는 정반대 관념으로 의미 역전시키고 있음이 드러난다. 그리고 그의 철학 전반을 관통하는 객관적 관념론의 입장은 이 주제에 대해서도 여실히 반영된다. 이해를 돕기 위해 우리에게 비교적 익숙한 사례를 통해 헤겔의 생각에 접근해보자.

전 세계 가톨릭교회에서는 미사 때마다 모든 참석자가 함께 입을 모아 읊는 통회痛悔의 절차가 있다. 신이 만든 세계이건만, 그리고 그 신의 형상에 따라 만들어진 인간이건만, 인간들 세계에는 온갖 죄악과 고통과 불행이 일어나고 있는데, 놀랍게도 이에 대해 미사의 참석자들은 그 모든 패악의 근원이 타자가 아닌 바로 '나 자신'에게 있다고 외친다. "Mea culpa, mea culpa, mea maxima culpa(내 탓이오, 내 탓이오, 내 큰 탓이로소이다)." 이렇게 볼 때 죄에 대한 종교적 차원의 의식은 사뭇 부정적일 뿐 아니라 외부인들 눈으로 볼 때는 일종의 양심 과잉으로도 비칠 수 있다. 모든 좋은 일에 대해 오직 신께 감사하는 것도 좀 이상하지만 모든 나쁜 일을 내 탓으로 돌리는 것도 꽤 이상할 것이다.

그런데 아우구스티누스는 이 죄의식의 의미를 역전시키는 상당히 권위 있는 해석을 내놓는다. 그는 다음과 같은 말을 남겼다. "오, 복된 죄여! 너로 말미암아 우리가 위대한 구세주를 얻을 수 있게 되었도다!O felix culpa quae talem et tantum meruit habere redemptorem!"[15] 이는 인간의 참담하게 부정적인 자기의식을 유발하는 이른바 '원죄'를 오히려 신에 이를 수 있는 촉매로 설명한 것이다. 즉 죄가 있기 때문에 우리는 구원받을 수 있다는 것으로, 이런 점에서 죄는 복의 근원인 셈이다.[16]

그런데 죄에 대한 이러한 두 인식 방식은 이론적 정당화라기보다는 심리적 치유의 차원에 속하는 것 같다. 현재의 불행을 실천적 행위 차원에서 극복하기 불가능할 때 인간의 종교적 본성은 우리로 하여금 때로는 내세에서 누리게 될 영원한 행복을 기대하게 하거나, 때로는 이 모든 불행의 원인이 타자가 아닌 자신에게 있다고 여기게 함으

로써 당장의 고통을 심리적으로 감내할 수 있게 하는 것
이 아닐까?

'원죄에서 원복으로' : 헤겔이 단행한 '원죄'의 의미 역전
어쨌거나 철학자로서의 헤겔은 이러한 방식의 치유적 서
사healing narrative를 제공하기보다는 논증을 통해 '원죄'를
규명하려 하는데, 그 과정에서 그는 이른바 '원죄'는 굳이
구원을 위한 필요조건이라는 좀 궁색한 변명이 없더라도
그 자체로 복된 것으로 의미 역전이 가능함을 보여준다.
독일어로 원죄는 'Ursünde' 또는 'Erbsünde'라고 불린다.
단어를 좀 더 쉽게 풀면 'Ursünde'는 '애초부터 존재하는
죄'를, 'Erbsünde'는 '상속되는 죄'를 의미한다. 우리가 잘
알고 있듯, 최초의 인간이 선악을 구분할 줄 알게 되면서
헤어날 수 없는 죄의 역사가 시작되었고 그의 자손들도
자신의 자유의지나 실질적 행위와 무관하게 그 죄를 상속
받는다는 얘기다. 물론 그 죄로부터의 해방은 가능한데,
다만 유일하게 '인간으로 된 신'인 예수를 통해서만 가능
하다는 것이다. 그리고 이것이 바로 은혜로운 구원이라는
것이다.
　헤겔적인 관점에서 볼 때 이러한 '원죄' 및 '구원' 관념
에 대해서는 불만이 생길 수밖에 없다. '아담'이 저지른

죄는 일종의 명령 불복종인데 정작 신이 분노하는 이유는 다른 데 있다. 신은 말한다. "보라, 아담이 우리처럼 선과 악을 알게 되었다."(Gen. 3:22) 즉 그 자체 긍정적인 것과 부정적인 것에 대한 '인식'의 능력을 소유하게 된 것이 신의 노여움의 주된 이유다. 그런데 신이 인간을 창조할 때 한 말은 "우리의 형상에 따라 우리의 모습대로 인간을 만들자"가 아니었던가. 여기서 '형상'이니 '모습'이니 하는 것은 - 그리스 신들에게서와 같이 - 물리적 외형 따위일 리가 없다. 철저하게 물질의 연장성으로부터 자유로운, 절대적으로 순수한 정신적 주체가 바로 기독교의 신이다. 따라서 그러한 신이 자신의 '형상'을 말한다면 그것은 존재의 유형type으로서의 '주체적인 정신적 수행 능력'을 가리킬 수밖에 없다. 즉 '자유의지'와 '인식'의 능력을 갖춘다는 것은 바로 신이 인간을 만들 때 소망했던 것 바로 그것이며, 만약 인간에게 그러한 능력이 없다면 인간은 여전히 신의 형상을 부여받기 이전의 자연 상태에 속할 뿐이게 된다.

따라서 선악에 대한 인식이나 선악과를 따먹는 자유의지 등은 오히려 신이 인간을 성공적으로 만들었음을 보여주는 증거가 되어야 한다. 이에 헤겔은 '원죄'라는 것은 인간이 진정한 인간이 되었음을 보여주는 신화라고 하며,[17]

이러한 관점에 입각할 때 종교에서 말하는 '원죄'는 오히려 인간을 비로소 인간답게 만드는, 즉 신의 형상에 상응하도록 지혜롭게 만드는 것이므로 지고한 '원복'이 된다. '원복'이라는 것은 굳이 '구원'이라는 '은혜로운' 절차, 즉 안 해도 되지만 인간을 사랑하는 마음에서 선의를 발휘해 베풀어지는, 그런 점에서 우연적인 절차를 기다릴 필요가 없이 그 자체로 이미 필연적으로 복된 것이다.[18]

'복수에서 형벌로' : 범죄 응징방식의 질적 진화

종교적 차원의 죄로서의 '원죄' 이외에 실질적인 작위作爲로서 저질러지는 죄인 '범죄'에 대해서 헤겔은 꽤 구체적인 진술들을 제공한다. '죄Sünde, sin'라는 넓은 일반적 의미에서의 단어는 사회, 국가, 역사와 같은 구체적 현실 맥락에서는 정의를 파괴하는 불의로서 '범죄Verbrechen, crime'라는 단어로 대체된다.

범죄행위는 모든 시대에 발생하는 보편적 현상이다. 하지만 범죄에 대한 대응방식은 시대에 따라(더 정확히는 문화의 선진성에 따라) 달라진다. 모든 것이 '개인'에 의해, 그것도 그의 감정이나 기분 등과 같은 주관적인 요소에 따라 이루어지던 법 이전 단계를 그는 '영웅시대Heroenzeit'라 부르는데, 이 시대에는 악행에 대한 응징도 '복수Rache'라는 개인적인 차원에서 수행되어야 했다. 사회 규율을 어겨서도, 보편적 도덕을 침해해서도가 아니라 '나'에게 고통을 주었기 때문에 나는 악한 자에게 복수해야 한다. 이 시대를 대표하는 인물 유형이 아킬레우스다. 그는 국가를 위해서도 대의를 위해서도가 아니라 자신의 조카를 죽인 헥토르를 죽여 원수를 갚기 위해 트로이 전쟁에 참여한다. 이러한 복수의 주체들은 멋진 전사요 카리스마 가득한 리더들이다. 그래서 '영웅'이라고 불린다. 그리고 이 영웅들이 역사를 만들고 나라를 세운다. 하지만 이들의 영웅적인 행위는 어떤 객관적 정당성을 통해 공적인 차원에서 수행된 것이 아닐 뿐더러 대다수 다른 인간들은 그 역사에서 철저히 배제되어 있다. 즉 그 시대의 주체는 군주나 전사戰士 같은 극소수의 강한 자들일 뿐이다. 그리고 그들의 '강함' 또한 물리적 힘, 전투에서의 용맹성 같은 전前이성적이고 전문명적인 것들로 채워져 있다. 따라서 내가 영웅이고 누가 나의 아버지를 죽였으면, 나는 나의 아버지가 아무리 그의 악행에 대한 벌로 죽었다고 하더라도 반드시 원수를 갚아야 한다. 그리고 그의 아들은 또 마땅히 내게 복수를 해야 한다. 이로써 영웅시대의 죄에 대한 응징은 끊임없는 피의 악순환이 되기 십상이다.

그러나 국가가 건립되고 법이라는 확고한 질서 체계가

수립된 이후에는 범죄를 통한 정의의 손상은 오로지 '공권력'이라는 제3의 탈자연화되고 탈개인화된 체제가 수행하는 '형벌Strafe'을 통해서만 회복될 수 있다. 개인적 차원에서의 복수는 '불의를 불의로써 갚는' 것이기 때문에 그 자체가 다시 범죄로서 마땅히 금지된다. '나'의 마음 여부와는 상관없이 범죄자는 죄 그 자체의 내용에 따라 객관적인 법질서에 의거해 처벌을 받는다. 심지어 군주마저도 이 법체계보다는 아래에 있다. 이러한 진보한 세계에서 사적인 차원에서 불의를 응징하려는 것은 오히려 우스꽝스러운 시대착오일 뿐이다. 마치 돈키호테처럼 말이다.

이러한 헤겔의 관점에 따를 때, '용서'라는 행위는 영웅시대에서는 허용될 수 있는 반면, 근대 이후에는 원칙적으로 배제될 것이다. 영웅시대에서는 범죄에 대한 응징이 전적으로 개인의 능력과 감정이라는 개별적 차원의 주관성에 달려 있다. 그리고 용서도 그러한 주관적 행위의 하나인 만큼 그 원리상 복수와 동일한 성격을 지닌다. 따라서 복수 주체의 마음에 따라 용서는 수행될 수도 안 될 수도 있는 것이다. 반면 법이 지배하는 시대에서 판단 주체는 개별적 주체가 아니라 명제화되고 항목화되고 체계화된, 그리고 그럼으로써 어떤 우연적이고 사적이고 자연적인 요소의 개입으로부터도 자유로운 확고하게 객관적이

고 공적이고 인류적인 법질서다. 따라서 개별적 차원의
용서 의지가 있느냐 없느냐와 무관하게, 법 집행자인 국
가는 범죄 자체에 대응하는 형벌을 가해야 한다. 그리고
이러한 사회는 아름답거나 멋지지는 않지만 훨씬 정의로
운 사회다.

행복이란
무엇인가
?

행복은 '영원한 직관의
황홀한 만족' 상태

행복은 개인의
기분 문제가 아니다

행복은 '영원한 직관의 황홀한 만족' 상태

—최신한

"행복은 덕과 더불어 발견된다"

행복과 욕구충족은 뗄 수 없다. 행복에 대한 철학사의 논의도 이 틀을 벗어나지 않는다. 아리스토텔레스는 행복을 위해 필요한 조건들을 거명하는데 이것은 사람들의 일반적인 생각에 배치되지 않는다. 좋은 가문, 출중한 외모, 경제적 풍요 등이 인간의 행복을 가능하게 한다는 것이다. 그러나 그는 한 걸음 더 나아가 진정한 행복은 개인에게 부여된 이성의 능력을 최대한 발휘하는 데 있다고 주장한다. 지적인 덕과 도덕적인 덕에 도달할 때 인간은 행복할 수 있다. 아리스토텔레스에게는 이성을 최대한으로 계발하는 것이 진정한 행복이다. 그럼에도 철학사는 행복과 욕구의 연관을 지속적으로 언급한다. 칸트에서 행복은 자연의 목적으로서 인간이 갖는 모든 경향성들의 만족이다.

이성주의자인 칸트에게 행복은 도덕적 행위의 동기가 될수 없다. 공리주의자들에게는 개인의 특수한 경향과 욕망과 욕구의 충족이 곧 행복이다. 공리주의는 최대다수의 행복에만 관심이 있을 뿐 이성적 의무수행은 전혀 고려하지 않는다. 이러한 행복 개념은 행위자의 개별 판단만을 유일한 척도로 삼는다.

헤겔은 철학사에서 언급되는 행복 개념에 대해 두 가지 방향으로 접근한다. 인간에게서 자연적으로 발생하는 욕구와 충동에 관계하는 행복과, 이를 정신적으로 극복한 차원의 행복을 함께 다루고 있다. 인간에게는 개인마다 특수한 관심과 욕구와 경향성이 있는데, 이는 인간에게 자연적으로 부여되어 있는 내면 상태다. 고대의 행복론에서 행복Eudämonie을 글자 그대로 풀이하면 이는 수호신Dämon의 만족과 자기 영혼의 만족이다. 'Dämon'은 악마와 귀신으로 번역되기도 하므로 행복은 악마의 만족을 이루는 부정적인 측면도 함의한다. 원래 행복한 삶은 영혼의 만족에 도달하고 이를 증대하는 데 있다. 그러나 이 만족이 물질적이고 육체적인 것으로 이루어지면 이는 쾌락주의로 귀결된다. 이를 극복하려는 헤겔은 육체와 정신의 만족, 그리고 개별을 넘어선 보편의 만족을 추구한다.

행복 개념에서 개인을 넘어선 보편의 차원을 추구한 뿐

리는 스토아철학에 있다. 헤겔도 이러한 전통에서 태어난다.

행복은 덕과 더불어 발견된다.[19]

이러한 행복은 인간이 비록 불행 가운데 있다 하더라도 진
정한 행복이며 흔들림이 없는 행복이다.[20]

인간은 특수한 만족과 경향성을 거부하는 대신 이성을
지향하고 자기 내면에 집중할 때 진정으로 행복하다. 이
러한 입장에 따라 헤겔은 행복을 이념으로 파악한다. 만
족과 향유를 추구하는 경험적이고 우연적인 차원을 넘어
서려고 한 것이다. 최고의 만족은 감각적 만족만이 아니
라 동시에 이성적 만족이어야 한다. 최고의 만족은 이성
을 통해서만 인식된다. 감각적 만족과 이성적 만족은 대
립적인 것이 아니다. 헤겔은 진정한 행복을 양자의 통합
에서 찾는다. 영원한 존재에 대한 이성적 만족과 유한한
현실에 대한 경험적 만족은 함께 가야 한다. 그렇지 않는
다면 행복은 그 자체가 비현실적이거나 감각적 만족에 불
과할 것이다.

경험적인 행복과 우연적인 행복, 이성적인 행복과 이념
으로서의 행복. 헤겔은 양자를 대립적으로 간주하지 않으

며 이들의 통합에서 진정한 행복을 찾는다. 이것은 개인의 행복만이 진정한 행복이 아님을 가리킨다. 특수존재인 개인의 행복은 다른 개인의 행복과 함께 진정한 행복에 이를 수 있다. 개별과 특수는 보편에 이를 때 그 진정성이 드러나는 것처럼 개인의 행복도 타인의 행복을 아우르는 보편의 상태에 도달할 때 진정한 행복을 맛볼 수 있다.

개별과 보편의 연관에서 행복 개념은 도덕적 행위와 연관되어 나타난다. 진정한 행복을 위해서 개인은 자신의 직접적이고 자연적인 의지로부터 보편적 목적을 추구하는 이성적 의지로 이행해야 한다. 개인은 자연적으로 주어져 있는 직접적 의지를 반성함으로써 개별적 차원을 벗어나 타인의 의지와 매개되며 결국 전체가 만족하는 보편적 의지에 도달한다. 보편적 의지가 추구하는 보편적 목적은 모든 개인을 아우르는 전체의 복지와 만족이다. 보편적 의지, 즉 이성적 의지는 도덕적 행위의 주체다.

감각적 기쁨 그리고 흔들림 없는 평정심으로서의 행복

행복은 필연적인 것이 아니다. 그것은 우연적인 것으로 경험되고 기대된다. 우연적인 것에 기대는 것은 요행을 바라는 것으로서 결코 바람직한 삶이 아니며 진정한 행복도 아니다. 그러므로 행복에 대한 논의는 개인의 특수한 행복달성에 대한 설명으로 결코 마무리될 수 없다. 자신의 삶과 세계를 지배하는 사람은 행복만 추구하는 사람이 아니라 행복과 도덕의 조화를 이룰 수 있는 사람이다. 도덕은 애당초 보편적 선에 대한 의무를 담고 있기 때문에 개인의 차원을 넘어서 있다. 자신과 세계를 지배하는 사람은 결국 행복과 선 의무를 통일할 수 있는 사람이다. 이 사람은 앞서 말한 것처럼 특수와 보편의 통일 및 현실과 이념의 통일이라는 높은 지평에 서 있다.

헤겔은 "완전한 도덕성"을 "의무와 현실의 통일"로 규정한다.[21] 그런데 완전한 도덕은 현실 가운데 없으며 현실 저편에서 찾을 수 있을 뿐이다. 실제로 현실 이편에서 경험하는 것은 양자의 모순일 뿐이다. 절대적 의무라는 것 자체가 비현실적이다. 그래서 헤겔은 도덕적 세계관을 "아무런 생각 없는 모순들의 전체 둥지"[22]로 묘사하기도 한다. 그런데 도덕을 모순과 비현실적인 것이 되지 않게 하는 것이 경험적 차원에 있는 행복이다. 역설적으로 말하면 경험적 행복 없는 도덕적 선의 실현은 불가능하다.

다르게 말하자면, 도덕적 의식은 무엇이 선이며 무엇이 선행의 대상인지를 아는 것이며 이것을 행하려는 의지다. 이러한 도덕적 지식과 의지는 선에 대한 지식이며 선을 행하려는 의지로서 그 자체가 보편적이고 필연적이다. 그러나 이러한 보편과 필연은 현실 속에서 불가피하게 모순을 경험한다. 왜냐하면 도덕적 의식은 현실의 모든 대상과 매개되기까지 선행의 대상에 대한 규정적 지식을 가질 수 없으며, 도덕적 의지도 아직 완전하게 실현되지 않은 주관 속의 의지로 남기 때문이다. 이러한 연관에서 경험과 특수 차원에 있는 행복은 도덕적 의식의 완성을 위해 중요한 계기가 된다. 도덕적 의식은 행복과 통합됨으로써 선에 대한 보편적 지식과 의지의 반열에 오를 수 있는 것이다.

종합적으로 보면 헤겔에게 행복은 두 차원에 존재한다. 행복은 경험적이고 우연적이며 그때마다 감각적으로 확인되는 만족과 기쁨이다. 이것은 어쩔 수 없이 개인적인 것이며 순간적인 것이다. 그러나 행복은 도덕과 만날 때 도덕의 추상성을 구체적으로 만들어주며 선을 현실 가운데 실현시킨다. 선의 실현에 도움을 주면서 현실 가운데서 달성되는 행복은 우연적이고 감각적인 차원을 넘어선 것이다. 이러한 행복은 현실 속에서 신을 간직하는 것이다. 그리고 이러한 행복의 상태는 그 어떤 것에도 흔들림이 없는 '평정심unbefangenes Gemüt' [23]이다. 이렇게 공평무사한 마음상태는 『믿음과 지식』에서 말했던 "영원한 직관의 황홀한 만족" [24]이다.

행복이 개인의 만족과 개인적 의지의 실현에 머문다면 그것은 진정한 의미의 행복이 아니다. 진정한 행복은 '개인적 자기'를 넘어선 '보편적 자기'의 상태에서 달성된다. 행복을 말할 때 개인의 욕구와 감정을 결코 배제할 수 없지만 이기적인 행복만을 추구하는 것은 행복과 무관하다. 헤겔은 개인의 만족을 모든 사람의 만족으로 고양시키려고 한다. 모든 사람의 만족이라는 요구는 일상인에게 어려운 문제로 느껴질 수 있으며 심지어 비현실적인 것으로 생각될 수 있다. 헤겔의 의도는 개인적 실존의 차원과 보편적 실존의 차원을 구별하고 행복을 보편적 실존의 차원에 두려는 데 있다.

그럼에도 불구하고 행복에서 개인적 차원이 배제될 수 없으므로, 인생에서 행복과 관련된 물음은 잠정적인 것이 될 수밖에 없다. 행복은 분명 긍정적인 내용을 갖고 있다. 그러나 그것은 주관적 감정과 욕구 속에 있는 긍정적 내용이다. 그래서 "행복은 표상된 보편성과 추상적 보편성에 불과하다."[25] 추상적인 것이 구체적인 것으로 드러나고 개인적인 것이 보편적인 것으로 나타나는 단계는 행복 너머에 있다. 헤겔은 이것을 자의恣意를 넘어선 자유의 상태로 본다. 자의가 개인적 차원이라면 자유는 보편적 차원이다.

행복은 개인의
기분 문제가 아니다

—권대중

'행복'을 비하하는 헤겔?

'잘 살기eudaimonia'를 뜻하는 철학적 개념어로서의 '행복'은 철학사 초기부터 아주 중요한 주제로 다루어져왔을 뿐 아니라, 아리스토텔레스 같은 사람은 우리 삶의 궁극적 목적이 바로 행복이라고까지 생각했다. 헤겔은 정치, 사회, 역사를 누구보다도 심도 있게 성찰한 철학자로서 그가 우리의 '삶' 문제에, 따라서 '잘 살기' 문제에 누구보다도 깊은 관심이 있었음은 자명하다. 그런데 놀랍게도 '신으로부터 먼지까지'라고 할 만큼 온갖 개념과 주제들을 하나의 일관된 논리를 통해 해명하고자 하는 그의 방대한 체계에서 '행복'을 별도로 다룬 분량은 거의 찾아볼 수 없을 정도다.

그의 체계서인 『철학대계』에서 '행복'은 한 쪽이 채 되지 않는 단 두 절⑪을 통해서 주제화될 뿐이며,[26) 그나마 그 중에서도 첫 번째 절은 행복 개념 자체를 뭔가 문제가 있는 것으로 설명하고, 두 번째 절은 '실천적 정신'이 왜 '자유로운 정신'으로 이행해야 하는지를 설명하는 내용이 주를 이룬다. 즉 그에 의하면 행복은 한편으로는 무법칙적인 '충동'의 사안이고 다른 한편으로는 구체적 '존재'의 문제가 아니라 추상적 '표상'에 속하는 사안이다. 설명이 워낙 짧아서 그 진의를 파악하기는 어려우나, 그는 행복을 어떤 객관적인 사실에 근거하지 않은 주관적 심리의 문제로 여기는 것으로 보인다. 그리고 기분이나 감정 같은 단순 심리의 문제인 한 행복에는 착각의 요소가 많이 개입할 수 있다. 즉 실질적으로는 불행한 상황에 있는 감정적 주체들도 그들 내면에서는 행복을 느낄 수 있는 것이다. 그래서인지 그의 체계가 아직 온전한 모습을 갖추기 전에 나온 저작인 『정신현상학』에도 '행복'을 거론하는 다른 철학적 입장을 비판하거나 아니면 아예 '불행'을 다룬 지점은 보이지만, 본인의 입장에서 행복을 개념 규정하고 정당화하는 지점은 보이지 않는다. 따라서 일차적으로 헤겔은 '행복'을 그 자체로 뭔가 진지하게 다루기에는 적합하지 않은 낮은 등급의 범주이거나 냉정함보다는 순진함에 의거하는 정조라고 여긴다는 느낌을 준다.

하지만 비록 상당한 분량을 할애해서 행복을 별도로 주제화하지 않았음에도 불구하고, 이러저러한 것이 행복이라고 주장하는 다른 철학적 입장들을 헤겔이 다루는 과정을 지켜보면 은연중에 그의 행복관은 간접적으로나마 유추될 수 있다. 특히 종교적 차원에서 벌어지는 구체적 현실과 초현실적 피안 사이의 분열을 '불행한 의식'이라고 부르면서 논구하는 『정신현상학』의 지점이 잘 알려져 있는데, 이와 관련해서는 '불행'을 다루는 다른 장에서 거론하기로 한다.

금욕주의, 공리주의, 계몽주의 비판

「가난한 날의 행복」이라는 문학 작품을 많이들 알 것이다. 30여 년 전 고등학교 국어교과서에 실렸던 옴니버스식 수필인데, 현실의 물질적 빈곤에도 불구하고 부부 간의 애틋한 사랑이 행복을 느끼게 해준다는 이야기들로 이루어져 있다. 물질적 부富의 양적 크기와 행복이 반드시 비례하지는 않는다는 이와 비슷한 얘기를 우리는 아주 많이 듣고 있다. 일반적으로 우리는 '행복(H)'이란 궁극적으로 '욕구(D)'한 만큼에 대해 얼마나 '성취(A)'가 이루어졌는가에 따라 결정되는 것으로 알고 있다. 그런데 'H=A/D'라는 이 공식에는 꽤 기묘한 요소가 들어 있다. 돈에 대한 것이든, 권력에 대한 것이든 분모인 '욕구'는 고정된 것이 아니라 끝도 없이 커져가는 성격을 띠고 있다. 따라서 분자인 '성취'를 늘리는 것으로는 행복이 이루어질 수 없다. 그래서 우리가 행복에 관해 가장 자주 듣는 얘기 가운데 하나가, 무한히 증가하는 분모 '욕구'에 맞춰 분자인 '성취'를 또한 무한히 늘리는 것은 불가능하므로, 아예 분모를 0에 수렴시키는 게 낫다는 식의 권유다. 욕구하는 바가 거의 없을 만큼 줄어들수록 무한의 행복은 더욱 더 가까이 다가온다는 말이다. 그래서 우리는 금욕주의를 종종 행복을 위한 지침으로 삼곤 한다.

외적인 물질적 쾌락으로부터 자유로운 자아는 주로 사유의 세계에 침잠함으로써 영적 행복을 느낀다. 금욕주의의 대표적 버전인 스토아주의에 대해 헤겔은 다음과 같이 말한다.

사유 안에서 나는 자유롭다. 왜냐하면 나는 어떤 타자 안에 있는 것이 아니라 전적으로 나 자신에 머무르며, 나에게 본질이 되는 대상은 불가분한 통일 속에서 바로 나의 대자존재이기 때문이다.[27]

문제는 이러한 '고차원'의 행복이 고도의 지적 수준과

86

세상만사에 대한 최고의 관대함을 갖춘, 결국은 팔자 좋은 극소수의 철학자들에게 허용된 것이라는 데 그치지 않는다. 더 중요한 문제는 이러한 방식의 행복은 불행한 현실을 실질적으로 방치함으로써 오히려 영속화시키는 이데올로기 역할을 할 수 있다는 데 있다. 먹고, 살고, 행위하는 구체적인 삶의 맥락을 떠난 이러한 추상적 사유의 행복은 결국은 불행과 기묘한 수반 관계에 있는 셈이다.

그렇다면 그 대안은 아예 노골적으로 욕구와 충동을 현실적으로 충족시키는 데서 행복을 찾는 것일까? 헤겔은 공리주의적 행복관도 비판한다. 공리주의는 기본적으로 자연을 지성을 통해 대상화할 수 있다는 근대적 과학주의 및 쾌락의 원칙에 입각해 있다. 쾌락의 극대화 및 고통의 최소화가 곧 행복이고, 이 행복은 수량화 가능한 것이며, 각자의 행복을 합산한 총량이 곧 인류 전체의 행복이 된다고 하면 어떤 일이 벌어질까? 나 자신이 나의 쾌락을 최대한 추구해서 성취하면 어찌 됐든 사회적 쾌락의 총량은 그만큼 증대할 것이고, 타인도 나처럼 자신의 쾌락을 추구하면 마찬가지로 좋은 결과에 이바지하는 것이 되는 것일까? 헤겔이 그 결과로서 본 것은 오히려 '만인 대 만인의 투쟁' 즉 불행이 총체적으로 보편화된 상태다. 게다가 행복은 기본적으로 어떤 기대 및 그것에 대응하는 성취 여부에 달려 있지만, 문제는 그 기대의 내용은 사람마다 다르기 때문에 수적 계량이 불가능하다는 것이다. 수의 놀이가 행복을 규정하는 절대적인 기준이 되어버리면, 정작 행복이라는 질적 차원을 지향한 개인에게 닥치는 것은 소외뿐이다. 국민총생산이 증가함에도 국민 각자의 체감 불행도가 더 심화되곤 하는 오늘날의 우리는 이 사실을 잘 알고 있으며, 헤겔도 이미 알고 있었다.

헤겔은 또한 과도한 자기확신도 행복보다는 불행을 초래할 수 있는 요인이라고 본다. 가령 근대 계몽주의 같은 새로운 세계관은 한편으로는 인간을 세계의 새로운 주인으로 등극시킨 획기적인 사상이다. 실제로 이를 통해 과학혁명과 사회혁명이 일어났고 자유의 이념이 보편적으로 실현되어 나가는 것처럼 보였다. 개인의 감정이나 기분과 같은 특수성에 의거하는 것이 아니라 정당한 이념을 자각한 다수의 보편의지가 새로운 세계를 여는 듯이 보였다. 그러나 이 다수 또한 '다수의 다수'로 분열되었다. 즉 저마다 나름으로는 보편의지에 대한 확신으로 무장하고 있지만, 종종 서로간의 합의가 불가능한 당파들이 생겨난다. 자신의 이념이 절대적으로 정당하다고 믿기 때문에 그 이념과 좀 다르거나 대립되는 다른 당파는 파멸되는 것이 마땅하다. 종교적 확신이건 정치적 확신이건, 자기확신이란 것은 그 정도가 지나치게 되면 종종 무자비한 폭력성을 띠게 된다. 그래서 이념적으로 자신에게 더 가까운, 따라서 기본적으로 동지에 속하는 다른 당파 또는 개인을 오히려 대립의 원래 대상보다 더 증오하는 과오도 종종 범한다. 자기확신에 가득 찬 사람은 실로 지고의 행복감에 들떠 있지만, 다른 자기확신과 생산적인 교호관계를 맺지 못하게 되면 행복한 주체들이 많이 모이면 모일수록 그 사회는 더욱 처참한 투쟁의 장이 될 수밖에 없다.

이상에서 얘기된 이른바 '잘못 설정된 행복관'에 대한 헤겔의 진단 또는 비판으로부터 우리는 그의 행복관을 간접적으로 추정할 수 있다(물론 이 경우, 행복을 단순한 감정이나 기분의 문제가 아닌 현실적이고 객관적인 삶의 상태로 의미 전환하는 일도 함께 요청된다). 구체적 현실을 떠나 추상적 사유의 유희에 자족하는 금욕주의를 비판한 것으로부터, 헤겔은 기본적으로 현실적 욕구 충족과 쾌락의 추구를 바람직한 삶을 위한 조건에서 배제하지 않음을 알 수 있다. 그리고 쾌락과 행복을 수적 계량화를 통해 단순화함으로써 결국 행복을 추구하는 각 개인들 간에는 투쟁이 보편화된다고 보는 진단을 통해, 우리는 헤겔이 개인의 쾌락 추구를 기본적으로 용인하되 그것들이 더 큰 공동체 차원에서 서로 조화를 이루어야 한다고 여기고 있음을 알 수 있다. 그리고 지나치게 확고한 자기확신이 자칫 야만적 폭력으로 빠질 수 있음을 경계하는 것에서, 우리는 헤겔이 (다른 지점에서도 자주 그랬듯이) 개인적 차원이 아니라 집단 차원에서도 교호적 인정이 행복의 전제조건이라고 여기고 있음을 알 수 있다.

나아가 이러한 태도를 조금 확대 해석하면, 헤겔에게 서는 그에게 종종 씌워지는 '전체주의자'라는 혐의보다는 오히려 사상적 다원주의에 입각한 '평화주의자'라는 재해석을 정당화할 수 있는 요소도 있어 보인다. 실제로 『법철학』에서 그는 다음과 같이 말한다.

인간은 그가 유대교도여서, 가톨릭이어서, 개신교도여서, 독일인이어서, 이탈리아인이어서, 또는 기타의 이런 저런 이유에 따라 가치가 있는 것이 아니라, (오로지) 그가 인간임으로 인해 가치가 있는 것이다.[28]

운명이란
무엇인가
?

삶은 자신의 상처를
다시 치유할 수 있다

삶은 자신의 상처를
다시 치유할 수 있다
— 최신한

사랑은 운명을 통해 자신을 재발견하는 삶의 감정

운명은 개인의 의지와 무관하게 삶에 밀어닥치는 불가항
력적인 힘이다. 헤겔은 청년시절부터 이 문제를 숙고했으
며 미간행 원고를 통해 자신의 견해를 밝히고 있다. 「기독
교 정신과 그 운명」(1798~1800)에서 다루고 있는 운명은
개인의 운명이라기보다 민족과 공동체의 운명이다. 자신
의 손이 미치지 않는 외부세계에서 벌어진 일이나 우연히
발생한 역사적 사건은 이를 겪는 사람과 무관하지 않다.
헤겔에게 운명은 개인이든 공동체든 상관없이 삶의 원칙
을 위반할 때 가해지는 삶의 반작용이다. 운명은 삶의 복
수다. 우리가 지켜야 하는 삶의 원칙을 위반한 것이 운명
으로 나타난다면 운명은 곧 삶의 분열을 가리킨다. 운명
적 사건 이전에 통합되어 있던 삶이 분열되고, 이 분열은

운명으로 나타난다. 이것은 사람과 사람 사이의 분열이며 사람과 자연 사이의 분열이다. 운명은 삶의 분열이 인간에게 부과하는 형벌이다.

「기독교 정신과 그 운명」에서 헤겔은 유대교의 실정적 율법에 고착된 형벌 개념에서 출발한다. 실정성은 고착화된 객관성이다. 실정성에 따르는 형벌은 형벌을 받는 주체와 완전히 분리되어 있다. 이 경우, 운명은 율법에 따른 형벌로 끝난다. 운명에 처한 사람은 운명의 이유나 형벌의 이유를 알지 못한다. 형벌로서의 운명을 받아들이는 사람은 자신에게 가해진 운명에 대해 아무것도 모르며 알려고도 하지 않는다. 그 이유는 운명적 삶과 원래의 삶 자체가 완전히 분리되어 있기 때문이다.

그러나 우리는 운명으로 나타난 분열된 삶을 인식할 수 있으며 궁극적으로 분열된 삶과 화해할 수 있다. 헤겔에게 운명은 인간이 실제적으로 행한 것의 반대급부다. 따라서 우리는 운명을 인식함으로써 이 반대급부도 인식하고 결국 온전한 행위에 도달할 수 있다. 운명은 온전한 행위로 나타나는 통합의 삶에서 극복된다. "운명 속에서 인간은 자기 자신의 삶을 인식한다."[29] 여기서 헤겔의 유명한 언명이 등장한다.

삶은 자신의 상처를 다시 치유할 수 있다. 적대적인 분열된 삶은 다시 자기 자신으로 복귀한다.[30)]

삶에 대한 인식이 그 상처를 치유하는 것이다. 헤겔이 기독교 정신을 다루면서 운명 개념을 언급한 것은 특별한 의미를 지닌다. 그것은 유대교의 정신과 구별되는 의미에서 말하는 운명이다. 헤겔은 유대교에서 '분리'와 '복종'의 전형을 발견한다. 유대교의 창시자인 아브라함은 자신의 고향을 떠나면서 자연과 분리되었고 여호와 신에게 복종함으로써 자신의 주체적 의식과도 완전히 분리되었다. 헤겔이 볼 때 모세도 마찬가지로 분리와 복종의 전형이다. 인간은 신이 내려준 계명에 개입할 여지가 없다. 유대교와 달리 기독교는 이러한 분리 대신에 통합을 가르치고 맹목적 복종 대신에 자유와 자발성을 요구한다. 이것은 유대교의 '운명'과 구별되는 기독교의 '사랑'이다. 예수의 운명은 이러한 가르침으로 인해 비극적으로 결정된다. 그러나 그가 가르친 '사랑'은 결국 운명과 화해하는 삶의 기준이 된다.

"손상당한 삶은 운명으로서 내게 맞서 있다."[31)] 그러나 "운명은 사랑 가운데서 자신과 화해한다."[32)] 사랑은 운명을 통해 자신을 재발견하는 삶의 감정이다.[33)] 사랑을 통해 사람들은 자신의 삶에 적대적인 운명을 삶의 부분으로 받아들이며 이에 대해 적극적으로 생각할 수 있다. 감옥에 갇힌 사람은 옥살이하는 자신의 운명에 대해 생각하면서 이를 자기 삶 가운데 받아들이고 새로운 삶으로 결단할 수 있다. 사랑을 통해 사람들은 자기에게 적대적인 운명을 자신의 잘못에 대한 답변으로 인식한다. 운명은 삶에 적대적이지만 사랑은 이를 삶과 결합시킨다. 사랑을 통해 운명은 삶에 대한 강제력을 넘어서서 그 규정적 계기가 될 수 있다. 사랑은 운명적인 삶과 새로운 삶을 연결시키며 분열된 삶을 통일적인 삶으로 고양시킨다. 유대교와 기독교의 근본적인 차이는 율법적, 운명적 분리와 사랑의 통합에 있다.

운명에 대한 성찰은 새로운 삶을 개방한다

『정신현상학』에서는 운명과 연관해서 소포클레스의 비극 작품 『안티고네』가 거론된다. 비극의 주인공들은 분열의 화신이다. 그들은 신의 법을 따르거나 인간의 법을 따라야 한다. 그들은 자신들이 복종하는 법과 일체이며 이에 대해 무비판적이고 이것과 직접적으로 동일하다. 헤겔은 이것을 고대적 인륜성의 전형으로 간주한다. 주인공 안티고네와 그녀의 외삼촌 크레온은 인륜적 조화를 상실한 대표적인 인물이다. 두 사람은 안티고네의 오빠 폴리케이네스의 장례를 둘러싸고 대립한다. 안티고네는 신의 법을 따르고, 테베의 통치자 크레온은 인간과 현실의 법을 따른다. 안티고네는 신의 법에 따라 장례를 치르기 바랐지만, 외삼촌(크레온)은 그녀의 오빠(폴리케이네스)를 들판에 버려 새들이 쪼아 먹게 한다. 여기서 두 사람의 갈등은 극대화된다. 오빠의 시신을 거둔 안티고네는 크레온에 의해 지하토굴에 갇히며 처형을 앞두고 자살한다. 그런데 크레온의 아들 하이몬도 자살한다. 그는 안티고네를 사랑했기 때문이다. 헤겔에 의하면 비극으로 귀결된 안티고네와 크레온의 갈등은 각자가 따르는 직접적 인륜성에서 비롯한다. 직접성은 맹목적 복종과 하나다. 맹목적 복종의 대상인 법은 그것과 상이한 법을 결코 인정할 수 없다. 이것은 고대적 인륜성이 보여주는 비극적 운명이다.

헤겔은 안티고네의 죽음이 운명의 극복가능성을 지니고 있다고 해석한다. 안티고네의 죽음은 운명적 인물의 필연적 몰락을 상징하지만 안티고네는 죽음을 택함으로써 보다 높은 인륜적 태도를 개방했다는 것이다. 운명이 주는 고통은 우리에게 결핍되어 있는 것을 인정하게 한다. 운명은 결코 맹목적인 것이 아니다. 오히려 운명은 대립하고 갈등하는 주체들을 통합하는 인륜적 실체의 토대다. 운명은 비극의 주인공들을 매개하는 상위의 인륜성이 등장할 때 극복할 수 있다. 신적-가족적 인륜성(안티고네)과 인간적-국가적 인륜성(크레온)이 똑같이 포기되고 통합될 때 가능한 것이다.

역사는 자신이 만든 상처를 치유하기 위해 움직인다.[34]

중요한 것은 운명을 삶의 계기로 인식하는 것이다. 운명을 저주하고 이를 삶에서 배제하려고 할 때 삶의 분열은 더욱 심화된다. 운명은 말할 수 없는 고통을 수반하기에 누구나 운명을 회피하고 싶어 한다. 그런데 현재의 운명은 이를 거부할수록 더욱 비극적인 것이 될 수 있다. 헤겔이 제시하는 제3의 길은 운명을 삶 가운데 수용하라는 것이다. 운명을 삶 가운데 적극적으로 받아들이는 것은 결코 쉽지 않다. 하지만 운명의 수용은 새로운 삶의 잉태로 이어진다. 운명을 삶의 '한' 계기로 받아들이고 이 계기를 성찰할 때 현재의 고통과 비극 너머의 길이 열린다. 고통의 극복은 운명 이전의 평온한 삶과 운명적 삶의 통합으로 등장하는 새로운 삶이다. 이전 계기를 망각하거나 무시하는 삶은 가상의 삶이다. 진정한 삶은 고통과 비극과 운명까지도 끌어안는 적극성에서 펼쳐진다. 이 적극성은 삶과 시간에 대한 성찰을 요구한다. 지나간 삶에 대한 인식이 상처를 치유하는 것이다.

　운명이 삶에 고통과 상처를 남긴다면 이것은 피할 수 없는 삶의 현실이다. 다른 사람과 비교해볼 때 도저히 받아들일 수 없으며 자신의 삶을 되돌아볼 때도 이해할 수 없는 것이 운명적 삶이다. 운명은 어차피 나에게 주어진 삶의 짐이다. 그러므로 이것이 왜 하필 나에게 엄습했는지 묻는 것은 해법이 될 수 없으며, 오히려 마음에 더 큰 실망과 상처를 남긴다. 헤겔은 운명을 대하는 지혜를 가르쳐준다. 주어진 운명과 거리두기를 해보라는 것이다. 운명적 삶이 현재 나의 삶이라 할지라도 이 삶과 거리를 둘 때, 여기서 발생한 공간만큼 새로운 삶의 가능성이 열린다. 직접적으로 주어진 운명에 대해 거리를 두는 것은 그것에 대해 성찰하는 것이며 주어진 삶과 현재의 삶을 인식하는 것이다. 이러한 성찰과 인식은 운명을 극복하는 힘이 될 수 있다.

절망을 극복하는 방법은
무엇인가
?

절망과 불행은
삶의 통과점에 불과하다

불행의 존재의 필연성,
그리고 종교적 귀의의 위험성

절망과 불행은
삶의 통과점에 불과하다
—최신한

시간적 존재인 인간에게 불행과 절망은 불가피한 것

헤겔에서 절망과 불행에 대한 사유를 찾는 것은 쉽지 않다. 이러한 문제는 무엇보다 개인적 삶의 국면에 속하기 때문에 공동체와 보편에 집중한 그에게 일차적 물음이 아니었다. 그러나 전체와 보편을 향한 사유의 도정에서 절망과 불행의 문제는 중요한 계기를 차지한다. 훗날 등장한 키르케고르의 '절망의 변증법'도 헤겔의 사유에 빚지고 있다. 절망을 절망할 때 절망의 저편에 도달하게 된다는 사유는 변증법과 뗄 수 없다. 절망하는 것은 절망 너머의 상태와 관계할 수 있기 때문에 가능하다. 우리가 절망 너머의 상태와 관계할 수 있다는 사실은 절망의 운동을 가능하게 하며 결국 절망을 극복하게 한다.

『정신현상학』에는 '불행한 의식'이라는 흥미로운 제목

100

의 절節이 있다. 불행한 의식은 의식 이편의 인간과 의식 저편의 무한자가 분열된 상태를 가리킨다. 무한자와 불변자不變者는 유한자와 가변자可變者 바깥에 존재하므로 유한자는 자신의 내면에서 무한자와 통일을 이룰 수 없다. 요컨대 불행한 의식은 분열된 의식이다. 이러한 분열은 역사적으로 중세 기독교에서 나타난다. 헤겔은 이러한 분열을 극복한 종교가 진정한 종교라고 설명하며, 이것을 근대적 종교로 파악한다. 근대적 종교에서는 무한자가 이미 유한자 가운데 들어와 있다.

중세에는 유한한 인간이 자기 밖의 무한자에게 복종해야 했다. 변화하는 상태를 벗어날 수 없는 인간은 변하지 않는 존재를 자기 밖에서 동경하고 그에게 복종한다. 복종은 분열을 낳는다. 복종하는 자와 명령권자는 같은 차원에 존재하지 않기 때문이다. 자기 밖에 있는 무한자에게 복종할 때 신앙심은 출발할 수 있지만 그것은 내면의 안정으로 이어지지 못한다. 채워지지 않은 마음은 스스로 불행하다는 의식을 떨쳐버릴 수 없다. 더 나아가 자기 밖에 있는 무한자에게 복종하지 않을 때 인간은 스스로 공포심을 갖는다. 불복종의 대가代價를 두려워하는 것이다. 공포는 불행한 의식의 부정적 전개다.

외적인 복종은 내재적인 통일로 나아가야 한다. 자아와

절대자의 분열은 최대의 불행이며 절망이다. 이러한 불행과 절망의 극복은 자아와 절대자의 분열을 자아 가운데서 통일하는 데 있다. 자아 속의 내재적 통일은 자아가 자아 속에 내재하는 무한자에게 복종함으로써 이루어진다. 이러한 자기복종은 더 이상 복종이 아니라 자유다. 이 자유는 자기만의 자유로운 활동을 넘어서서 무한자와 더불어 펼치는 자아의 확장이며 변화다. 외재적 분열이 내재적 통일로 바뀜으로써 의식은 무한한 세계로 확장됨과 동시에 그 속에서 안정을 누린다.

절망, 불행, 고통은 언제든 맞닥뜨릴 수 있는 삶의 부정성이다. 희망, 행복, 기쁨은 삶의 긍정적 요소이지만 앞의 부정성과 무관하지 않다. 절망과 불행이 분열에서 기인한다면 희망과 행복은 마땅히 통일에서 나와야 한다. 그런데 절망과 희망, 불행과 행복은 그 자체가 하나의 관계망에 속한다. 헤겔은 이것을 변증법적인 것으로 간주한다. 절망과 불행이 변증법적이라는 사실은 양자의 부정성이 생산성을 지니고 있다는 사실을 뜻한다. 절망과 불행이 생산성을 지닌다는 것이 무슨 말인가? 절망은 절망으로 끝나지 않으며 불행도 불행으로 끝나지 않는다. 절망은 그 자체가 갖는 부정의 힘으로 부정적 상태를 박차고 나올 수 있는 힘을 지니고 있다.

절망의 부정성은 삶의 분열과 대립에서 기인한다. 그리고 분열과 대립에는 이유가 있다. 이로써 분열 이전에는 없었던 이편과 저편이 분명하게 확인된다. 아무런 문제가 없었던 것으로 보였던 분열 이전의 삶이 분열을 통해 적나라하게 드러난다. 분열은 상처를 남기며, 상처는 이유를 갖는다. 분열의 부정성은 분열에 대한 규정을 수반한다. 그러므로 절망에 대한 규정이 없는 절망은 아직 절망이 아니다. 그것은 그저 삶의 부정적 충격에 그친다. 절망의 생산성은 절망의 이유를 분명하게 인식하면서 절망 너머의 상태를 지향하는 데 있다.

분열된 삶이 새로운 통일에 이르는 것은 결코 자동적인 것이 아니다. 여기에는 분열 과정에 대한 성찰이 있어야 하며 분열 너머를 바라보는 사유도 덧붙여져야 한다. 삶에 대한 성찰과 이 성찰에 대한 성찰, 이른바 '반성의 반성', '부정의 부정'이라는 과정이 수반되어야 한다. 절망의 부정성이 갖는 생산성은 의식 바깥에서 주어지는 요행이 아니며 철두철미 반성과 성찰이 만들어낸 삶의 새로운 규정성이다. 절망했기 때문에 획득하는 새로운 삶은 절망 없이 지속되는 삶과 다르다. 이 다름은 질적인 다름이며 성찰의 깊이가 만들어내는 다름이다.

분열을 통해서 본다면 인간은 태생적으로 불행하다. 왜

냐하면 인간은 자기동일성을 갖는 주체이면서 동시에 늘 변화하는 시간 속에 내던져진 차이성의 존재이기 때문이다. 인간이 시간적 존재인 한 삶에서 불행과 절망은 불가피하다. 분열은 인간 삶을 가로지르고 있는 하나의 거대한 축이다. 인간은 변화 속에서 분열을 강요받지만 동시에 분열 이전의 세계로 복귀하고 분열 너머의 세계로 나아가려고 한다. 인간은 시간의 분열을 거슬러 올라가 분열과 변화가 없는 지평에 도달하려고 한다. 그러므로 분열의 극복과 통일은 삶의 또 다른 축이다.

새로운 삶의 도약대로서의 절망과 불행

절망을 극복하는 방법은 무엇인가? 불행의 의미는 무엇인가? 이제 이 물음에 대한 답은 삶에서 '변증법적인 것'의 의미를 발견하는 데서 찾을 수 있다. 그리고 변증법적인 것은 자아 바깥의 운동성이 아니라 자아 자체의 운동성이라는 사실을 재확인해야 한다. 외적인 삶은 내적 반성을 거치면서 부정적 규정성을 얻으며 이 부정성은 절망과 고통을 확인함과 동시에 그 너머의 세계를 그려낸다. 절망과 불행이 없다면 부정성은 마땅한 자리를 차지할 수 없으며 소멸될 것이다. 그리고 절망과 불행 속에서도 성찰의 운동이 없다면 삶은 절망으로 끝날 것이다. 절망의 변증법은 절망의 삶에 대한 규정에서 출발하며, 절망 너머의 삶에 대한 규정에서 한 차례의 운동을 완성한다. 이 운동은 또 다른 지평에서 새롭게 출발하며 새로운 삶을 형성한다. 변증법적인 것은 반성과 성찰을 매개로 한 삶의 운동성이며, 부정적 삶과 이에 대한 부정negation of negation을 통과하는 역동성이다.

절망은 실존철학자들의 주장과 같이 언제든 등장할 수 있는 삶의 현사실성이다. 절망은 그 이전의 삶을 구체적으로 매개하고 있다. 절망은 절망하는 사람에게 그 면모를 파악하라고 요구한다. 그러나 절망하는 사람은 절망에 빠져 더 이상 절망의 면모를 파악하려고 하지 않는다. 절망에 대해 생각한다 해도 절망의 원인을 자기 밖에서 찾으며 그것에 대해 분노하고 원망하는 데 그친다. 자기 밖에서 발견되는 절망의 원인은 절망을 해소시켜주기보다 오히려 절망의 강도를 높인다. 절망한 사람이 절망의 외적 원인을 확인할수록 그는 더욱더 절망에 빠진다. 절망은 그 내적 원인을 발견할 때 비로소 해결을 모색할 수 있다. 내적 원인은 오로지 절망하는 사람에게서 비롯되는 원인은 아니다. 내적 원인은 외적 원인과 자기와의 관계에서 마련된다. 절망의 외적 원인에 대해 성찰하는 과정은 외적 원인과 자기의 관계맺음이다. 바로 여기서 외적 원인에 대한 규정이 가능해진다.

절망에 대한 내적 규정은 절망 이전과 절망 이후의 차이를 명확하게 해준다. 그리고 절망 너머의 지평을 열어 보인다. 절망에 대한 규정은 절망의 영역과 절망 너머의 영역을 확실하게 구별해주며 궁극적으로 절망의 영역을 벗어나게 해준다. 헤겔의 사유는 절망에 대한 변증법적 규정을 강조하지만 이것은 결코 이론에 국한되는 것이 아니다. 절망에 대한 규정은 이론적 반성에 의해 이루어지지만, 이것은 곧바로 절망을 극복하려는 의지활동으로 연결된다. 이론과 실천의 관계는 이미 작동되고 있다.

절망과 불행은 삶의 통과점에 불과하다. 그것은 결코 삶의 끝자리가 아니며 또 아니어야 한다. 절망과 불행은 삶의 통과점으로서 '질적 도약의 계기'라는 의미를 갖는다. 습관적 반복과 무의미한 지속의 삶에서는 도약이 있을 수 없다. 이에 반해 삶의 통과점으로서의 절망과 불행은 이에 대한 성찰을 통해 새로운 삶의 도약대가 될 수 있다. 삶의 부정성이 긍정성으로 바뀔 수 있으며, 부정의 운동이 새로운 긍정으로 귀결될 수 있다. 이것은 시간적 삶에 감추어져 있는 비밀이며 정신세계를 도야시키는 초월적 힘이다.

절망과 불행이 삶의 통과점이라면 삶의 종착점이 무엇

인지 궁금해진다. 절망과 불행이 부정적인 것이므로 그것이 끝난 자리는 당연히 긍정적일 것이라는 예상이 가능하다. 이러한 예상은 잘못된 것이 아니다. 그러나 삶은 이러한 예상과 꼭 일치하지 않을 수 있다. 그래서 헤겔의 낙관주의에 대해 의문을 가질 수 있다. 그러나 삶의 종착점이 긍정적이라면 그것은 헤겔에게 이미 인간의 지평이 아니다. 삶의 종착점은 인간과 신이 통일된 삶의 완성점이기 때문이다. 현대인의 불행은 오히려 이러한 통일을 상실한 데 있다. 절망, 불행, 죽음을 강조하는 현대철학은 인간존재의 유한성을 솔직하게 인정하지만 동시에 신과의 통일을 애써 배제하려고 하는 역설적 '자만'에 빠져 있는지 모른다.

불행의 존재의 필연성,
그리고 종교적 귀의의 위험성
—권대중

불행의 존재, 그 근거로서 악의 존재의 논리적 필연성

전지전능한 신이 만든 것이 세계인데, 어째서 그 속에는 좋고 아름다운 것뿐만 아니라 고통과 악이 존재하는가? 기독교적 전통이 강한 서양에서 죄와 악, 그리고 불행과 같은 '부정적인 것'들의 존재는 신의 전능성과 전선성全善性을 위협하는 중요한 요소가 되며, 이 때문에 변신론辯神論, Theodizee이라는 일종의 분과까지 생겨 어떤 식으로든 신의 절대성과 악의 존재라는 두 대립항을 모순 관계가 아닌 조화의 관계로 설명해내고자 한다.

헤겔 역시 큰 틀에서는 이러한 논의에 적극 참여하고 있는데, 물론 그가 제공하는 것은 "악마도 원래는 천사였는데 여차저차하는 과정에서 이래저래 되었단다"라는 식의 (그가 보기에는 거의 동화급의 신화로 간주될 수 있

108

는) 종교적 서사와는 정반대 차원의 대답, 즉 논리적 차원의 대답이다. 그의 논지를 요약하자면, 신 즉 '절대자' 내지 '무한자'가 실질적이고 완전한 의미에서 절대적이고 무한하려면 그것은 자신과 무관하게 존재하는 그 어떤 자립적 타자도 대립물로 지녀서는 안 된다. 반대로 모든 것, 심지어 자신의 완전성에 맞서 있는 '대립자對立者'마저도 자신과 무관한 독립적 타자로 존재하는 것이 아니라 바로 자기 자신의 규정에 포함된 내적 계기로 지녀야 한다. 이에 따르면 '악'을 포함한 모든 '부정적'인 규정 또는 범주들은 기실은 바로 신의 완전성을 위해 필연적으로 요청되는 하위 규정 또는 범주들이다.

이와 비슷한 논법을 우리는 헤겔에게서 자주 접한다.

- 주체가 완전하게 주체로 성립하려면 그 자체가 객체가 되어야 한다.
- 본질이 진정한 의미에서 본질이기 위해서는 현상으로 드러나야 한다.
- 신적 이념이 완전하게 신적이기 위해서는 자연이라는 타자의 영역으로 자신을 외화해야 한다.

결국 악의 존재에 대한 헤겔의 논리적 설명방식은 어떤

긍정적 범주나 개념이 온전히 긍정적이기 위해서는 역설적으로 부정성의 계기와 적극적인 관계에 있어야 한다는 이러한 진술들과 같은 맥락을 이룬다. 신이 신이기 위해서는 신에게는 '선'뿐만이 아니라 '악'도 필연적으로 귀속해야 한다는 말이다.

'불행'은 좋지 않은 것, 즉 악의 전형적인 부분이거나 악의 존재에서 오는 결과다. 따라서 헤겔이 구사하는 논리에 따르면 불행은 우리가 사는 현실에서는 그 경감이나 극복이 일종의 당위로서 제시되고 그에 따라 우리의 노력이 필요한 대상이지만, 이러한 논리적 필연성으로 인해 그 존재 자체를 원천 무효화할 수는 없는 것이다.

불행의 극복 : 그 논리적 필연성과 현실적 난점들

게다가 헤겔 입장에 따르면 '악' 또는 '부정적 범주 일반'은 그 자체가 내적 모순을 지닌 것이기 때문에 논리적 차원에서는 자기파멸이 필연적이다. 선이 선 자체에 대해 선하면 그 선은 계속 선으로 지속되지만, 악이 악 자체에 대해 악하면 그 악은 선으로 이행하거나 소멸하게 된다는 말이다. 좀 더 큰 맥락에서 보면 이는 논리적으로 완전한 무모순성 상태에 도달한 절대이념을 제외한 모든 다른 범주들은 자체의 내적 모순으로 인해 유한하고, 이러한 유

110

한성으로 인해 그다음 범주로 이행하고 지양된다는 헤겔의 전형적인 변증법적 논리가 그대로 적용된 것이다. 악의 이러한 논리적 자기모순은 추상화된 논리적 언어를 통해서는 좀 어렵게 들릴 수 있겠지만, 한 가지 정도의 예만 들어도 그리 이해하기 어려운 것은 아니다.

월트디즈니사의 애니메이션 영화 〈인어공주〉는 그 인기를 등에 업고 TV판 연속물로도 제작되었는데, 그 중에는 '어린 악마A Little Evil'라는 제목이 붙은 한 편이 있다. 선하고도 막강한 해신海神 트리톤에 맞서 바다의 권력을 차지하려는 악마에게는 어린 아들이 있다. 악마는 아들을 '훌륭한' 악마로 기르기 위해 열심히 가르친다. 아들은 아빠 같은 악마가 되려면 아빠의 가르침을 '잘' 따라야 한다. 그런데 아들은 자꾸 실수를 저지른다. 잠시 자신의 '직분'을 잊고 인어공주와 사이 '좋게' 놀면서 '기쁨'을 느낀다. 그때마다 아빠가 아들의 정체성을 깨우친다. "너는 악마이니 좋은 것들을 파괴해야 한다." 그래서 아들은 '제정신'을 차리고 인어공주와 친구들을 괴롭힌다. 그러는 과정에서 아들은 무척 이상한 자신을 깨닫는다. 착한 아이들을 괴롭힌 다음에 그 괴롭힘의 성공을 '기뻐'하면서 음흉한 미소를 짓다가 "아차, 웃음은 '좋은' 것이니 반대로 성난 표정을 지어야지." 하는 생각이 든다. 그래서 분노한 표정을 지어보았는데 그것도 이상하다. 자기가 저지른 나쁜 짓에 대해 '나쁜' 기분이 들면 그것은 자신의 나쁨을 부정하는 것이고 그것은 당연히 자신도 결국은 '좋은' 것을 소망한다는 것이 될 테니 자신의 존재기반을 흔드는 것이 된다.

결국 악마는 자신의 나쁨에 대해 좋은 감정도 나쁜 감정도 지닐 수 없게 된다. 이것이 악의 자기모순이다. 비슷한 예는 극장판에서도 감지할 수 있다. 인어공주는 인간의 두 다리를 얻기 위해 자신의 목소리를 마녀에게 바쳐야 한다. 그리하여 둘 사이에는 '계약'이 맺어진다. 인어공주가 서명을 하자 이내 목소리는 마녀에게로 옮겨간다. 악을 대변하는 마녀가 악한 일을 도모하기 위해 '약속을 지켜야 한다'는 선한 도덕적 준칙에 의존하는 것이다. 악이 악하기 위해서도 선이 필연적으로 작용해야 한다는 모순이 여기에서 발생한다.

불행이 결국 어떤 나쁜 것에서 기인하는 것이고, 나쁜 것은 논리적으로는 필연적으로 자기파괴에 이를 것이니, 불행도 논리적으로는 그 지속성을 담보할 수 없는 것으로 해석될 수 있기는 하다. 그러나 이러한 근원적인 논리적 차원에서는 악과 불행은 선한 것에 절대적 열세를 보이지만, 유한한 현실의 시공간에서 현존하는 불행은 그 시공

112

간을 몸으로써 직접 사는 당사자들에게는 그 논리적 모순의 문제와 무관하게 절대적 무게로 삶을 짓누르는 것이다. 즉 신이 보는 영원의 차원에서 악과 불행은 소멸할 수밖에 없지만, 우리가 사는 현세의 차원에서 불행은 종종 이겨내기 힘든 고통을 준다. 따라서 신의 나라의 법칙과 무관하게 우리는 우리대로 불행을 이겨낼 길을 찾는 것이 당연하다.

우리가 주변에서 볼 수 있는, 불행과 고통을 피하는 흔한 방식 가운데 하나가 종교다. 하지만 헤겔은 불행과의 투쟁에서의 소극성을 이유로 들어 종교적 태도를 '불행한 의식das unglückliche Bewußtsein'이라고 칭하면서 신랄하게 비판한다.[35] 물론 종교에도 인간의 현실적인 실천 행위를 적극적으로 인식할 수 있게 하는 교리도 이러저러하게 포함될 수 있지만, 헤겔은 그것들도 종교 자체가 지닌 근본적 한계 내에 있다고 본다.

그는 먼저 유대교에서처럼 무한한 신의 영역 즉 '피안'과 유한한 인간의 영역 즉 '차안'을 결코 서로 소통할 수 없는 근원적 대립물로 설정하는 세계관을 비판한다. 이는 '아버지의 나라', 즉 '성부의 영역'만을 신성이 존재하는 곳으로 여기는 유형의 신앙인데, 이러한 종교적 의식을 소유한 사람은 자기 자신을 포함한 차안의 모든 것들을 무가치한 것으로 여기고 오로지 '신이 계신 저편'만 바라본다. 이러한 종교적 태도는 현실에 대한 극단적인 혐오를 드러낼 뿐 아니라, 역설적이게도 자신이 혐오하는 현실을 오히려 더욱 영속적으로 만들며, 이에 그 의식의 소유자 스스로도 영속적인 고통과 불행에 빠지게 만든다.

두 번째로 거론되는 것은 '아들의 나라', 즉 '성자의 영역'에 핵심을 둔 의식이다. 기독교가 바로 여기에 대응하는데, 헤겔의 시각에 따르면 다른 일신교들과 비교했을 때 기독교가 지니는 질적인 장점은 신의 영역과 인간의 영역을 꽤 적극적이고 생산적으로 연결한다는 점에 있다. 즉 무한자 신이 직접 유한자 인간이 된다는 '말씀의 육화'에 대한 뚜렷한 관념이 이 종교의 가장 중요한 내용을 이룬다. 그러나 문제는 기독교 버전의 말씀의 육화는 절대자의 내적 규정에 따른 필연적이고 보편적인 사건이 아니라 우연적인 사건이면서도 또한 일회적인 사건이라는 것이다. 즉 '신성을 지닌 인간'의 출현은 절대자의 은혜가 없으면 일어날 수 없으며, 또한 일어나더라도 예수 한 경우에 한한다. 더욱이 이 성자는 그 유일성으로 말미암아 인간을 구원하는 유일한 길일 뿐 아니라, 그가 이끄는 길 또한 결국은 차안이 아닌 피안을 향해 있다. 그래서 예수는 그 개념상 왔다가 다시 가버려야 하는 운명에 처해 있으며, 행복의 나라도 이곳이 아니라 여전히 저곳으로 설정되어 있다.

세 번째 비판 대상은 '정신의 나라', 즉 '성령의 영역'에 대응하는 종교적 의식이다. 사실 헤겔이 지향하는 철학적 의미에서의 참된 성령은 '인간의 정신 일반'이라는 차원으로 보편화된 신성이어야 한다. 그러나 헤겔이 보기에 (적어도 현존하는 제도로서의) 종교를 지배하는 의식은 이 성령의 단계에서도 여전히 암중모색 상태에 머무는 것으로 여겨진다. 예수가 떠난 뒤에 그의 물질적 흔적에 대한 일종의 페티시즘에 사로잡힌 사람들은 물론, 인간의 주체성을 현세에서 적극적으로 발휘해서 일하고 향유함에도 불구하고 결국에 가서는 자신의 모든 성취를 은혜로운 신의 사랑으로 치부해 '감사'만 하는 사람들, 모든 현세의 즉물성을 지나치게 혐오한 나머지 자신의 현존의 출발이 되는 모든 신체성을 오히려 학대함으로써 영적 희열을 느끼려 하는 극단주의자들, 그리고 신의 나라와 자신 사이의 이러한 괴리를 (예수는 이미 떠났으므로) 제3자인 교회를 통해 메우고자 하는 의도에서 고백을 통해 죄를 청산하려 하고 자신이 거둔 세속적 성과들을 교회에 바치는 사람들도 모두 '불행한 의식'에 속하는 것으로 규정된다.

이러한 비판들에서 엿볼 수 있는 것은, 헤겔은 인간 스스로가 행하는 '자기포기' 및 '자기양도', 그리고 '자기혐오'가 극복되지 않는 한 불행은 지속된다고 본다는 사실이다. 인간은 자신의 가치를 아무리 높이 평가해도 지나치지 않다는 헤겔의 입장에 의거하면, 진리 인식의 길이 어떤 직관이 아니라 인간의 사유능력 그 자체의 완전한 발휘에 있듯이, 행복의 추구 또는 불행의 극복에 이르는 길도 인간 스스로가 만들어가는 인륜성의 영역에 있다.

흔히 사람들이 철학자에게서 기대하곤 하는 고상한 치유적 수사학이 아니라 (철학과 국가라는) 세속의 영역에서 행복에 이르는 길을 찾는 이러한 헤겔의 태도는 그의 이름이 주는 신비감과는 다르게 좀 메말라 보일 수도 있다. 그러나 신앙 또는 신념이라 불리는 다양한 유형의 심적 작용들 속에는 실질적으로는 고통의 극복보다는 오히려 고통의 지속을 촉발하는 위험 요소가 종종 작용하고 있음을 경계하는 헤겔의 경고는 듣기에 따라서는 불편할 수도 있지만, 동시에 진실을 뼈아프게 드러냄으로써 우리를 각성시키는 것도 사실이다.

고통이란
무엇인가
?

고통은 새로운 만족과 기쁨의
정신적 조건

고통은 새로운 만족과 기쁨의
정신적 조건
—최신한

결핍된 인간 현실은 항상 고통을 수반한다

삶은 고통과 분리될 수 없는 것으로 보인다. 고통에 대해
묻기 전에 삶은 이미 고통 속에 있다. 원하는 것이 결코
아니지만 고통은 삶을 구성하는 요소임이 틀림없다. 고통
이 실제 삶의 근본적 계기임에도 고통의 철학은 거의 없
다. 『욥기』와 같은 경전이 고통을 다루고 있지만 그 내용
은 대단히 난해하다. 고통에 대해서는 침묵할 수밖에 없
는지 모른다. 그렇지만 인간은 스스로 대답할 수 없는 것
에 대해서도 물음을 던지는 존재다. 고통에 대한 물음은
삶의 한계에 대한 물음이기도 하다. 헤겔에 의하면 고통
은 삶의 제약과 유한성에서 나온다.

삶의 고통은 비록 그것이 단편적 계기이기는 하지만 그 자

118

체가 불행한 계기다. 이것은 근심과 수고이며 시간성의 여울이다.[36]

스스로 허무하게 느끼는 내적 실존과 마음은 자기 자신에 · 대한 통한과 고통의 느낌을 준다.[37]

인간에게 허무와 유한성을 극명하게 보여주는 것은 죽음이다. 그러므로 고통의 진정한 발원지는 죽음이다. 죽음은 유한자가 겪는 최고의 고통이며 최고의 분열이다. 이러한 파악은 현대 실존철학의 주장과 유사하다. 불안은 무無에 대한 불안이며 죽음에 대한 동요다.

고통이 죽음과 유한성에서 나온다면 그것은 실존의 결핍과 연결된다. "우리가 고통스럽기 때문에 우리는 우리 자신이 결핍된 존재라는 것을 인정한다."[38] 이 말은 소포클레스에서 연유한다. "당신이 옳다면 나는 나의 고통을 통해서 내가 결핍된 존재라는 것을 인정해야 할 것이다. 만약 내가 옳다면 당신은 당신의 고통을 통해서 당신이 결핍된 존재라는 사실을 인정해야 할 것이다."[39] 고통은 완전한 전체에 통합되지 못한 결핍에서 발생한다. 결핍은 충일에 대립한다. 고통은 모든 것이 채워진 상태에 대한 대립이며 이 상태로부터의 분열이다.

고통의 근원이 죽음에 있으며 고통의 양태가 결핍에 있다는 진단은 인간의 한계에 대한 보편적 파악이다. 그러므로 결핍 속에 있는 인간의 현실은 항상 고통을 수반한다. 고통당하는 인간은 본능적으로 고통을 회피하려고 하며 이를 의식적으로 극복하려고 한다. 인간에게 이러한 방향성이 확인된다는 사실은 인간이 유한한 존재만이 아니라는 사실을 확인시켜준다. 인간의 인간됨은 주어져 있는 결핍을 메우고 그 한계를 극복하려는 노력에서 드러난다. 결핍된 존재이며 고통을 당하는 존재이기에 인간은 오히려 그 유한성을 뛰어넘을 수 있다. 역설처럼 들리지만 이것은 인간존재의 분명한 사실이다.

고통의 본질이 드러났다면 문제의 초점은 이제 고통의 극복에 맞추어진다. 인간의 유한성과 죽음이 고통으로 나타나므로 고통 없는 만족과 사랑은 애당초 불가능하다. 고통 없는 만족이 가능하다 하더라도 그것은 진정한 만족이 아니다. 결핍의 고통을 통과하지 않은 만족은 사이비 만족이거나 만족 자체의 의미를 모르는 만족이기 때문이다. 그러므로 고통의 매개를 거치지 않은 만족은 고통의 문제를 해소할 수 없다. 부정성을 포함하지 않는 긍정성은 진정한 긍정성이 될 수 없다. 오히려 진정한 만족과 충일은 고통과 결핍을 포함해야 한다.

고통 없는 만족이 고통을 해소할 수 없는 것처럼, 고통에 대한 단순한 인정도 고통을 해소할 수 없다. 지속적으로 고통 가운데 머무는 것도 고통을 해소할 수 없다. 고통의 해소는 고통을 관통하는 매개를 요구한다. 만족과 충일에서 분열된 지점을 명확하게 인식하고 분열된 곳을 이어주는 매개가 필요하다. 유한이 무한으로 넘어가는 지점, 결핍이 채워지는 지점, 죽음이 생명으로 나아가는 지점을 반성적으로 확인하는 일이 필수적이다. 고통은 이러한 반성과 매개를 통해 극복된다.

고통은 잠자는 정신을 일깨운다

고통이 유한성에서 비롯되므로 고통의 극복은 자연스럽게 무한성과 연결된다. 유한성과 무한성의 결합은 종교에서 일어난다. "종교는 개인의 고통과 불행과 죽음 가운데서 위로를 준다."[40] 종교가 고통을 위로해줄 수 있는 이유는 무한의 힘에 있다. 고통이 분열과 덧없음에서 나온다면 종교는 무한의 힘으로 분열을 감싸고 치유할 수 있기 때문이다. 그러나 고통의 극복을 위해서는 인간이 겪어야하는 무한한 고통의 과정이 필요하다. 헤겔은 무한한 고통과 의심을 "추상적 자기의식이 추상적 자기지식에 근거하여 고립된" 상태라고 말한다.[41] 이러한 추상화의 과정은 곧 철학의 길이다. 철학의 틀에서 정신은 모든 대립과 고통을 성찰한다. 모순과 대립이 해소되지 않은 채 남아 있으면 고통은 결코 해소되지 않는다. 유한성이 유한성만으로 문제를 해결하려고 하는 것은 "절대적 불행이며 정신의 절대적 고통이다."[42] 오로지 유한성의 틀 안에서만 고통을 극복하려고 하는 것은 오히려 절대적 고통을 가져다 줄 뿐이다.

종교는 고통과 죽음을 극복한다. 헤겔이 분석하는 기독교는 무한한 고통과 죽음을 무한한 사랑을 통해 극복한다. 이 사랑은 "무한한 고통 가운데 깃들어 있는 사랑이며, 이러한 고통은 이 무한한 사랑 가운데서 치유된다."[43] 사랑으로 표현되는 무한한 고통은 신이 겪은 고통이다. 신의 고통은 신과 인간을 연결하는 접점이다. 이 사랑은 감각적이고 가변적인 사랑일 수 없다. 이 사랑은 "무한한 고통으로부터 무한한 사랑의 사변을 직관하는 애정이다."[44] 이른바 '사랑의 사변'은 감각적인 것이 아니며 세계와 관련된 것도 아니다. 사랑의 사변은 정신의 통일, 즉 유한한 정신과 무한한 정신의 통일이다.

헤겔은 고통을 겪는 사람의 내적 운동에 주목한다. 병으로 인한 육체의 고통은 진통제를 필요로 한다. 그런데 진통제는 실상 수많은 실험의 결과물이다. 약물실험은 사고의 설계 안에서 이루어진다. 육체적 고통을 겪는 사람도 고통과 약물 간의 관계를 느낄 뿐만 아니라 필요에 따라 이를 면밀히 관찰한다. 하물며 정신의 고통을 극복하려는 모든 노력은 내면의 운동 없이 결코 성공할 수 없다. 우연히 사라진 고통은 불원간 다시 찾아올 수 있다. 그러나 고통이 사라진 경로를 아는 사람에게 고통은 극복된 고통과 다름없다.

육체의 고통은 정신의 고통을 낳는다. 정신의 고통은 정신의 활동 안에서 발생한다. 헤겔에게 고통 극복의 길은 유한성을 박차고나가 무한성과 하나가 되는 데 있다. 이것은 고통을 야기하는 대립과 분열을 잘라내지 않고 이를 상위의 삶과 통합시키는 길이다. 고통은 자연적 통일성보다 낫지만 정신적 통일성보다 못하다. 그러나 정신적 통일성은 정신의 분열을 매개로 이루어진다. 자연적 통일성은 정신적 분열을 거쳐 정신적 통일성으로 나아가야 한다. 이것은 자연의 긍정성이 정신의 부정성을 거쳐 정신의 긍정성으로 나아가는 과정이다. 그러므로 고통의 진수는 정신의 운동에 있다.

고통은 잠자는 정신을 일깨운다. 각성된 정신은 고통을 정신의 분열로 인식한다. 그리고 마침내 이 분열을 극복하고 통일된 삶을 성취한다. 고통과 정신의 분열은 분명히 부정적인 것이다. 그러나 이것은 모든 활동성과 생명의 원천이다. 죽음과 유한성이 만들어내는 고통은 정신의 매개를 거치면서 생명과 무한성으로 거듭난다. 개인과 개인 사이의 분열, 인륜적 목적과 현실 사이의 분열, 인간과 신 사이의 분열은 고통의 진원지다. 그러나 정신은 고통을 겪는 가운데 각성하며 분열을 인식하고 이를 통합으로 이끈다. 고통은 새로운 만족과 기쁨의 정신적 조건이다.

죽음이란 무엇인가 ?

자연적 유한성 그 이상을 바라보는 '정신의 명예'

죽음 문제는 '삶' 문제이며 사후세계는 '이 세계'다

자연적 유한성 그 이상을 바라보는 '정신의 명예'

—최신한

삶의 생동성과 죽음의 비생동성

죽음이란 무엇인가? 죽음에 대해 직접적으로 답한 철학자는 거의 없다. 헤겔도 죽음에 대해 우회적으로 언급한다. 이미 죽은 사람은 죽음에 대해 말할 수 없다. 철학자가 말하는 죽음은 대부분 '죽음의 의미'에 대한 것이며 그렇기 때문에 죽음은 이미 삶의 한 부분이다. 죽음 이후의 세계는 죽음에 대해 묻는 사람의 삶의 의미와 연결되어 있다.

헤겔은 죽음을 삶과 생명의 연관에서 바라본다. 삶과 생명에서 가장 중요한 것이 생동성이라면 죽음은 비생동성이다. 비생동성은 살아 있는 존재에서도 언제든 나타날 수 있으므로 죽음은 이미 삶 속에 들어와 있다. 생동성이 생명력 있는 활동성으로 나타나는 반면 죽음은 아무런 움직임이 없는 무기력과 무활동성이다. 무기력과 무활동성

126

에서는 새로운 삶이 펼쳐질 수 없으므로 죽음은 곧 삶의 정지이며 모든 활동성의 멈춤이다.

헤겔에게 삶과 생명이 중요한 것은 이것이 무한한 활동성을 보여주며 무한자의 특징을 나타내기 때문이다. 이에 비해 죽음은 무활동성이며 그렇기 때문에 유한성의 테두리를 벗어날 수 없다. 죽음은 유한성이다. 죽음은 유한자의 가장 뚜렷한 특징이다. 사람이 유한한 것은 그가 죽음을 피할 수 없는 존재이기 때문이다. 죽음은 인간의 유한성을 대변하며 그렇기 때문에 유한성 너머의 세계를 생각하게 하는 매개점이다. 이런 의미에서 죽음은 삶의 중요한 계기이며 무한한 세계로 나아가는 관문이다.

죽음이 삶과의 대비에서 파악되는 것이라면 그것은 생명이 갖는 유기적 조직의 종말이다. 생명의 종말과 파괴는 부분과 전체 간의 관계가 끝난 것을 말한다. 부분이 부분으로 고착화되고 다른 부분과 아무런 관계를 맺지 않는 상태는 그 자체가 죽음이다. 설령 살아 있다 하더라도 조직화가 파괴된 가사假死 상태는 개인과 개인, 개인과 세계, 개인과 인륜적 토대 사이에 아무런 관계가 없는 상태다. 무관계성은 존재자의 고립과 소외와 무기력으로 이어진다. 활발한 신진대사가 유기체의 생명력을 보존하고 고양시키듯이 다른 개인 및 세계와 맺는 활발한 관계는 정신의 생명을 고양시킨다. 그러므로 존재자의 고립과 소외, 아무런 관계맺음이 없는 무운동성은 살아 있지만 죽은 것과 다름없다.

죽음을 통해 새로운 삶을 영위하게 된다

죽음의 유한성은 삶의 유한성보다 훨씬 유한하다. 인간의 유한성이 죽음을 통해 확인된다면 죽음은 인간의 삶이 유한함을 확인시켜준다. 그렇지만 죽음은 동시에 삶의 유한성에 미치지 못하는 유한성이다. 죽음은 유한한 삶도 유지시켜주지 못하기 때문이다. 삶의 유한성이 긍정적이라면 죽음은 삶의 유한성을 종식시키는 부정성이다. 여기서 유한한 긍정성과 유한한 부정성의 관계가 드러난다. 각각 유한성에 묶여 있지만 부정성은 긍정성보다 유한하다. 그러나 죽음은 삶을 종식시킨다는 점에서 삶보다 강하다. 부정적 유한성으로 규정된 죽음이 긍정적 유한성으로 규정된 삶보다 강하다. 이것은 단순한 관점의 변화라기보다 삶과 죽음을 입체적으로 조망한 결과다. 결국 삶 속에 죽음이 들어 있으며 죽음이 삶을 새롭게 바라보게 한다. 헤겔의 표현을 빌리면, "죽음은 직접적으로 이중적인 것이 내적으로 대립하는 자연적 부정성이다."[45] 유한한 삶 가운데 중첩되어 있는 죽음이 삶을 떠나 죽음으로 진입할

128

때 삶과 죽음은 실제로 대립하며 죽음은 삶을 부정한다.

자연적 인간은 욕구와 이기심으로 채워져 있으며 아직 도야되지 않은 야만의 상태에 있다. 그리고 무엇인가에 의존하고 있으며 때로는 공포에 휩싸이기도 한다. 자연적 인간은 아직 정신의 도정을 가지 않았기 때문에 이러한 자연의 부정성을 벗어나지 못한다. 죽음은 이러한 자연적 부정성의 극치다. 왜냐하면 자연적 죽음에서 욕구와 이기심은 종식되며 공포마저 끝나기 때문이다. 죽음은 삶의 유한성과 부정성마저 더 이상 유지되지 않는 상태다. 그러므로 삶 속에서 확인되는 죽음의 그림자는 인간이 정신적 존재가 될 때 비로소 사라질 수 있다. 자연적 인간에게서 드러나는 유한성과 부정성의 여러 모습들은 정신적 인간에게서 극복된다. 욕구를 억제하며 자기사랑을 타자사랑으로 바꾸고 자립과 자유를 누릴 수 있는 것은 자연적 인간의 부정적 계기들을 정신적으로 극복할 때 가능하다. 유한성과 부정성의 극복은 곧 죽음에 대한 승리다. 그리고 이 승리는 삶 속에서 체험할 수 있는 것이다.

헤겔은 죽음을 자연적 부정성으로 규정하는 데서 멈추지 않는다. 자연적 부정성은 정신적 부정성으로 이행한다. 정신적 부정성은 자연적 부정성인 죽음을 삶 속에서 다시금 생각할 때 등장한다. 정신적 부정성으로서의 죽음은 삶 속에서 되살아난 죽음이다. 삶 속에서 되살아난 죽음은 삶에 투영된 죽음이며 이로써 삶을 새롭게 각성시키는 죽음이다. 자연적 죽음이 삶과 분리되면서 아픔과 고통을 가져다준다면, 죽음을 삶에 투영하는 죽음에 대한 생각은 삶과 죽음의 유한성을 속속들이 파헤치며 이 유한성의 구조를 드러낸다. 그리고 이를 통해 삶의 각성을 촉구한다. 헤겔에 의하면 "죽음은 자신 속에서 자신을 파악하며 자연적인 것 가운데서 소멸을 파악하는 정신의 계기"다.[46] 죽음에서 자연적 소멸의 진면모를 파악할 때 죽음의 부정성은 정신적 부정성으로 넘어가면서 자연적 죽음의 유한성과 제약을 극복하게 된다. 이것은 이미 죽어버린 자연적 생명의 부활이 아니라, 죽음을 통해 정신이 각성하고 새로운 삶을 영위하게 된다는 것을 뜻한다.

정신의 지평에서 얻을 수 있는 최고 상태

죽음 이후의 세계는 어떤 의미를 지니는가? 이 물음은 철학과 종교에서만 답할 수 있는 물음이다. 그러나 철학에서도 이 물음은 결코 간단하지 않다. 헤겔은 『종교철학』에서 (기독교의) '신의 죽음'에 대해 상세하게 분석한다. '신의 죽음'은 니체의 언명을 통해 철학사에 엄청난 파장을 몰고 왔지만 헤겔도 신의 죽음을 철학의 최고 계기로 파악한다. 특히 『믿음과 지식』 말미에 언급된 '사변적 성금요일'이라는 표현은 그 누구도 생각하지 못했던 사유의 지평이다. 성금요일은 인간-신이 죽은 날이다. 헤겔은 이를 철학적 사유로 끌어들여 그 사변적 의미를 탐구하려고 한다. 사변적 성금요일은 역사적 사실로서의 신의 죽음이 생각 속에서 재구성된 것이다. 신의 죽음을 생각해보면 이것은 최고의 모순이다. 신은 그 자체로 무한하며 영원한 존재인데, 그가 죽음으로써 유한성과 시간성이 최고의 모습으로 드러난다. 신의 죽음은 유한성 중에서도 최고의 유한성이다. 심지어 이것은 인간의 유한성보다 못한 유한성이다. 이것은 부정성의 심연 가운데 가장 깊은 곳으로 떨어진 부정성이다. 신의 죽음은 최고의 부정성이다. 그러므로 사변적 성금요일은 생각 속에 담겨진 최고의 부정성과 고통이 된다.

최고의 부정성이 갖는 철학적 의미는 유한성과 고통의 극한만이 아니다. 성금요일이 인간세계를 거쳐 가는 신의 계기이듯이 최고의 부정성과 고통에 대한 생각도 하나의 계기다. 최고의 유한성과 가장 깊은 곳에 떨어진 무無는 정신의 지평에서 무한성과 절대-있음을 향한 계기가 된다. 여기서 "최고의 총체성은 전적인 진지함으로 그 최고 심연의 근거로부터 모든 것을 포괄하면서 최고자유의 형태로 되살아난다."[47] 이 계기에서는 모든 있음을 부정하는 죽음의 유한성이 부정된다. 생명의 무한성에 대립하는 죽음의 유한성도 사라진다. 성금요일에 대한 사변은 이제 부정성과 대립을 뛰어넘어 최고의 긍정성과 통일에 도달한다. 이 긍정성은 부정성에 대립하는 긍정성이 아니라 자기 안에 부정성을 포함하는 긍정성이다. 통일은 대립을 배제하는 통일이 아니라 대립을 끌어안는 통일이다. 신의 죽음은 그를 죽음에 이르게 한 인간과 세계를 배제하는 죽음이 아니라 이들을 자기 안에 포용하는 죽음이다. 이로써 헤겔은 근대철학이 딛고 서 있는 신의 죽음이라는 일반적 감정을 단숨에 뛰어넘는다. 반성철학이 결코 담아낼 수 없는 신과 무한자를 이렇게 사유한 것이다.

유한성과 시간을 꿰뚫어본 하이데거에게 인간은 '죽음을 향해 가는 존재'다. 죽음을 향해 가는 존재는 자신의 무를 향해 가는 실존이다. 그러나 하이데거는 인간을 자신의 없음을 향해 가는 존재로 설명하는 것으로 끝내지 않는다. 중요한 것은 '죽음의 선취'다. 미래에 나타날 무를 현재에 투영함으로써 현재의 있음을 새로운 있음으로 바꾼 것이다. 죽음의 가능성을 통해 현재의 현실성을 더 의미 있는 현실성이 되게 한 것이다. 마찬가지로 헤겔에게 죽음의 의미는 부정성에 대한 재발견에 있다. 죽음에 대

132

한 정신적 파악은 부정성과 더불어 무의 심연에 떨어지며 동시에 이 심연의 비밀로부터 가장 청명한 긍정성에 도달하는 것이다. 인간에게 죽음 이후 세계가 갖는 의미는 바로 이러한 긍정성이다. 부정성과 무를 관통한 긍정성, 죽음과 소멸을 관통한 긍정성. 이것은 자연의 지평이 아니라 정신의 지평에서 얻을 수 있는 최고 상태다. 무와 유한성으로 종결되는 삶이나 현재의 만족으로 끝낼 것인가, 아니면 유한성을 무한성과 매개하면서 유한한 현재 속에서 무한성을 재발견할 것인가. 이것은 포스트모던의 상황 속에서 인간이 마주한 선택지이자 헤겔 철학의 대안이다. 헤겔은 자연적 죽음의 유한성보다 그 이상을 바라보는 '정신의 명예'를 택했다.

죽음 문제는 '삶' 문제이며
사후세계는 '이 세계'다

—권대중

'삶' 담론 일환으로서의 '죽음' 담론

인간의 죽음이 자연의 차원에서는 종의 보편성에 참여하는 것이고 인간학적 차원에서는 공동체라는 유적 보편성에 참여하는 것이라는 점은 '삶'이라는 주제를 다루는 가운데 이미 이야기된 바 있다. 거기에서 확인된 것은 특히 인간에 관한 한 죽음 담론은 실질적으로는 삶에 대한 담론의 하나로서 성립한다는 사실이다. 그리고 이 점으로부터 유추할 수 있는 것은, 훌륭한 삶이 훌륭한 죽음의 조건이 된다는 점에서 '죽음'은 사실의 문제이자 또한 의미의 문제이며, 따라서 죽음의 문제는 기술적 국면과 규범적 국면을 함께 지닌다는 것이었다. 죽음의 문제는 어떻게 죽느냐의 문제가 아니라 어떻게 사느냐의 문제다. 그래서 '죽음'이란 역설적이게도 죽은 자들을 위한 주제가 아니라 산 자들을 위한 주제임을 확인할 수 있었다.

혜겔 역시 죽음을 삶 그 자체의 본질적 요소로 본다. 어떤 개체가 죽는다는 것은 그 개체의 삶을 전제로 하며, 뿐만 아니라 기본적으로 생명체의 삶은 (특히 동물의 경우) 다른 생명체의 죽음을 통해서만 유지된다. 한 개체는 다 살아야 비로소 죽으며, 그것은 또한 다른 개체의 생명의 필수 요소들을 죽은 상태로 섭취해야만 살 수 있다. 그런데 다른 종의 동물과는 달리 인간에게는 자유의지가 있다. 자유의지가 있다는 것은 특정한 삶의 방식을 선택하거나 거부할 수 있음을 뜻한다. 그리고 죽음이 삶의 수반 개념이라면 인간의 사는 능력은 또한 인간의 죽는 능력을 의미하기도 한다.

게다가 훌륭한 삶은 생명성의 단순한 유지가 아니라 인간 공동체라는 유적 과정에 생산적으로 참여하는 것이므로, 그것은 곧 훌륭한 죽음을 가능케 한다. 그래서 혜겔은 특히 훌륭히 살았던 인물들의 훌륭한 죽음에 각별한 관심을 가지는데, 죽음 이후의 세계에 대한 그의 사고도 바로 그들의 죽음을 개념적으로 파악하는 과정에서 자연스럽게 드러난다.

훌륭한 죽음이 주는 철학적 의미

우리에게 잘 알려진 위인의 죽음 가운데 하나는 소크라테스의 죽음인데, 헤겔 역시 특히 학창시절에 그의 죽음에 깊은 감명을 받았다고 한다. 헤겔이 인간의 특징 가운데 하나로 죽을 줄 아는 능력을 얘기한 것은 어떻게 보면 자살을 정당화하는 것처럼 보일 위험성도 있지만, 사실 그가 모범으로 삼는 것은 생의 마지막 순간을 자신이 원하는 방식에 따라 맞이했던 철학자 또는 성인들의 죽음이었다.[48] 임종의 순간에 남긴, "아스클레피오스에게 닭 한 마리를 빚졌다"라는 수수께끼 같은 말에 대한 그의 열광은 훗날의 객관적 관념론자 헤겔의 면모를 예비하는 것이기도 했다. 아스클레피오스는 인간이 아니라 신이다. 게다가 그는 병든 자를 치료하는 훌륭한 의사로 알려진 신이다. 따라서 소크라테스에게 죽음이란 존재의 무화가 아니라 병으로부터 치유된 건강을 뜻하게 된다. 그 이유는 플라톤이 쓴 『파이돈』의 여러 부분에서 드러난다. 도주를 권유하는 제자들에게 소크라테스는 다음과 같은 요지의 말을 전한다. 진리의 세계인 이데아의 세계는 영혼의 고향이므로 영혼만이 그곳으로 돌아갈 수 있는데, 이 세계에서 살아 있는 동안 우리의 영혼은 육체라는 장애물에 갇혀 있어서 일종의 질병 상태에 빠져 있다. 반면 죽음이란 영혼이 그 장애물에서 벗어나는 것이므로 철학자에겐 가장 큰 복이다. 따라서 나의 육체적 생명을 연장하라는 것은 내 영혼을 계속 병들게 하라는 부당한 얘기가 아닌가. 물론 헤겔이 육체의 대립개념으로서의 영혼이 어떤 실체로서 사후에 어딘가로 간다는 의미에서 영혼불멸설을 믿는 것은 결코 아니다. 그가 열광하는 것은, 인간을 인간으로 만드는 것, 그리고 그럼으로써 인간으로 하여금 진리에 이를 수 있게 하는 것이 바로 물리적 자연성의 속박에서 벗어나는 것인데, 그리고 모든 대상과 사건들의 근저에는 자연의 시공적 차원을 넘어선 순수한 개념의 세계가 존재하는데, 소크라테스는 바로 이러한 사상을 죽음과 유언을 통해 극적으로 웅변했기 때문이다.

그런데 헤겔이 더욱 높이 평가하는 것은 그리스도의 죽음이다. 물론 그리스도의 죽음을 그는 종교적 신앙의 차원에서 신의 은총으로 여기는 것은 아니다. 그는 철학적 입장에서 적극적으로 (재)해석될 수 있는 유의미한 국면들이 그리스도의 죽음에서 발견된다고 본다.

인간이 되어 살고 죽은 신

헤겔이 보기에 사물들이 실제로 존재하고 또한 우리가 실제로 살고 있는 이 세계로부터 분리된 신은 결코 절대자 자격을 갖추지 못한다. 신이 진정 절대자이려면 그것은 그 개념상 유일자여야 할 뿐 아니라, 모든 것이 그로부터 나오고 모든 것 속에 그가 있어야만 한다. 때문에 이러한 전일성全一性, Alleinheit과 편재성遍在性, Allgegenwärtigkeit 개념에 상응하는 신은 이 현상 세계와 적극적인 관련을 맺어야만 한다. 그리고 그 적극적인 관련은 단순히 자신과 같은 것을 '창조'하는 것만을 통해서는 맺어지지 않는다. 그런데 기독교의 신은 직접 스스로가 인간이 된다. 그리고 인간의 모든 유한성을 그 극단까지 겪는다. 그는 온갖 수난을 당하고 가장 고통스런 방법으로 죽임을 당한다. 가장 극단적인 유한성인 죽음을 신이 직접 당한다는 것은, 유한성과 부정성을 스스로 선택한 신의 사랑을 뜻하기도 하지만, 더욱 근본적으로는 죽음이라는 최악의 부정성 가운데서도 절대자가 존재한다는 것을 드러내고, 따라서 신의 절대성을 더욱 확실하게 만드는 사건인 것이다. 나아가 절대자로서의 신은 (예수라는) '하나의' 감각적 개체 속에 머물러서는 절대자일 수 없다. 그리고 단 하나의 사건에서만 자신을 드러내서도 안 된다. 즉 신이 신이기 위해서는 그 신은 필연적으로 육체적 죽음을 겪어야 하며, 자신의 현실적 존재 양태를 개별성으로부터 보편성 차원으로 고양시켜야만 한다.

138

이 때문에 '죽음의 죽음', 즉 부활을 통한 성령의 강림이 철학적으로 유의미하게 재해석된다. 인간의 죽음은 시간적 및 공간적으로 필연적이고 불가역적인 자연적 사건이다. 하지만 하나의 유기적 개체가 그것의 죽음을 통해 종의 연속이라는 보편성의 영역에 참여하듯이, 인간의 죽음은 인간성humanity이 성립하는 지점을 더욱 정신화된 영역으로 이동시킨다. 즉 죽음은 그것을 하나의 개체 단위에서 성립하는 '주관정신subjektiver Geist'의 단계를 넘어 역사와 공동체의 차원에서 이루어지는 '객관정신objektiver Geist'으로, 그리고 궁극적으로는 예술, 종교, 철학에서 절대 진리를 인식하는 '절대정신absoluter Geist'으로 고양시킨다.

사후세계로서의 '이' 세계 : 객관정신과 절대정신

헤겔 버전의 '영혼불멸'은 바로 이때 성립한다. 즉 한 인간이 그의 죽음에도 불구하고 계속 존재할 수 있는 것은 그의 영혼의 육체로부터의 이탈 및 다른 곳으로의 이동을 통해서가 아니다. 그가 남긴 말, 그의 생각 등은 산 사람들에 의해 기억되고 전수되며 또한 발전한다. 누군가는 인류 전체에게 기억되고, 누군가는 가족의 추억으로 남는다. 누군가가 다 못한 일은 남겨진 다른 누군가가 이어서 계속 수행한다. 누군가가 꿈꾸었던 삶의 유형은 남겨진 다른 누군가들이 역사를 통해서, 사회를 통해서 실현하기도 한다(객관정신). 또 누군가의 사상이나 이념은 그가 죽은 뒤에도 그 생명력을 유지하거나, 심지어는 그의 죽음 뒤에 더 큰 생명력을 얻기도 한다(절대정신).

실제로 헤겔이 구상했던 유형의 국가는 지금도 여러 방식으로 건설 중에 있지 않은가. 또 지금 우리는 이 책에서 여러 가지 물음을 던짐으로써 죽은 헤겔을 소환했으며, 또한 그와 대화를 나누고 있지 않은가. 게다가 옛날에 저기에서 살다가 죽은 칸트와 헤겔이지만 지금 여기에 우리가 차려놓은 이 토크쇼에서 끊임없는 대화와 논쟁을 하고 있지 않은가. 그리고 그럼으로써 죽은 이들은 우리에게서 살아 있지 않은가.

역사 속에서, 제도 속에서 그리고 사상 속에서 인간은 '정신'의 형태로 - 관념화되어 - 살아남는다. 이것이 바로 철학적으로 바라본 영혼불멸이며 죽음의 죽음이다. 따라서 헤겔의 철학적 입장에 의거하면 죽음 이후의 세계는 철저히 바로 이 세계여야 한다. 죽은 이를 기억하고 죽은 이의 사상을 공유하는 가운데 그의 영혼은 지금 여기에 있는 것이다. 저기가 아닌 바로 여기에 사후세계가 존재한다는 것은, 죽음의 문제가 삶의 문제이므로 따라서 삶이 의미 있게 수행되어야 한다는 또 하나의 이유가 된다.

다음은 한때 신문지상에 연재되었던 코믹만화 시리즈 중 한 편의 내용이다.

격렬한 전투를 앞둔 소대장이 갑자기 하복부에서 급한 생리적 비상 신호를 보고받는다. 가까운 수풀에 웅크리고 앉아 '카타르시스'라 불릴 법한 일을 보는데, 순간 적의 총탄이 그의 두부를 관통하고 곧바로 검은 갓을 쓴 저승사자가 그를 마중 나온다. 소대장은 조금만 시간을 더 달라며 애원하고 또 생떼를 쓰고, 마음 약한 저승사자는 5분의 '인저리 타임'을 준다. 그는 급히 땅을 덮어 자신의 배설의 흔적을 지우고 철모 안쪽에 붙여두었던 여배우 사진을 떼어내고, 망원경을 꺼내고 작전지도를 펼친다. 잠시 후 소대원들이 발견한 것은 작전을 구상하다가 불의의 총격에 전사한 성실하고 유능한 지휘관이다. 그들은 소대장을 묻고 단체 경례를 올린다. 그들 위에서는 소대장이 저승사자에게 감사인사를 하며 홀가분하게 저승으로 동행한다.

이 소대장에게는 두 개의 사후세계가 있다. 저승사자와 함께 갈 저 세계와 그가 죽음 직전까지 싸우던 이 세계다. 둘 중 어느 쪽이 더 의미 있는 사후세계인가? 그리고 그 의미는 어떤 기준에 따라 정해지는 것일까? 헤겔은 아마도 소대장과 비슷한 생각을 했던 것 같다.

2부

나와 우리

'나인 우리', '우리인 나'는 반성적 매개 없이 존립할 수 없으며 자기의식적 깨어 있음 없이 유지될 수 없다. 서로를 위한 존재는 상호주관적인 정신적 생명을 영위한다. 나는 나이면서 동시에 공동체 속에 거한다. 공동체 또한 나와 분리되고 나 위에 군림하는 공동체가 아니라 나의 상태를 보존해주는 공동체다. 나와 우리의 변증법적 관계를 공동체로 규정한다면 공동체는 이미 생명의 연관 속에 있다. 나와 우리의 변증법적 관계는 나와 우리의 생명에서 출발하며 양자의 생명을 더욱 확장시킨다.

나는
누구인가
?

나는 내 안에서 자유로우며
나에게 자유롭게 맞선다

나는 시공간 속에서 현실화된
신적 주체성

나는 내 안에서 자유로우며
나에게 자유롭게 맞선다

—최신한

이론과 실천의 근거로부터 '관계의 중심'으로 바뀐 '나'

데카르트의 "cogito ergo sum(나는 생각한다 그러므로 나는 존재한다)"은 근대철학의 출발점을 이루는 것으로서 '나는 누구인가'라는 물음에 확실한 답변을 제공한다. 내가 생각하는 한에서 나의 존재는 확실하다. '나'는 모든 인식의 토대이며 존재의 근거다. 이것은 칸트의 '나는 생각한다Ich denke'의 사유로 발전하면서 서양근대철학의 중추를 형성한다. 데카르트의 'cogito'나 칸트의 '나는 생각한다'는 곧 사고의 활동성을 지칭하며, 존재의 확실성은 이러한 사고의 활동성을 통해 입증된다. 여기서 '나'는 모든 것의 중심으로서 철학의 원리로까지 격상된다. 여기서 서양근대철학은 '나의 철학'이자 '주관성subjectivity 철학'이 된다. 주관성은 이론적 파악과 실천적 행위의 출발점이며 근거다.

인식과 행위의 근거를 '나'에게서 찾은 것은 서양철학의 엄청난 진보다. 이러한 사유는 과학적 사고와도 정합성을 가지므로 주관성 철학은 서양철학의 학문성을 보여준다.

혜겔 철학은 칸트와 칸트 이후 철학의 산물이다. 혜겔은 칸트, 피히테, 셸링, 슐라이어마허 등 초기관념론과 초기 낭만주의 운동 없이 등장할 수 없다. 이를 토대로 그는 새로운 차원의 주관성 철학을 정립한다. 혜겔에서 '나'는 이론과 실천의 근거로부터 '관계의 중심'으로 바뀐다. 나는 '시대의 아들'이다. 나는 나의 의지와 무관하게 주어져 있는 시대의 지배를 받을 수밖에 없다. 나의 삶은 인류적 전통과 역사 위에서 출발한다. 나는 시대의 아들로서 시대로부터 탄생한다. 그러나 나는 시대와 역사를 파악함으로써 새로운 시대를 만들어갈 수 있다. 시대의 지배를 받지만 나는 시대를 사상으로 파악한다. "철학은 사상으로 파악된 그의 시대다."[1] 나는 시대와 현실에서 출발해서 새로운 현실을 만들어가는 세계관계의 중심이다.

훗날 하이데거의 실존분석 가운데 등장하는 피투성Geworfenheit, 被投性과 기투Entwurf, 企投, 즉 '세계 속에 내던져진 존재'와 '기획하고 설계하는 존재'의 구별은 혜겔의 현대적 버전이다. 인간을 역사적 맥락에서 파악하는 것과 존재를 시간 속에서 파악하는 것은 근본에서 같다. 혜겔의 『역사 속의 이성』과 하이데거의 『존재와 시간』은 같은 맥락에서 읽을 수 있다. 전체존재를 염두에 두는 거시적 설명과 시간 속의 실존을 분석하는 미시적 설명의 일치점은 바로 '나'다. '나'는 영향받고 영향을 미치는 관계의 중심축이다.

'나는 왜 여기 있는가?' 헤겔에게 이 물음은 결론적 해답을 요구하는 물음이라기보다 '지금 여기서부터 출발해야 한다'는 단초적 의지에 대한 물음이다. 주어져 있는 상황이 아니라 상황을 대하는 '나의 생각과 의지'가 여기에 있는 나의 존재이유를 제시한다. 나의 존재이유를 나 자신으로부터 제시하는 힘은 주관성에서 나온다. 이것은 헤겔이 다른 철학자들과 공유하는 근대적 주관성이다. 흥미로운 것은 헤겔이 근대 주관성의 출발점을 프로테스탄티즘으로 간주한다는 사실이다. 그가 볼 때 프로테스탄티즘은 "개인이 자기 내면에서 갖는 무한하고 자립적인 인격성의 원리"와 "주관적 자유의 원리"를 갖는다.[2]

프로테스탄티즘은 잘못된 권위에 대한 저항이었다. 인간은 외적인 권위에 복종한다기보다 "스스로에게 자유롭게 복종하는 양심을 갖고 있다."[3] "종교개혁의 본질적 내용은 인간이 스스로를 통해 자유롭게 규정되었다는 것이다."[4] 헤겔이 프로테스탄티즘에서 발견한 것은 내면성의 힘, 즉 자유의 힘이다. 자유로운 인간은 잘못된 종교가 요구하는 맹목적 복종을 거부하며 이것에 저항한다. "만인은 가장이자 선생이며 세례자이며 고해신부다."[5] 헤겔은 근대적 자유의 정신이 프로테스탄티즘에서 유래한다고 규정함으로써 종교가 시대와 민족의 인륜성을 구성하는 것임을 분명히 한다. 그리고 종교적 세계와 역사적 세계가 분리된 것이 아님을 강조한다. 종교적 확신은 주체의 내적인 운동에서 비롯되며 이것은 주체를 둘러싸고 있는 현실을 자기 안에서 파악하려고 한다. "루터교인에게 진리란 이미 만들어져 있는 것이 아니다. 오히려 주체 자신이 진리가 되어야 한다."[6] 이것은 내면성의 운동을 요구한다. 주체는 주관적인 확신과 믿음을 세우는 일을 넘어서 객관적인 것을 자기 안에서 파악해야 한다. 프로테스탄티즘은 바로 이런 맥락에서 서양근대의 출발점이다.

변화된 자신과 변화된 현실이 새로움을 창출한다

이와 같이 '나'는 관계의 중심에 있다. 나는 나와 관계하며 세계와 관계한다. 나는 나 자신과 관계하는 운동하는 나이며 그렇기 때문에 자유로운 나이다. 나 자신과 관계하지 않을 때 나를 지배하는 것은 타자, 즉 세계이거나 다른 사람이다. 자신과 관계하지 않으면서 타자와 관계하는 사람은 타자의 지배를 받으며 그렇기 때문에 자유롭지 않다. 나는 나 자신과 관계하면서 동시에 타자와 관계해야 한다. 나 자신과 관계하는 '나'가 운동하는 나의 형식이라면, 타자와 관계하는 나는 나를 채우고 있는 내용이다. 내 안에서 일어나는 자기관계와 타자관계 간의 관계는 중첩관계다. 이 중첩관계에서 운동하는 나의 형식과 내용은 통일된다.

나는 나 자신과 맺는 중첩관계의 중심에 있다. '자유로운 나'의 핵심은 사유하는 나이다. 사유하는 나는, 사유하면서 '나' 속에 들어와 있는 나의 타자에 대해 사유한다. 사유하는 내가, '나' 속에서 나와 관계하고 있는 타자에 대해 사유한다. 내가 만들어내는 중첩관계는 나의 사유에 대한 사유의 관계다. 사유에 대한 사유, 이것은 헤겔 철학의 특징을 규정한다. 사유에 대한 사유는 반성에 대한 반성, 즉 '사변Spekulation'이다. 이것은 동어반복으로서의 '나=나'가 아니다. 나는 나이면서 동시에 내가 관계하는 모든 것이다. 나는 '나=나'이면서 '나=전체'이다. 전체로서의 나는 나의 사유와 무관하게 나에게 주어진 존재자 전체를 말하는 것이 아니다. 이것은 오히려 나의 사유에 반성적으로 매개된 전체존재다. 전체존재라는 내용이 중요하지만, 더 중요한 것은 운동하는 나의 사유에 매개된 전체존재다.

헤겔에게 '나=나'는 철학적 욕구의 표현이자 그 달성이다.

철학의 욕구는 사유를 가지고 침투해 들어가는 것이다. 이
것은 주관적인 것과 객관적인 것의 절대동일성 자체다. 철
학의 욕구는 이러한 동일성의 토대 위에서 사유를 관철하
는 것이다.[7]

진리는 객체가 주체가 되고 주체가 객체가 되는 것처럼 주
관성이 객관적인 계기를 포함하는 것이다.[8]

사유하는 나와 존재전체의 동일성은 학문과 철학의 완
성이다. 이러한 완성의 중심에 생각하는 내가 있다. 내가
'관계의 중심'이라면 나를 에워싸고 있는 현실은 너무나
도 중요한 관계대상이다. 현실 속에 내가 있고 내 속에 현
실이 있다. 주어져 있는 현실이 나에게 영향을 미치며, 나
또한 이 현실을 '나의 현실'로 바꾼다. 나와 현실은 선후를
가리기 어려운 관계항들이다. 확실한 것은 양자가 실제로
관계 맺을 뿐 아니라 이 가운데서 양자의 변화가 일어난
다는 사실이다. 현실이 미치는 영향을 사유 가운데 수용
하고 이를 사유의 모습으로 현실에 되돌려주는 변증법적

관계는 그 자체가 사유의 운동이다. 사유 안에 들어온 현실은 사유를 바꾸며 사유는 현실을 바꾼다. 헤겔은 이것을 잘 알려진 문장에 담았다.

이성적인 것이 현실적이며 현실적인 것이 이성적이다.[9]

'관계의 중심'으로서의 나는 생각하는 존재인 한에서 그때마다 과제를 떠안는다. 그것은 나와 현실 양쪽에서 일어나야 하는 새로운 변화다. 그때그때의 현실은 나의 의도와 무관하게 나에게 영향을 미친다. 우연성도 변칙도 아무런 예고 없이 나에게 밀어닥칠 수 있다. 이것은 불가항력적인 것일 수도 있다. 이제 나에게 주어진 과제는, 밀려오는 이 현실을 때로는 부정적인 것이라 하더라도 나의 현실로 만들어야 한다는 것이다. 나의 현실이 되기 위해서는 그것이 반드시 나 자신을 통해 파악되어야 한다. 나를 통해 파악된 현실은 더 이상 나에게 외적인 것, 중립적인 것이 아니라 내가 파악한 규정적 현실이 된다. 관계의 중심축인 나는 외부 현실을 향해 열려 있으면서 동시에 새로운 나를 향해서도 열려 있다. 생각을 생각하는 나는 주어진 현실을 딛고 새로운 현실과 새로운 나를 창출한다. 생각의 생각은 자유로운 나의 활동성이며 자유로운 현실의 모태다.

나는 나 자신 안에서 자유로우며 나 자신에게 자유롭게 맞
선다.[10]

내가 나에게 자유롭게 맞서며 나 자신과 거리를 둘 때
확인되는 간격은 새롭게 창출되는 의미의 공간이다. 자기
내적 거리유지를 통해 확보되는 새로운 의미는 내가 지금
여기에 존재하는 이유이자 새로운 삶을 가능하게 하는 동
력이다. 내가 나 자신 가운데서 새롭게 발견하는 의미는
그냥 주어진 것이 아니며 철저한 반성을 거친 생각의 산
물이다. 그러므로 새로운 의미는 구체적이면서도 현실적
이다. 나는 나 자신 가운데 새로운 공간을 만들어냄으로
써 자신을 변화시킬 뿐 아니라 현실까지 변화시킬 수 있
다. 결국 변화된 자신과 변화된 현실은 새로움을 창출한
다는 차원에서 나의 존재이유가 되기에 충분하다.

나는 시공간 속에서 현실화된 신적 주체성

—권대중

'나', 철학의 인간학적 각성을 통해 발탁된 주인공

'나는 누구? 여긴 어디?', 청소년들의 우스갯소리에서도 자주 쓰이는 이 말은 사실 중요한 철학적인 물음이기도 하다. 바로 자기정체성에 대한 물음으로, 특히 인간 같은 정신적 주체에게 '나'에 대한 확실한 인식은 자기 존재 자체를 결정하는 것이기도 하다. 영화 〈토이 스토리〉에 나오는 버즈 라이트이어도 결국 장난감으로서의 자기정체성을 인식하고 받아들이면서 진정한 인격적 존재로 거듭난다. 그만큼 이 물음은 인간이라면, 또는 인격적 주체라면 반드시 던질 수밖에 없는 물음이다. 더욱이 철학하는 주체가 바로 인간인 한, 어쩌면 이 물음은 철학의 출발점이라고까지 할 수 있을 것 같다. 그래서 우리에게 칸트의 세 가지 인간학적 물음 - 나는 무엇을 알 수 있는가? 나는 무엇을 행해야 하는가? 나는 무엇을 소망해도 좋은가? - 은 전문적인 철학적 문제이기에 앞서 인간이라면 당연히 던져야 하고 던질 수밖에 없는 물음일 것이다.

그런데 철학의 역사가 2500년이나 되었고 그 사이에 온갖 주제들이 심도 있게 다루어졌지만, 그 철학을 하는 주체로서의 인간이 1인칭으로 된 '나'를 철학의 주인공으로 설정해 본격적으로 탐구하기 시작한 것은 방금 언급한 칸트보다 약간 앞선 때, 즉 데카르트의 이성주의가 찬란하게 등장했던 약 400년 전의 일이다. 주체가 참된 의미에서 주체일 수 있기 위해서는, 그 주체는 타자만이 아닌 자기 스스로를 또한 대상으로 삼을 줄 알아야 한다. 즉 철학하는 주체인 인간은 신이니, 세계니, 논리니, 진리니, 정의니, 아름다움이니 하는 것들에 결코 못지않게 그러한 주제들을 사유하는 자기 자신에 대한 성찰을 마땅히 수행해야 한다.

그런데 실제로 철학하는 주체의 자기 대상화가 이렇게 늦었던 것은 인간세계 자체가 보편적 의미에서의 인간을 '주체'라는 이름을 지닌 주인공으로 여기기까지는 기나긴 세월을 필요로 했기 때문이라고 보인다. 즉 모든 각각의 개인이 보편적인 인간의 차원에서 주체의 자격을 인정받기 위해서는 인간 일반에게 '자유'라는 덕목이 있다는 인

154

식이 당연한 상식으로 통해야 하는데, 사회적·정치적 차원에서는 군주나 귀족 같은 한 사람 또는 극소수의 사람들에게만 자유가 허용되었고, 종교적 차원에서는 인간 자체가 절대 주체인 신의 한갓된 피조물로 (또는 주체라고 하더라도 근본적으로 '죄'와 함께 그 존재가 시작된 극히 불완전한 주체로) 인식되고 있었기 때문에, '자유로운 주체성'이라는 본질에 의거하는 '나'에 대한 적극적인 철학적 조명은 결국 기존 세계에 대한 혁명적 결별이 단행되지 않고서는 쉽게 착수될 수 없었던 것이다. 그리고 우리가 알고 있듯 그러한 결별을 직접 수행했거나 적어도 도와준 요소들은 르네상스, 종교개혁, 과학혁명, 프랑스혁명 등이다.

헤겔의 인간, 새로운 성자로서의 사유하는 후마누스

그 성자聖者, 그 현자賢者의 이름은 후마누스,
내 눈으로 직접 본 최고의 남자.
Humanus heißt der Heilige, der Weise,
Der beste Mann, den ich mit Augen sah.

현재까지 편찬되어 있는 헤겔의 전집에는 괴테의 미완

성 서사시 「비밀」[11]에 나오는 '후마누스'라는 단어가 두 번 나온다. 이것은 '인간'을 뜻하는 라틴어 명사의 단수형이다. 헤겔이 이 단어를 쓰는 것은 신성神性에 대한 철학적 혁신을 의미한다. 왜냐하면 '성자로서의 인간'을 헤겔은 보편적 차원의 인간 전체에 대해 사용하며, 따라서 현세에서 실현된 신성이 기독교에서는 오로지 '말씀의 육화'로서의 예수 한 사람에 대해서만 인정되는 반면, 그는 인간 자체를 (따라서 원칙적으로는 인간 일반을) 신성의 현실태로 보기 때문이다.[12] 그리고 여기서 일컬어지는 '인간 자체'는 기본적으로 정신적 주체로서의 인간을 가리키는데, 이러한 입장은 절대자를 논리 영역의 완전한 반성성反省性, Reflexivität 내지 무모순성으로 보는 그의 신神 개념에 따라 어렵지 않게 이해될 수 있다. 요컨대 절대자는 '개념과 그 실재성의 통일'로 규정되는 '절대이념'이다.

절대이념은 특히 세 요소를 통해 그 절대성을 획득한다. 첫째, 절대이념은 자신의 성립을 위해 그 어떤 타자에게도 의존하지 않고 철저히 자기연관성, 즉 반성성에 의거한다. 둘째, 절대이념에게는 어떠한 타자도 없으며, 따라서 절대적이지 않은 모든 유한성의 영역을 또한 자신의 내적 계기로 포함한다. 따라서 절대성과는 반대 극단에서 있는 시공간적인 세계, 즉 자연 또한 그 본원에 있어서

156

는 절대이념의 영역에 속한다. 셋째, 절대이념은 절대적이므로 유한한 시공간적 현실세계 안에서도 자신의 자기연관성 내지 반성성을 구현하는 지점을 마련해야 한다. 이것이 바로 유한정신 영역 안에서 최고 단계에 속하는 절대정신, 그 중에서도 사유를 사유하는 철학의 단계다.

헤겔 체계의 세 부분, 즉 논리학, 자연철학, 정신철학에 정확히 대응하는 이 세 측면에 의거할 때 마지막 부분 즉 '개념적으로 사유함으로써 철학을 행하는' 인간정신은, 우주의 근원적 원리로서의 '절대이념'이 단지 논리 영역에 머무는 것이 아니라 구체적인 시간과 공간적 좌표 상에 존재하는 구체적인 개별자가 행하는 구체적인 행위로서 드러남을 의미한다. 그리고 태초의 절대자의 실현이 어떤 특정한 사건이나 인물을 통해서가 아니라 '개념적 사유'라는 정신 작동의 '유형'을 통해 가능해진다는 것은, 신성의 현세적 실현 가능성이 원칙적으로 누구에게든 열려 있다는 것을 의미한다. 누구이건 '인간'이라면 자유로운 정신적 주체로서 자신의 순수한 이성적 사유능력을 발휘함으로써, 즉 반성을 행함으로써 타자에 의존하지 않는 자기연관을 수행할 가능성을 지니고 있으며, 그러한 자기연관이 참되게 수행될 때 바로 신과 인간의 '신비로운 일치 unio mystica'가 이루어진다는 것이다.

'나'는 '다른 나'를 필연적으로 수반한다

이처럼 헤겔에게서 개념적으로 사유하고 철학하는 '나'는 현실의 모든 존재자들의 계열에서 궁극의 정점에 서 있으며, 이에 헤겔의 철학에 대해서는 종종 '인간을 향해 가도록 설계된 목적론적 체계'라는 말까지 나오고 있다. '나'는 곧 '주체'이고 주체는 완전한 자기연관을 통해 진정 주체적일 수 있으며, 이러한 반성성의 달성이 곧 신의 반성적 자기연관에 그 구조 내지 유형에 있어서 그대로 대응한다면 '나'의 반성성 또는 자기연관은 곧 신의 현현이다.

그런데 여기에서 중요한 문제가 발생한다. 논리적 영역에서 완전한 반성성을 달성한 절대이념은 개념 또는 범주이기 때문에 기본적으로 단수單數로 성립한다. 반면 시공간의 영역에서 반성성을 달성하는 절대정신, 즉 개념적으로 사유할 수 있는 인간은 복수複數의 개체로서 존재한다. 즉 자유로운 주체를 지향하는 개체는 '나' 하나뿐이 아니다. 각자의 측면에서는 똑같이 '나'로서 존재하는 다른 주체들이 존재하는 것이다. 나에게 그들은 '타자'이지만, 그들 편에서는 그들이 '나'이고 내가 타자다. 현실에서는 수많은 나들이 수많은 타자와 함께 존재한다. 그런데 이 수많은 각각의 '나'들이 저마다 스스로를 반성성과 자기연관성에 의거한 자유로운 주체라고 주장하는데, 그렇다면

158

이 경우 그들은 저마다 고립된 개체로서 서로 무관하게 존재하는가, 아니면 그러면서도 어떤 예정조화를 이루는 모나드처럼 존재하는가, 아니면 하나의 '나'의 자유는 다른 '나'의 자유와 양립할 수 없는 것인가?

헤겔은 이 문제를 명확히 인지하고 있었다. 그래서 그의 철학에서 '나'를 근본적으로 다른 '나'들과 연관지어 해명하고자 한다. 즉 '나'가 완전한 단수 개체로서만 자신의 존재를 고집한다면 그것은 진정한 '나'가 아니며, '나'는 언제나 '너'와 함께 '우리'의 차원에서 보아야만 한다는 것이다. 그래서 그가 남긴 유명한 말이 바로 '우리인 나와 나인 우리'다. 또한 이 때문에 헤겔의 경우 '나는 누구인가?'라는 물음은 필연적으로 '타인은 누구인가?'의 문제와 함께 성찰되어야만 한다.

지양되어야 할 '고독한 자유'

헤겔보다 뒤 세대에 속하는 브람스는 피아노와 바이올린을 위한 자신의 한 소나타에 'FAE'라는 제목을 붙였다. FAE는 독일어의 'frei aber einsam', 즉 '자유로운, 그러나 고독한'이라는 말을 축약한 것이다. 아마도 브람스는 자유는 필연적으로 고독을 동반한다고 생각했을 법하다. 게다가 이러한 생각에는 근대의 화두로 떠오른 '자유로운 자아'가 지닌 결정적인 맹점에 대한 의식이 은연중에 작용하고 있는지도 모른다. 그리고 모든 자아, 즉 모든 '나'들이 나만의 자유만을 무한하게 주장할 때 어떤 문제가 발생할 수 있다는 우려가 함께 스며들어 있는지도 모른다. 왜냐하면 몇 차례의 혁명 등을 통해 만인이 자유로운 세계가 왔다고 기대했지만 정작 실질적으로 도래한 세계는 모든 각자의 자유로운 주체들이 각자의 권리를 주장하고 각자의 이익을 위해 다른 자유로운 주체와 경합하며, 그럼으로써 모두가 모두를 잠재적인 적으로 대하면서 살수밖에 없는 새로운 원시적 자연 상태라 불릴 정도로 혁명의 휴머니즘적 이상과는 정반대의 파편화된 세계였기 때문이다.

그렇다면 혹시 개념적 차원에서도 '나'라는 것은 1인칭 단수의 주체로서 성립하는 것이 아니라 어떤 타자 연관을 본질적으로 함축함으로써 비로소 성립하는 범주가 아닌가 하는 생각이 들 수 있는데, 헤겔이 바로 이러한 문제의식에 입각해서 '나'를 분석한다. 이상의 논의는 '이웃이란 누구인가?'에서 이어진다.

이웃이란
누구인가
?

'나인 우리'와
'우리인 나'

이웃은 '나'를 성립시키는
필요조건이다

'나인 우리'와
'우리인 나'
— 최신한

사회적 관계는 인정투쟁을 통해 도달하는 인정관계

개인과 공동체의 관계는 헤겔이 특별하게 강조하는 주제에 속한다. 개인은 개인으로만 존립할 수 없으며 오로지 이웃과의 관계에서만 건강한 삶을 영위할 수 있다. '인간은 사회적 동물'이라는 아리스토텔레스의 언명은 헤겔에서 보다 정교한 형태로 전개된다. 인간은 말하는 입과 일하는 손을 가진 존재다. 말은 말하는 사람과 듣는 사람의 관계를 전제로 하며, 말함을 통해 공동체를 가능하게 한다. 일하는 손은 대지와의 관계를 전제로 하지만 대지와의 관계를 통해 다른 사람과 관계한다. 인간은 삶 속에서 불가피하게 이웃과 만난다. 이웃과의 관계를 통해 영향을 받으며 심지어 변화되기도 한다.

이웃과 관계하는 인간의 모습에서 중요한 것은 '관계'

자체다. 헤겔은 이 관계를 '중심'으로 규정하고 이를 변증법적으로 풀이한다. 헤겔의 변증법은 곧 관계론이다. 인간은 이웃과 관계하는 존재이며 이를 통해 공동체를 형성한다. 더 나아가 인간은 이웃과 관계하면서 이웃에게 영향을 미칠 뿐 아니라 이웃에게 영향을 받음으로써 새롭게 형성된다. 인간은 분명히 자립적 개체이지만 개체의 형성에서 이웃의 매개는 필연적이다. 이런 점에서 헤겔은 근대적 개체와 주관성을 정립한 인물로 평가되며 현대의 상호주관성 논의의 시효로 평가받기도 한다. 하버마스의 상호주관성 이론과 의사소통행위 이론의 토대도 헤겔이다.

개인과 이웃의 관계는 인위적으로 이루어지지 않는다. 인간을 자연 상태와 사회 상태로 구별하고 자연 상태의 투쟁을 피하기 위해 사회적 상태(법의 상태)가 요구된다는 사회계약론의 설명은 헤겔에게 작위적으로 보인다. 개인과 개인의 관계는 이론 의존적이라기보다 삶의 실제적 연관에서 형성된다. 삶의 토대는 무엇보다 개인의 욕구다. 욕구는 욕구주체와 욕구대상 간의 관계다. 욕구충족은 대상의 자립성을 부정함으로써 욕구주체의 자립성을 보존한다. 욕구와 욕구충족의 사이클에서 삶이 보존되고 그 자립성도 연장된다. 사물과의 관계에서 보면 삶은 욕구대상의 절멸을 통해 이루어지는 욕구와 욕구충족의 마당이다.

욕구대상이 이웃일 경우 욕구는 사물을 대할 때와는 사뭇 다른 관계로 나타난다. 욕구를 매개로 한 개인과 개인의 관계는 투쟁으로 번진다. 이 투쟁은 이른바 '생명과 죽음을 건 투쟁'이다. 투쟁의 끝이 한 개인의 승리로 끝나는 것은 비극적이다. 투쟁의 인간적 방식은 상대를 인정하는 데 있다. 헤겔은 이를 '주인과 노예의 관계'로 설명하지만, 이것은 인정관계의 출발점이다. 주인과 노예의 관계는 자립성을 향한 노력 여하에 따라 역전逆轉되므로, 이 관계는 상호인정으로 귀결된다. 사물에 대한 욕구의 관계는 사물의 소비, 즉 사물의 비자립성과 소멸로 끝나는 반면, 다른 개인에 대한 욕구의 관계는 상대의 자립성에 대한 인정으로 귀결된다. 헤겔에게 사회적 관계는 인정투쟁을 통해 도달하는 인정관계다.

나는 나이면서 동시에 공동체 속에 거한다
한 사람의 자기의식에 대해 다른 사람의 자기의식이 존재한다. 인정관계는 이들 자기의식 간의 적극적인 관계다.

각자는 타자에게 중심이다. 각자는 이 중심을 통해 자기자신과 매개되고 통합된다. 각자는 자신과 타자에게 직접적인 대자對自존재이며, 이 대자존재는 이러한 매개를 통해서

164

만 대자적이다. 이 두 자기의식은 서로를 인정하며 서로를 상호 인정하는 존재로 받아들인다.[13)

인정은 타자가 각자에 대해 있는 것처럼 각자도 타자에 대해 있는 것이다.[14)

욕구는 분명히 자기의식적이다. 인간의 욕구와 욕구충족은 본능의 틀을 벗어난다. 욕구충족을 통해 보존되는 생명도 자기의식적이다. 다른 사람과의 관계에서 벌이는 투쟁도 자기의식적이며 그 결과 얻게 되는 인정관계도 자기의식적이다. 상호인정은 철저한 반성을 거친 것으로서 여기에는 생각만이 아니라 행위의 반성도 들어 있다. 상호인정은 생각과 행동의 반성을 통과한 결과다. 헤겔은 이러한 상태를 '나인 우리, 우리인 나'로 규정한다. 나는 나 개인의 상태를 유지하지만 나를 벗어나 우리의 상태 속에 존재한다. 우리는 나의 자립성을 배제한 우리가 아니라 나의 상태를 보존하는 우리다. '나인 우리', '우리인 나'는 반성적 매개 없이 존립할 수 없으며 자기의식적 깨어 있음 없이 유지될 수 없다. 서로를 위한 존재는 상호주관적인 정신적 생명을 영위한다. 나는 나이면서 동시에 공동체 속에 거한다. 공동체 또한 나와 분리되고 나 위에 군림하는 공동체가 아니라 나의 상태를 보존해주는 공동체다. 나와 우리의 변증법적 관계를 공동체로 규정한다면 공동체는 이미 생명의 연관 속에 있다. 나와 우리의 변증법적 관계는 나와 우리의 생명에서 출발하며 양자의 생명을 더욱 확장시킨다.

'나인 우리, 우리인 나'의 연관에서 이웃은 한편으로 나의 연속체이며 다른 한편으로 나를 내적으로 구성하는 존재다. 나는 이웃과 뗄 수 없는 관계 속에 있다. 나의 삶의 생명력은 이를 통해 좌우된다. 이웃은 필요할 때만 내게 도움을 주는 존재가 결코 아니다. 이웃 또한 나를 이기심의 방편으로만 대할 수 없다. 그럴 경우 나와 이웃의 관계는 결정적으로 손상되며, 나와 이웃의 삶은 생명력을 상실한다. 생명력이 조직화에서 나온다면 나와 이웃은 유기적 관계를 유지해야 한다. 유기체가 유기체로 존립하는 것은 유기체를 구성하는 부분과 전체의 상호의존성에 달려 있듯이 나와 이웃의 관계도 유기체적 상호의존성에 바탕을 둔다. 나는 이웃의 도움을 필요로 하며, 이웃 또한 나의 도움 없이 존립할 수 없다.

이웃은 또 다른 개인이지만 공동체는 나와 이웃이 포함된 제3의 영역이다. 나와 이웃의 관계는 나와 공동체의 관계로 확장된다. 헤겔은 나와 공동체의 관계를 논리적 연관에서 설명한다. 이 관계는 개별과 보편의 관계 내지 특수와 보편의 관계라는 것이다. 개별과 보편의 진정한 모습은 개별 속에 보편이 있으며 보편 속에 개별이 있는 변증법적 관계를 말한다. '타자 속에서 자기로 머문다'는 생각은 공동체를 설명할 때 더욱 분명하게 나타난다. 개별은 보편 속에 머물며 보편은 개별 속에 머문다. 이 관계가 균형을 이루지 못하면 진정한 '나'와 '이웃'은 불가능하다. 나와 공동체 사이의 팽팽한 긴장과 균형에서 양자는 건강한 상태를 유지할 수 있다. 그러나 양자 간의 불균형은 개인을 지배하는 공동체나 공동체 위에 군림하는 개인이라는 불합리로 귀결된다.

국가는 시민사회의 특수성을 극복한 보편 그 자체

개별과 보편의 변증법적 관계는 시민사회와 국가에서 잘 드러난다. 시민사회와 국가를 구별하지 않는 사상가들과 달리 헤겔은 양자를 명확하게 구별한다. 시민사회는 특수인 데 반해 국가는 보편이다. 시민사회는 진정한 보편을 향해 나아가는 중간단계다. 시민사회는 '욕구들의 체계'로 규정되는 데서 확인되듯이 개인들 간의 욕구가 부딪치는 마당이지만 욕구들 간의 갈등을 잘 극복한 상태다. 모든 사람들의 욕구가 노동을 통해 충족되는 가운데 개인들 사이에 욕구가 조정되고 각자가 만족에 도달하는 마당이 시민사회다. 그러므로 시민사회에서는 개인과 개인의 대립이 조정된다. 개인은 시민사회에 종속된다기보다 시민사회를 구성하며 여기에 참여한다. 그러므로 시민사회는 개인 위에 군림할 수 없다. 시민사회는 개인 없이 성립할 수 없으며, 개인은 시민사회 없이 자신의 욕구를 충족시킬 수 없다. 개인과 시민사회는 상호의존적이며 상호보완적이다.

시민사회에서 욕구가 충족된다는 사실은 욕구주체인 개인들이 서로를 인정하기 때문에 가능하다. 상호인정은 그 자체가 보편이다. 상호인정 이전에는 욕구하는 개인이 특수 상태에 머물러 있다. 개인은 타인의 욕구와 부딪치는 가운데 자신의 욕구를 타인의 욕구에 맞추어나가야 한다. 헤겔은 이렇게 타인을 염두에 두는 인간의 모습을 '교양'으로 규정하고 이를 보편으로 나아가는 통로로 간주한다. 시민사회가 욕구들의 체계인 한 그것은 특수가 보편으로 나아가는 마당이며 교양이 구체적으로 형성되는 장場이다. 헤겔은 교양을 개인과 개인의 관계에서 발생하는 것으로 간주한다. 교양은 보편화의 과정임이 틀림없다. 여기서 개인은 다른 개인과 같아지려는 평등에의 욕망을 가지며 동시에 자기만의 것을 추구하는 특수화의 욕망을 갖기도 한다. 그러나 이들 욕망은 시민사회에서 보편을 지향하고 있다.

개인과 공동체의 관계는 개인과 시민사회의 관계를 넘어서 개인과 국가와의 관계로 확대되어야 한다. 국가는 헤겔에게 '인륜적 전체'이며 '자유의 실현'으로서 이미 시민사회의 특수성을 극복한 보편 그 자체이기 때문이다. 국가는 결코 우연의 지배를 허용할 수 없으며 개인의 상태를 넘어선 '자기의식의 본질'에서 출발해야 한다. 그래서 헤겔은 국가를 "세계 안에 있는 신의 발자취를 나타내는 것"이라고 말하면서 "현실적인 신"인 '이념'을 강조한다. 국가의 이념은 개인과 시민사회의 이기적인 욕구상태를 벗어난 보편적인 것이다. 개인과 공동체의 관계는 개인과 국가의 관계가 될 때 진정한 의미의 개별-보편-관계에 도달한다.

국가는 현실적이며, 이러한 현실성은 전체의 이익이 특수한 목적을 통하여 실재화됨을 뜻한다. 현실성은 항상 보편성과 특수성의 통일이다.[15)]

이웃은 '나'를 성립시키는
필요조건이다
—권대중

'자기' 의식의 설명에 끼어든 '다른 자기'

헤겔 철학을 처음 접하는 경위는 독자마다 다를 것이다. 어떤 사람은 형이상학적 또는 신학적 관심에 따라, 어떤 사람은 미학적 관심에 따라, 또 어떤 사람은 철학사적 관심에 따라 헤겔을 처음 읽는다. 그런데 (특히 한국의 경우) 상당한 다수의 독자들은 자신의 사회철학적 내지 정치철학적 관심에 따라 헤겔과 처음 만난다. 그리고 이 부류에 속하는 독자들이 많이 듣는 단어가 이른바 '주인과 노예의 변증법'이다. '생사를 건 인정투쟁'에서 승리한 주인에게 노예는 목숨의 유지를 대가로 노동을 제공하면서 계급의 차이가 발생하지만, 결국 인간의 본질인 노동을 주인이 아닌 노예가 담당하면서 자신의 본질을 깨달아 자기실현을 하는 것은 노동하는 노예의 몫이 된다고 하는,

지배와 예속 관계의 역전을 다룬 주제이기 때문에, 특히 1980년대 마르크시즘에 심취했던 독자들이 헤겔에게서 찾고자 한 진보적인 측면이 바로 이 '주인과 노예의 변증법'에 있다고 일컬어지곤 한다.

그런데 마르크시즘이 강조하는 진보적인 측면 외에 순수한 이론적 차원에서 보더라도 매우 흥미를 끄는 것이 있는데, 그것은 헤겔이 두 사람 이상의 주체가 존재해야 성립하는 이러한 사회철학적인 근본 문제를 '자기의식自己意識, Selbstbewußtsein, self consciousness'이라는 제목 하에 다루고 있다는 점이다. 우리의 상식으로 '자기self'란 타인과 무관하게 혼자만으로 온전히 자립적인 의식적 주체에 해당하는 것으로 여겨지는데, 왜 헤겔은 이 주제를 다루면서 기본적으로 타자들과의 얽힘이라는 사회적 차원을 끌어들였을까?

부르주아지만 있고 시트와엥은 없는 세계

프랑스혁명을 지켜본 당시의 많은 지성인들에게 새로이 도래한 '시민사회'는 하나 혹은 소수가 독점하던 자유를 만인이 누릴 수 있게 됨으로써 자유의 이념이 성취될 수 있는 장으로 기대되었으나, 실제로 목격된 시민사회는 만인이 저마다의 이기적 욕구에 따라 자신만의 사적인 이익을 위해 부단히 투쟁하는 새로운 자연 상태였다. 세계의 중심은 오직 '나'이고 따라서 모든 타자는 유일한 자기목적으로서의 나를 위한 수단일 뿐이라고 여기는 유아적 자아들만이 득실거리게 되면, 이 세계는 결국 만인 대 만인의 투쟁이 지배하는 야만적인 곳에 지나지 않는다.

이 때문에 헤겔이 보기에 '시민사회bürgerliche Gesellschaft'란 시민들Bürger의 모둠, 즉 성城, Burg이라는 동일한 공간에 다만 물리적으로 병존하는 서로 무관한 원자적 개인들의 기계적 집합에 불과하다. 사실 프랑스혁명에서 사람들이 기대했던 것은 자유로 충만한 개인들이 또한 공동체와 유기적인 총체성을 이루는 상태였으며, 그런 한에서 그러한 개인들은 단순한 주거인으로서의 시민, 즉 '부르주아지bourgeoisie'의 차원을 넘어서 자신과 사회를 일체화할 줄 아는 공민公民, 즉 '시트와엥citoyen'의 이념에 상응해야 하는 것이었다. 결국 구세대와의 단절을 가능하게 한 근대의 새로운 주체적 주인공인 '나'가 이렇게 인류를 새로운 야만으로 빠져들게 하는 원흉이 아닐 수 있기 위해서는, 그것은 새로운 타자관계의 정립을 통해 변용되지 않으면 안 된다. 이 때문에 헤겔은 '자기' 의식을 다루는 지점에서 특히 복수의 '자기' 존재 및 그들 간의 관계맺음을 통해 훨씬 심화된 '나'의 개념을 정립한다.

172

태초의 신도 복수형이었다

그런데 헤겔은 사회철학적 관심만을 지녔던 사람이 아니다. 그는 근본적으로 객관적 관념론자이며, 그의 객관적 관념론은 범논리주의적 초월철학으로 특징지어진다. 여기서 '초월철학Transzendentalphilosophie'이라 함은 어떤 현상 또는 국면의 근저에서 그것을 가능하게 하는 선험적 조건을 따져 묻는 철학을 말하며, '범논리주의Panlogismus'라 함은 논리적 규정들과 법칙들은 단지 우리의 사유를 도와주는 도구organon에 그치는 것이 아니라 실제로 모든 대상 또는 현상을 근거짓고 지배한다고 확신하는 입장을 말한다. 즉 객관적 관념으로서의 논리적 규정, 법칙, 구조가 바로 모든 주관적 및 객관적 대상과 사건을 가능하게 하는 선험적 조건이라고 보는 것이 헤겔 철학의 가장 근간이 되는 입장이다. 따라서 '나' 개념이 타자와의 관계를 통해 확장되어야 하는 것은, 단지 현실세계에서의 평화를 위해 각 주체가 타자를 위한 선의를 발휘하기를 바라는 소망 차원에 속하는 것이 아니다. 오히려 주체로서의 '나'는 그 개념상 또는 본질상 논리적 필연성에 따라 타자관계에 의거하지 않으면 아예 성립조차 되지 않는 것으로 입증되어야 하는 것이다.

이해를 돕는 차원에서 「창세기」의 한 구절을 보자. 여섯 번째 날에 신은 인간을 창조한다. 주목할 것은 그때 신이 하는 말이다. "이제 우리의 형상에 따라 우리의 모양으로 인간을 만들자."(Gen. 1:26) 절대 주체인 신이 여기에서는 1인칭 단수가 아니다. 대신 '우리'라는 1인칭 복수형이 등장한다. 이러한 복수형의 1인칭 신에 대해 어떤 성서신학자는 이미 신약의 삼위일체가 예견되고 있는 지점이라고 해석하기도 하지만, 그럴 개연성은 매우 떨어진다. 따져본즉, 히브리어의 관용적인 용례라고 한다. 우리말에도 단일 화자의 독백 형식으로 '~하자'라는 표현이 있듯이 말이다. 그런데 이러한 언어상의 관용적 표현에는 상당히 재미있는 논리적 국면이 함축되어 있다. 신은 절대자이며 그의 주체성이야말로 절대적이고 완전하다. 이러한 절대성과 완전성에 의거하면 모든 것은 필연적이며, 따라서 단수 주체로서의 신이 1인칭 복수가 되는 것도 필연적이라야 한다.

요컨대 '주체성subjectivity'이라는 범주는 그것이 완전하기 위해서는 필연적으로 단수 상태에 머물러서는 안 되고 복수성에 의거해야 한다는 말이다. 즉, 완전한 주체는 단순히 주체로서 머물러서는 안 되고 자신을 또한 객체로 이중화시켜야 한다. 즉 자신을 타자화해야 한다. 그리고 유한한 주체에 대해 객체는 그 주체의 타자일 수밖에

174

없는 반면, 모든 것이 그로부터 비롯되는 절대적 주체에게는 타자마저도 자기 자신이어야 한다. 즉, 완전한 주체성으로서의 신적 반성성이 성립하기 위해서는 신은 복수성의 구조를 지닌 주체가 되어야 한다는 것이다. 따라서 절대 주체인 신이 자신을 '우리'라고 부르는 것은 언어적 관행에 그치는 것이 아니라 논리적 필연성까지 지니는 것이다.

신의 대자적 간주관성에 상응하는 인간의 대타적 간주관성

인간의 주체성은 신의 이러한 주체성이 시공적인 물리적 현실 안에서 개별자로서 구현되는 것이다. 따라서 인간의 주체성 또한 원칙적으로 신적 주체성의 이러한 반성적 구조를 그대로 반영해야 한다. 이런 점에서 인간의 주체성은 1차적으로 자기이중화, 자기대상화를 행할 수 있다. 다시 말해 신이건 인간이건 그것이 올바른 주체라면 그것은 그저 자기 스스로 안에 갇혀 있어서는 안 되며, 즉 단지 즉자적卽自的, an sich 상태에 머물러서는 안 되며, 자기 자신을 자기 자신 앞에 대상으로 세워야 한다. 즉 자기 스스로를 대자적으로對自的, für sich 만들어야 한다. 그리고 사실상 나는 '나'라는 말 내지 개념으로써 나를 의식하거나 말하는 순간 이미 대자화를 수행하고 있다. 하나의 나 자신에게 대응하는 개념을 정립한다는 것이 바로 나의 대상화이기 때문이다. 내가 거울에 비친 내 모습을 바라봄으로써 나를 시각적으로 대상화하듯, 나는 '나'를 대상화하여 생각하고 말하고 쓴다. 그런 점에서 일기를 쓰는 것 같은 행위는 전형적으로 반성적인 행위다. 게다가 이러한 반성성은 '나' 앞에 '나'가 존재하게 되는 구조로 인해 근본적으로 간주관적 본성의 것이다.[16)]

여기까지는 신의 주체성과 '나'로 일컬어지는 우리 인간의 주체성이 구조적으로 거의 동일하다. 그런데 결정적인 차이는 신의 주체성이 무한성, 초월성 등을 근본 특징으로 지니는 반면, 인간의 주체성은 기본적으로 '유한성' 영역에 속한다는 것이다. 막 자연계의 동물과 구분되기 시작하는 초보 단계의 정신은 물론이거니와 시공간을 초월하는 진리를 사유하는 철학조차도 그것들이 현실계의 특정 지점에서 특정한 개체로서의 인간에 의해 수행되는 한에서 '유한정신endlicher Geist'이라 통칭된다. 바로 이러한 유한성으로 말미암아 인간의 반성성 및 간주관성은 단일 주체가 아닌 실제 자연수(N)에 따라 보더라도 복수의 주체로 확장될 수밖에 없다. 그래서 현실적인 '나'의 간주관적 대응물은 대상화된 '나'뿐 아니라 나와 범주적으로 동일한 '나'로서의 타 주체, 즉 '너'다. 그리고 이 '너'에게는 나도 마찬가지로 '너'다.

이처럼 '자기' 의식에는 필연적으로 다른 '자기'가 등장하며, 모든 '자기' 또는 '나'가 절멸되지 않고 자기동일성을 유지하려면 이들 상호간의 '인정認定, Anerkennung'이 필연적으로 요청된다. 즉 주체끼리의 호혜성은 각 주체가 굳이 발휘 안 해도 될 '선의'에 속하는 것이 아니라 주체를 주체로서 성립시키는 불가결한 필요조건이다. 그리고 이를 통해 모든 각각의 주체는 그저 추상적인 나, '나=나'라는 식으로 내 안에 갇힌 나로서가 아니라, 오로지 '우리인 나와 나인 우리'로서 성립할 수 있다. 결국 논리적 영역의 신의 주체성에 포함된 즉자성과 대자성에 덧붙여, 현실적 인간의 주체성은 '대타성對他性'을 또한 본질적 계기로 지녀야만 한다. 다수의 '나'끼리의 대타성은 대칭적이고 호혜적이다. 이러한 관계가 깨지면 일방은 지배자가 되고 다른 일방은 노예가 될 뿐이며, 주체의 노예화는 자유라는 인간의 본성이 파괴된 것이다.

지금까지의 설명에 따라 '이웃'에 대한 헤겔의 입장을 요약하면 다음과 같다.

- 이웃, 즉 다수 주체 간의 공존은 내가 존립할 수 있는 필요조건이다.
- 이러한 간주관성의 필연성은 주관성 자체의 논리적 규

정에 의거한다.

- 따라서 '나'는 완전한 주체이기 위해서도 타자와의 인
  정 관계를 지향해야 한다.

성性과 가족의
실체는
?

이성의 확고한 틀 가운데
붙들린 인륜성

이성의 확고한 틀 가운데
붙들린 인륜성

—최신한

사랑과 결혼을 통해 자연적 감정은 인륜적 감정으로 바뀐다

가족은 동서양을 막론하고 인륜의 출발점이다. 헤겔은 인륜성을 가족, 시민사회, 국가라는 세 영역으로 설명한다. 인간은 이러한 인륜성을 통해 자유를 실현할 수 있다. 가족은 가장 직접적인 인륜성이다. 가족은 가족만의 특수성을 갖지만 가족구성원에 대해서는 서로가 이타적이다. 이것은 시민사회가 욕망으로 뒤얽힌 이기성의 각축장인 것과 다르다. 그러나 시민사회는 가족의 특수성을 극복하고 보편성을 달성한다. 가족은 개인이 공동체와 관계하는 첫 번째 마당으로서 개인은 여기서 독자적 개체로 성장한다.

가족에 대한 헤겔의 설명은 자연주의적이다. 가족은 성性적인 감정에 기초한다. 가족은 성적 감정과 사랑의 통일이다. 사랑의 감정은 "자연적 형태를 띤 인륜성"이다.[17] 가

족은 사랑 없이 등장할 수 없지만 이 사랑은 성적 충동이
나 육체적 욕구로 그치지 않는다. 이 사랑은 "스스로를 느
끼고 지각하는 정신의 통일성"이다.[18] 사랑의 감정은 비록
직접적이고 자연적이라 하더라도 정신적 형성과 무관한
것이 아니다. 인륜성이 "제2의 본성"[19]인 한 그것은 자연
의 상태를 넘어선다. 이런 맥락에서 "가족은 자연의 사실
이 아니라 자연의 사실에 대한 제도적 답변이다."[20] 그리
고 결혼은 "사랑의 제도적 실현"이다.[21] '제도'는 현대 철
학자 아놀드 겔렌이 묘사하는 인간의 특징이기도 하다.

가족은 남녀의 결혼으로 성립된다. 결혼 성립은 신체성을
포함하는 "개인 실존의 사랑과 신뢰와 공동성에 있다."[22] 사
랑에 기초하는 결혼은 자연과 정신을 매개하며 이 사랑을
실행에 옮긴다. 남녀는 독자성을 지니는 개인이지만 사랑
을 실행에 옮김으로써 단순한 사랑의 감정을 넘어서 정신
의 통일을 이룬다. 그러므로 사랑과 결혼은 자연과 정신
의 관계 속에 있으며 자연이나 정신 한쪽에만 속하지 않
는다. 사랑과 결혼을 통해 자연적 감정은 인륜적 감정으
로 바뀐다. 이것은 자연에서 정신으로의 이행이다. 사랑이
서로에 대한 직접적 인정이라면, 결혼은 제도 속의 인정
이다.

결혼에서 개인은 자기를 포기하지만 이러한 자기제약

을 통해 진정한 자유를 얻는다.[23] 이러한 사상은 결혼이 계약과 다름을 잘 보여준다. 계약은 두 사람이 물건에 대해 합의하는 것인 반면 결혼은 두 사람이 자유의지에 따라 한 인격으로 결합하는 것이다. 이것은 물권을 소유함으로 얻는 자유와 전혀 다른 차원의 자유다. 헤겔은 인격의 결합이 제도라는 사실을 확인하기 위해 반드시 공식적인 결혼식과 혼인서약이 있어야 한다고 주장한다. 그리고 결혼이 계약은 아니지만 반드시 제도적인 형태를 띨 필요가 없다는 생각과 거리를 둔다. 사랑은 실체적인 것으로서 혼인예식의 엄숙함에 그 가치를 묻어둘 수 없다는 프리드리히 슐레겔의 『루신데』를 헤겔은 비판한다. 이 소설은 혼인서약과 예식보다 실질적인 사랑의 내적 상태를 더 중시한다. 이에 반해 사랑의 여러 계기들은 결혼을 통해 이성적 관계로 귀결되어야 한다는 것이 헤겔의 생각이다.

자연적인 것에서 나온 이성의 제도도 자연적 속성을 인정해야
사랑을 이성적 관계 속에서 파악하는 것과 이를 생생한 통합의 감정 속에서 설명하려고 하는 것은 사랑과 가족에 대한 교차적 파악이다. 초기 낭만주의와 헤겔의 관계는 전적으로 이종異種적이라기보다 강조점의 차이로 볼 수 있다. 사랑이 개인을 통합하는 위력이라는 생각에서 양자는

182

일치한다.

가족구성원은 상호적이며 자기의식적인 인륜적 사랑에 기초한다. 그리고 이 사랑을 인륜적인 힘으로 보존하려고 한다. 그래서 가족구성원은 개인적인 권리를 주장할 수 없다. 가족 자체가 하나의 인격이기 때문이다. 재산권과 소유권이 하나의 인격체인 개인에게 해당하듯이 이러한 권리는 가족구성원 전체에게 해당한다. 가족구성원은 재산권 및 소유권과 무관하다. 한 가족의 재산은 가족구성원 전체의 것이다. 만약 가족구성원 가운데 한 사람이 자신의 재산권을 요구한다면 그 가족은 해체의 위기를 맞을 수 있다. 가족구성원은 권리의 주체가 아니다. "권리가 가족 안으로 들어올 때 가족은 해체된다."[24] 가족구성원은 공동적 삶의 일부일 뿐이지 독자적인 삶의 주체가 아니다. 가족구성원과 법적 개인은 구별된다.

혼인한 부부에게 자녀가 탄생하면 가족은 자녀를 자유로운 인격체로 교육시켜야 할 의무를 갖는다.[25] 자녀는 부모의 소유물이 아니다. 그렇기 때문에 부모는 교육을 통해 자녀가 자유로운 주체로 성장할 수 있도록 노력해야한다. 가족은 자녀가 정신적인 존재로 성장할 수 있는 울타리다. 부모와 자녀의 관계는 무엇인가? 헤겔은 "자녀를 통해 부모의 통일성이 객관화된다"[26]는 흥미로운 주장을 펼친다. 이렇게 확인되는 부모의 통일성은 양면적이다. 자녀를 통해 부모의 통일성이 객관적으로 드러나지만, 이와 동시에 성장한 자식은 자유로운 주체로서 부모로부터 분리된다. "자녀의 탄생은 부모의 죽음이다."[27] 이 언명은 여러 가지 의미로 해석될 수 있다. 자녀의 탄생이 궁극적으로 가족의 해체로 이어진다는 것이 그 핵심이다.

가족의 해체는 자녀의 분가, 혼인한 부부의 이혼, 그리고 가족구성원의 죽음으로 발생한다. 이혼과 가족구성원의 죽음이 부정적 의미의 가족해체라면 성장한 자녀의 분가는 긍정적 의미의 가족해체다. 인륜성의 단절과 그 연속이 가족해체라는 동일한 틀에서 설명된다. 인륜성이 자유실현의 마당이라면 부정적 의미의 가족해체는 결코 바람직한 것이 아니다. 이런 맥락에서 헤겔은 이혼에 명백히 반대한다. 보수적인 입장임이 틀림없다. 헤겔은 인륜성을 이성의 확고한 틀 가운데 붙들어놓으려 한다.

성에 대한 헤겔의 파악은 오늘날 우리에게 낯설게 보인다. 남성은 보편성을 띠는 반면 여성은 개별성을 띠며, 남성은 외부세계를 향해 활동하는 반면 여성은 수동적이며 주관적이다. 그래서 남성의 활동은 국가와 학문과 전쟁의 삶에 적합하며, 여성은 가정에서 활동하며 그 도덕적인 마음은 소포클레스의 안티고네처럼 경건하다.[28] 여성의 경건성은 종교공동체에 헌신하는 데서 쉽게 확인된다. 여성의 감각적 실체성과 내면성은 땅의 법칙으로서 그 영원한 비밀은 언제 실현될지 모른다. 반면 남성은 국가의 법칙이며 명백히 밝혀진 것이다. 헤겔은 이 둘의 충돌을 비극으로 본다. 그런데도 헤겔은 여성에게 빼앗기는 남성의 마음을 인정한다.

여성의 비밀은 남성의 마음을 지배하는 데 있다. 이 비밀은 남성의 마음에도, 신에게도 깊이 감추어져 있는 알 수 없는 것이다.[29]

이성과 보편성을 강조하는 헤겔이지만 남녀 모두에게 나타나는 사랑의 비밀을 부정할 도리가 없다. 성도 사랑도 자연적이라면 자연적인 것에서 출발한 이성의 제도도 감정의 특수성에 들어 있는 자연적 속성을 인정해야 한다.
　자연적 성은 육체적이고 동물적인 충동으로 나타나며 사랑의 감정도 감각적이고 우연적이다. 그러나 성은 인륜적 결속으로 고양되면서 육체적 상태를 벗어나서 정신적 의미를 갖는다. 육체적이고 감정적인 향락이 인륜적 선으로 고양高揚되면서 성은 정신적 계약에 대한 외적 표현이 된다. 이러한 성의 고양이 결혼이다. 결혼에서 자연적 성과 육체적 향락은 소멸된다기보다 인륜적으로 변형된다. 해석자들은 이것을 성에 대한 성스러운 관점으로 보기도 한다. 결혼이 축첩이나 내연관계와 다른 것은 그 목적이 성적 만족에 있는 것이 아니라 인륜적인 것에 있기 때문이다. "결혼은 정열에 방해받아서는 안 된다."[30] 결혼한 남녀는 무제한적인 육체적 욕망을 스스로 제한함으로써 인륜적 자유를 획득하는 것이다.

효과적인 의사전달은
어떻게 가능한가
?

가장 효과적인 의사전달은
타자의 정신을 움직이는 것

멋진 말보다는
정확한 말을 하라

가장 효과적인 의사전달은
타자의 정신을 움직이는 것

—최신한

현실을 바꾸는 언어행위

의사전달은 사회생활의 기본이다. 현대사회에서 의사소
통은 성공적인 인간관계의 필수요소다. 의사소통은 아리
스토텔레스에서 출발한 수사학의 전통과 맥을 같이하지
만 오늘날 그 중요성이 더 부각되었다. 말의 기술로 규정
되는 수사학은 말의 영역을 넘어서서 삶의 실천과 밀접
하게 관계한다. 말과 의사전달이 실천의 문제가 되었다는
것은 의사전달이 단순한 말이 아니라 그 자체가 구체적인
행위라는 사실을 뜻한다. '언어행위speechact'는 현대철학의
전문용어로 자리 잡았다. 효과적인 의사전달은 화려한 언
변으로 사람을 사로잡는 순간의 기술이라기보다 현실을
실질적으로 변화시킬 수 있는 행위다. 그러므로 의사전달
은 애당초 사회적 행위다.

188

의사전달에서는 언어가 중심 역할을 한다. 언어는 상호 이해의 보편적 수단이다. 의사소통이 이루어지려면 대화에 참여하는 사람들이 서로를 이해할 수 있는 언어와 이들이 공유하는 화제話題가 주어져 있어야 한다. 서로를 이해할 수 있는 언어는 같은 언어공동체의 언어이든지 소통 가능한 외국어여야 한다. 화제 즉 의사전달 내용도 전달하는 사람과 전달받는 사람이 함께 생각할 수 있는 내용이어야 한다. 대화에 참여하는 사람에게 전제되는 언어와 사고내용은 양자에게 공통적인 것이다. 이 두 전제가 충족되지 않으면 의사전달은 아예 출발할 수 없다. 모국어와 더불어 외국어 능력은 의사전달의 양적, 질적 확대를 위해 필수적이다. 그리고 화제를 지배하는 전문성도 효과적인 의사전달에서 필요불가결하다.

의사전달에는 의도와 목적이 있다. 말하는 사람은 그의 말을 듣는 사람이 개인이든 청중이든 수신자를 향한 의도를 갖는다. 발신자는 수신자에게 자신의 의도를 전달하려고 하며 이를 통해 그에게 영향을 미치려고 한다. 그러므로 효과적인 의사전달을 위해서는 세 가지 요소가 명확하게 구별되어야 한다.[31] 첫째, 나는 무엇을 전달하려고 하는가? 둘째, 내가 말하는 의도는 무엇인가? 셋째, 나는 어떤 방도를 통해 나의 의도를 전달하려고 하는가? 발신자는 자신의 말이 수신자에게 정확하게 전달되어 자신의 의도가 받아들여지기를 원한다. 이것이 여의치 않는 경우에도 발신자는 그의 말에 대한 반응만이라도 끌어내려고 한다. 그러므로 의사전달은 독백이 아니다. 의사전달은 의미 없는 말의 토로가 아니라 발신자와 수신자의 관계를 만들어내는 구체적인 언어행위다.

말은 발신자의 의도를 담고 있으며 이를 실행할 목적을 갖고 있다는 점에서 이미 행위다. 발신자의 말은 단순한 말이 아니라 구체적인 행위 맥락 속에 있는 말이다. 언어행위에서는 특수한 실천적 상황과 맥락을 배제할 수 없다. 결혼선서나 대통령취임선서는 가장 대표적인 언어행위다. 수신자에게 영향을 미치려고 하는 발신자의 의도는 상황과 맥락을 고려하지 않을 수 없으며 이를 통해서만 그 목적을 달성할 수 있다. 발신자의 의도는 수신자가 발신자의 말을 정확하게 이해할 때 비로소 달성될 수 있다. 발신자의 언어행위는 수신자를 통해 더 확대된 언어행위로 나타난다.

이러한 맥락에서 언어행위는 언어를 통한 실천이다. 언어행위는 현실을 바꾼다. 언어적 실천이 이루어지기 전의 현실과 그 후의 현실은 명확히 구별된다. 언어가 개입하기 전의 현실이 일반적이고 추상적인 현실이라면, 언어행위 이후의 현실은 구체화된 현실이다. 개인은 현실에 의미를 부여하며 이 현실로부터 의미를 획득한다. 언어행위를 통해 현실은 그저 주어져 있는 일반적인 현실로부터 의미로 채워져 있는 현실로 바뀐다. 언어실천을 통해 현실은 단순히 존립하는 대상에서 주체의 행위가 깃들어 있는 현실로 탈바꿈한다. 효과적인 의사소통은 이러한 현실 변화에서 확인된다.

사람을 움직이는 말은 그의 정신에 영향을 미치는 말이어야

언어는 개인의 내면에만 머물지 않고 다른 사람을 향해 나아간다. 언어는 홀로 있지 않으며 주체들 간의 의사소통관계 속에 있다. 언어는 독백에 머물지 않고 대화로 나아간다. 언어는 자기와의 내적인 대화에서 실제적 대화로 진행한다. 내적 대화는 주체가 자기 자신을 아는 활동이다. 그러므로 언어행위는 자기를 아는 것에서 출발해 다른 주체를 아는 것으로 나아가는 운동이다. 다른 주체의 입장에서 보면 언어행위는 말을 걸어오는 상대의 언어를 받아들이는 운동이다. 언어는 말을 거는 매체이며 걸어오는 말에 응답하는 매체다. 그러므로 언어의 현실은 자기 자신을 아는 주체들이 만들어내는 현실이다. 이런 맥락에서 헤겔은 말한다.

언어와 노동은 내면의 표현이다. 즉, 개인이 더 이상 자기 자신 가운데 머물러 있지 않고 내면을 전적으로 자기 밖으로 나오게 하며 이를 타자에게 내어주는 표현이다.[32]

언어에서 자기의식의 독자적 개별성은 실존으로 등장하며 그 결과 이 개별성은 타자와 대면한다.[33]

언어는 개인과 개인을 매개하는 힘이다. 언어를 통해 이루어지는 개인과 타자의 관계는 주체와 주체를 연결하는 중간의 현실을 만들어낸다. 이런 점에서 헤겔은 언어를 문자들의 집합으로 보지 않고 "정신의 현존"[34]으로 본다. 현존하는 정신으로서의 언어는 스스로를 인식하는 개인의 언어라는 점에서 이 개인의 "자기의식적인 실존"[35]이다. 더 나아가 언어는 다른 사람을 향해 나아가기 때문에 "타자를 위해 존재하는 자기의식"[36]이다. 따라서 헤겔에게 언어는 단순한 매체라기보다 자기의식적인 개인과 개인을 잇는 '중간자Mitte'다.

효과적인 의사소통의 기본은 말함과 들음이다. 자기는 말하면서 자기의 말을 듣는다. 그리고 자기를 넘어서서 다른 사람의 말을 듣는다. 말함은 자기의 표현이지만 자기로부터 분리되면서 타자와 관계 맺는다. 자기는 자신의 말을 들을 때 무반성적 상태를 벗어나 자기의식적 현존이 된다. 자기가 자신의 말을 들을 때 자기의식적 현존이 되는 것과 같이 다른 사람의 말을 들음으로써 자기의식적 현존이 된다. 그래서 "들음은 자기로 형성되는 현존이다."[37]

의사전달은 말함과 들음의 상호작용이다. 말함과 들음의 상호작용은 말하는 사람과 듣는 사람의 상호인정으로 이어진다. 말은 대화에 참여하는 각자의 자립성을 유지시켜주면서 동시에 양자를 매개한다. 말은 "자립적 자기의식과 인정받는 자기의식들의 중심"이다.[38] 의사전달은 대화주체들을 매개하며 서로를 인정하는 상호성을 만들어낸다. 의사전달은 상호성에 도달할 때 가장 효과적이다. 대화참여자들의 상호인정은 상호성의 토대다. 상호성은 공동체를 튼튼하게 할 뿐 아니라 구성원을 더욱 더 생동적으로 만든다. 일방적인 명령은 상호성을 만들기는커녕 오히려 공동체를 해친다. 상대를 고려하지 않는 전달도 상호성에 이르지 못한다. 말과 언어는 정신의 작용이므로 철두철미 정신의 틀 안에서 움직인다. 사람을 움직이는 말은 그의 정신에 영향을 미치는 말이어야 한다. 가장 효과적인 의사전달은 타자의 정신을 움직이는 것이다.

그러므로 의사전달에서 언어는 상대방의 반성적 노력을 이끌어간다. 의사전달은 사실의 필연적 진행을 믿고 이것에 자신을 내맡기라는 요구가 아니라, 상대방으로 하여금 끊임없는 질문과 답변을 통해 스스로 문제를 심화하고 보다 포괄적인 지평에 도달하게 하는 것이다. 의사전달은 전달자와 수신자 쌍방에서 이루어지는 의식적 노력이다. 이러한 쌍방의 노력은 상이한 입장에서 출발한 대화가 동일한 입장에 도달함으로써 성공적으로 마무리된다. 동일한 입장에 도달하지 못하는 경우에도 의사전달 자체가 무의미한 것은 아니다. 의사전달의 과정에서 대화 참여자는 각자의 입장을 상대방에게 비추어볼 수 있으며 이를 통해 자신의 입장이 갖는 특수성과 취약점을 확인할 수 있기 때문이다. 이러한 발견은 결과적으로 사고를 운동하게 하며 일상적 주장을 학문적 주장으로 이끌어간다.

이러한 의사전달 과정에서 언어와 사고의 관계가 분명하게 드러난다. 의사전달에는 전달자의 언어와 사고가 종합되어 있는데, 이것이 수신인에게 동일하게 재현되는지 여부가 의사전달의 성공여부를 결정한다. 아무런 생각이 없는 말은 전달되기 어려우며 어려운 생각도 전달하기 어렵다. 성공적인 의사전달은 언어와 사고의 효과적인 종합을 통해 발신자의 동일성을 수신자에게 재현하는 데 있다. 언어와 사고의 종합은 생활세계의 표상에 머물러 있는 언어를 개념 언어로 변형할 때 효과적으로 나타난다. 이것은 헤겔의 일관된 관심이다. 철학의 권리는 일상적 표상을 철학적 개념으로 바꾸는 데 있다. 언어와 사고는 교호적으로 관계하므로, 전달자의 언어는 (철학적) 반성을 매개로 수신인에게 사고로 변형된다. 가다머의 헤겔 수용이 보여주는 바와 같이 언어는 단순한 전달매체를 넘어서는 논리적인 것이며 그 자체가 사고의 다른 모습이다.

멋진 말보다는
정확한 말을 하라
―권대중

'상징을 넘어 기호로' : 언어의 절대적 탁월성

'의사소통communication'은 다른 어떤 주제들에 비해서도 결코 그 중요성을 양보할 수 없는 철학의 핵심 주제에 속한다. 이는 철학을 비롯한 지식 일반의 가능성을 원천적으로 부정하고자 시도했던 극단적 회의주의가 '존재' 및 '인식'과 더불어 전적으로 부정하고자 했던 대상이 바로 '의사소통'의 가능성이었다는 것을 통해 간접적으로도 확인할 수 있다.[39] 그런데 의사소통을 성공적으로 수행하기 위해 시도되는 방식은 하나가 아니다. 우리 감각에 호소할 수 있는 모든 것들이 의사소통의 수단이 될 수 있다.

철학이 지향하는 것이 가장 높은 차원에서의 엄밀하고도 객관적인 지식인바, 이를 잘 성취하기 위해 누구보다도 애썼던 헤겔에게도 의사소통은 중요한 관심사였다. 더

196

욱이 그는 의사소통의 한 매개체인 '언어'를 개념적 사유를 위한 하나의 필요조건으로 설정하는데, 그가 말하는 이유를 따라가다 보면 다시금 그의 관념론자로서의 면모를 확실히 발견할 수 있다.

의사소통 방식 가운데 헤겔이 특히 면밀히 비교하는 것은 상징Symbol과 기호Zeichen, sign인데, 그의 이러한 비교는 오늘날의 철학적 말하기 또는 글쓰기 방식을 위해서도 좋은 참고가 될 수 있다. 먼저 '상징'을 헤겔은 '비유'나 '작시作詩'와 한 부류에 속하는 것으로 다룬다. '상징'은 어원상으로는 '일치하다' 또는 '딱 맞아떨어지다'를 뜻하는 그리스어 '쉼발레인συμβάλλειν'에서 온 단어다. 즉 표현 '수단'인 상징과 그것을 통해 표현되는 내용 또는 '대상'이 서로 딱 맞아떨어진다는 의미다. 상징의 예로 들 수 있는 것은, '아름다움'을 표현하는 데 '장미'를 쓰거나 '용맹'을 표현하는 데 '사자'를 쓰는 것과 같은 경우다. 또한 우리에게 특히 잘 알려져 있는 상징의 예로 들 수 있는 것은 정의의 여신 유스티티아Justitia 상이다. 정의의 하위덕목에 속하는 것 중 '올바른 판단'은 '저울'로, '집행을 위한 힘'은 '칼'로, '철저한 공정성'은 '눈가리개'로 표현된다.

그러나 이러한 상징은 사실은 그 단어의 원뜻과는 반대로 표현하고자 하는 대상이나 내용을 제대로 지시하지 못

한다. '장미'이건 '사자'이건, '저울'이건 '칼'이건 '눈가리
개'이건 상징이 표현하고자 하는 대상을 표현하는 방식은
그 대상 자체를 그대로 직접적으로 지시하는 것이 결코
아니다. '장미'는 장미이지 '아름다움' 자체는 아니며 '눈
가리개'는 눈가리개이지 '공정성' 그 자체는 아닌 것이다.
즉 상징은 표현 대상이 지닌 주요 속성을 감각적 차원에
서 이러저러하게 공유한다고 여겨지는 사물을 통해서 그
대상을 추정하도록 하는 것이다. 따라서 상징과 그 표현
대상 사이에는 어떤 '일치'가 아니라 의미론적 평행관계
semantische Parallelität만이 성립할 뿐이다. '장미', '사자', '눈가
리개' 등은 감각적으로 지각되는 사물들인 반면 '아름다
움', '용맹', '공정성' 등은 사물 차원이 아닌 개념 차원에
속하는 것들이다.

이 때문에 헤겔은 '상징'을 그것이 목적으로 하는 과제
를 달성하지 못하는 초보적인 또는 원시적인 표현수단 또
는 지시수단으로 보며, 상징의 이러한 한계를 돌파해 표
현하려는 대상 또는 내용을 그대로 투명하게 드러내는 수
단은 '기호', 그 중에서도 '언어'라고 생각한다. 물론 언어
도 기호로서 기능하기 위해서는 일차적으로 감각적인 측
면을 지닐 수밖에 없다. 그것은 들리거나(음성) 보이거나
(문자) 해야 한다. 중요한 것은 언어기호가 지니는 감각적

측면은 상징의 감각적 측면과는 달리 표현 대상의 감각적 속성과 그 어떤 유사성이나 근친성도 지닐 필요가 없다는 점이다. 즉 '아름다움'을 표현하려면 그 어떤 형태나 색깔도 드러냄이 없이 '아-름-다-움'이라고 말하거나 쓰면 된다. '길다'와 '짧다'라는 기호 사이에는 어떤 감각적으로 지각될 수 있는 물리적 길이의 차이도 없거나, 심지어 획의 길이의 합은 후자가 더 길어도 상관없다. 마찬가지로 '정의'라는 기호에는 정의 개념에 대응하는 어떤 감각적인 속성도 없다. 그런데도 우리는 저울, 눈가리개, 칼 등이 주는 감각적 인상과 그것에 대응하는 정신적 내용을 서로 맞춰봐야 하는 상징의 경우와는 달리 곧바로 '정의'라는 개념을 떠올린다. '정의'라는 기호는 정의라는 개념의 투명하고 직접적인 표현이기 때문이다.

개념의 초감각성에 상응하는 기호의 비감각성

우리는 일상생활에서 종종 이러저러한 상징물들을 본다. 그리고 그 상징물을 이해하기 위해서는 설명이 꽤나 필요하다. 이런 모양은 이런 의미에 대응하고 저런 색은 저런 개념에 대응한다는 식으로 된 것이 그러한 설명들이다. 이렇게 보면 상징은 일종의 수수께끼다. '아침에 네 발, 낮에 두 발, 저녁에 세 발로 걷는 동물'이 '인간'이라는 스핑

크스의 수수께끼의 답은 상징이 이해되는 방식을 상징적으로 잘 보여준다. 상징에서 직접적으로 표현된 것은 그 대상이나 내용이 아니기 때문에 우리는 상징 앞에서는 항상 뭔가 '다른 것'을 그 상징과 맞춰보는 수고를 해야만 한다. 이는 상당히 귀찮고도 성가신 일이다. 게다가 하나의 상징이 반드시 하나의 내용에 상응하는 것도 아니다. "산에는 꽃 피네, 꽃이 피네" 같은 표현은 그 '꽃'이 진달래나 개나리라면 조국이나 자연에 대한 시적 화자의 친화적 태도를 드러내겠지만, 그 '꽃'이 벚꽃이라면 조국 강토의 침탈에 대한 시적 화자의 분노나 안타까움을 드러내는 것일 수도 있다. 상징은 이처럼 '열린' 의미 체계에 속한다.

헤겔은 상징에 대한 기호의 탁월성의 근거를 대상들 자체가 근원적으로는 비감각적이고 비물질적인 방식으로 존재하기 때문이라고 본다. 말 세 마리, 사과 세 개, 군인 세 명, 집 세 채 등의 근저에는 '3'이라는 더 근원적인 개념적 존재방식이 있다. 사람이 태어나거나, 건물이 지어지거나, 한 나라가 세워지거나 하는 현상들의 근저에는 '생성'이라는 더 근원적인 개념적 존재방식이 있다. 이는 우리에게 이제는 꽤 익숙해진, 헤겔의 객관적 관념론의 주장 가운데 하나다. 이 때문에 대상을 표현하는 데에도 비감각성, 즉 대상의 감각적 특질과의 상이성이 극대화된 수단일수록 더 탁월하다. 그리고 그 탁월한 수단이 바로 언어기호다.

물론 언어기호에는 표현 대상과의 감각적 근친성이 거의 존재하지 않기 때문에 처음 습득하는 데에는 상징에 비해 훨씬 많은 어려움이 있다. 서로 다른 언어권에 속하는 두 사람이 장미에 대해 느끼는 감정은 비슷하고 따라서 그것에 부여하는 의미도 크게 다르지 않을 가능성이 크지만, '장미'라는 한국어 단어와 'rose'라는 영어 단어를 동의어적으로 연결할 수 있는 감각적 요소는 전혀 없다. 한국어 단어 '오빠'는 여성 화자의 손위 남성 형제를 가리키지만, 이 단어와 감각적으로 매우 가까운 독일어 단어 'opa'는 한국어의 '할아버지'를 의미한다. 그래서 언어기호를 습득하기 위해서는 그 기호의 체계에 노출되는 절대적인 양의 시간이 필요하다. 그러나 일단 그 체계가 체화되면 그때부터는 기호 하나하나마다 그것에 대응하는 의미를 굳이 맞춰볼 필요도 없이 즉각적으로 의미가 전달된다.

상징은 지식의 역할을 수행하지 못한다

흥미로운 것은, 헤겔은 이렇게 탈감각성이 극대화된 언어기호를 완전히 체득한 이후에야 비로소 '사유'라는 정신의 행위가, 그리고 나아가 '철학'이라는 최고의 지식 유형의 수행이 가능하다고 본다는 점이다. 즉 그는 우리 머릿속에 떠오르는 착상이나 느낌 같은 것은 '사유'의 범주에 넣지 않고, 특정한 내용에 대응하는 개념어들이 자유롭게 구사되고 창출되는 것만을 사유라고 보는 것이다. 이러한 헤겔의 입장을 요약해 정리해보자.

1) 최고의 지식으로서의 철학은 '사유'를 통해 이루어진다.
2) '사유'는 언어기호로 표현된 개념들을 자유로이 구사함으로써 수행된다.
3) 따라서 철학은 최대한 상징과는 거리를 두어야 한다.

헤겔의 시대뿐 아니라 요즘에도 우리는 상징의 형태로 된 철학적 수사들을 종종 만난다. 그리고 많은 사람들이 그러한 방식의 철학이 심오한 진리에 더 가까이 간다고 믿고 있기도 하다. 뭔가 딱 맞아떨어지는 것보다는 어렴풋이 잡힐 듯 말 듯한 신비로운 말들이 진리에 더 잘 어울린다는 생각이다. 그러나 헤겔은 "분명히 알고는 있는데 정확히 말할 수는 없다"는 것은 사실은 '모른다'는 것을 의미한다고 여긴다. 알고 있는 한에서는 그 내용은 명시적인 개념어로, 그리고 그것들을 조합한 명시적인 명제나 추론으로 표현되어야 한다. '산은 산이요, 물은 물이다',

202

'사자의 마음으로부터 어린아이의 마음으로', '도가도비상
도道可道非常道' 같은 말들은 멋진 시어詩語가 될 수 있을지는
몰라도 헤겔이 보기엔 적어도 철학의 기능을 전혀 수행할
수 없는 비문非文들에 불과하다. 수수께끼 같은 은유나 잠
언적 수사, 시적인 아포리아 등은 원칙적으로 거부된다.

　　요컨대 헤겔은 의사소통이 잘 이루어지기 위해서는 '마
음을 열고 서로 다가가라'는 식의 카운슬링은 하지 않는
다. 그의 주지주의적 체계에서 볼 때 훌륭한 의사소통은
꽤나 무미건조한 모습을 띤다. 이번 장의 질문에 대해 그
가 제공할 수 있는 답은 아마도 "정확하고 적확한 개념을
찾아 사용하고, 그것들을 모순 없이 연결해 제대로 된 문
장으로 표명하라." 정도일 것이다. 물론 그 자신의 말과 글
이 그런 요구를 제대로 충족시키고 있는지는 또 다른 문
젯거리이지만 말이다.

교육과 도야는
왜 필요한가
?

교육과 도야가
진정한 자유인을 만들어낸다

교육과 도야가
진정한 자유인을 만들어낸다
—최신한

옛것을 새것으로 갱신하는 데 주요 역할을 하는 교육과 도야

교육과 도야陶冶는 헤겔 변증법의 주요 내용을 구성한다. 교육과 도야를 뜻하는 독일어 'Bildung'은 형성과 문화의 의미로도 사용된다. 도야는 학교교육만이 아니라 인간 일반의 내적인 형성과 삶의 발전을 가리킨다.

도야는 실체적 삶의 직접성으로부터 항상 보편적인 원칙과 관점에 관한 지식을 얻는 일과 함께 시작해야 하며 사실 일반에 관한 사유로 나아가는 일과 더불어 시작해야 한다.[40]

교육과 도야를 통해 사람들은 직접적으로 주어져 있는 자연과 삶의 환경에 대해 반성하며 이를 통해 사실에 대한 특수한 관점을 넘어 보편적 관점을 갖게 된다. 헤겔이 도야와 형성을 강조하는 것은 직접적으로 주어져 있는 자연성으로부터 정신성으로 넘어가는 것이 중요하기 때문이다.

최초의 낙원이 인간자연의 낙원이라면 두 번째 낙원은 인간정신의 낙원이다. 인간정신은 신부가 방에서 나오는 것처럼 보다 아름다운 자연성과 자유와 깊이와 청명함으로 등장한다.[41)]

이것은 자연의 직접성이 정신의 매개성으로 이행해야 한다는 말이다. 직접적인 상태가 비교육의 상태라면 매개적인 상태는 교육과 도야의 상태다. 직접성이 개인의 타고난 특수성을 가리킨다면 매개성은 모든 개인들의 사정을 포괄하는 보편성으로 나타난다.

사람들은 교육을 통해 개인적인 상태를 벗어나 공적인 영역에 진입하며 공적인 것의 역사인 세계문명사까지 인식한다. 교육을 통해 사람들은 "지나간 시대에 사람들의 성숙한 정신을 빼앗았던 것이 이제는 어린 시절의 놀이나 연습으로 전락해버린 것을 보게 되며 교육의 진보를 경험하면서 마치 그림자 속에서 기술된 것과 같은 세계문명사를 인식하게 된다."[42] 정신이 도야를 거치면 아무리 고상한 과거라도 정신의 소유물이 되며 이를 통해 정신은 더 큰 보편을 갖는다. 정신의 소유물은 정신이 자기 속에서 산출한 것이므로 더 이상 외적인 것이 아니라 내적인 것이며 반성적인 것이다. 보편은 이제 외부세계에 있다기보다 내면에 있다.

> 정신은 그 직접적인 상태를 넘어가야 하며 (…) 일련의 형태를 관통하여 자기 자신에 대한 앎에 도달해야 한다.[43]

이러한 정신의 운동은 분명히 발전적인 것이다. 그러나 이러한 발전은 정신의 소외를 통해 가능하다. 정신은 자신에게 주어져 있는 것에서 스스로를 소외시킬 때 발전할 수 있다. 옛것이 정신에게 옛것으로만 남아 있다면 정신은 옛것의 지배를 벗어날 수 없다. 정신이 이전 시대의 문화에서 스스로를 소외시킬 때 옛 문화는 새로운 문화로 변모할 수 있다. 정신의 소외는 이전 시대와의 단절임과 동시에 이를 토대로 한 새로운 시대의 출발이다.

시대는 옛것을 전체와 새롭게 관계지으며 이를 통해 옛것이 갖는 본질을 시대에 의해 변경되고 갱신된 모습으로 간

직한다.[44]

정신의 자기소외, 즉 교육과 도야는 시대가 옛것을 새
것으로 갱신하는 데 중요한 역할을 수행한다.

개인의 성장뿐만 아니라 시민교육을 목표로 하는 '교육'

정신의 자기소외로 규정되는 교육과 도야는 '자기소외'라
는 말의 뉘앙스처럼 부정을 매개로 한다. 그러나 이 부정
은 새로운 긍정을 낳는 부정이다. 헤겔은 인간의 본성을
부정적인 것으로 보고 이를 교육을 통해 긍정적인 것으로
변화시켜야 한다고 생각한다. 인간의 부정적 본성은 교육
을 통해 선한 본성을 회복할 수 있다. 이러한 생각은 인간
을 타락한 존재로 보는 기독교의 입장과 유사하다. 이런
맥락에서 헤겔의 교육사상은 "파손의 교육학"으로 불리기
도 한다.[45] 교육은 먼저 소외를 경험하게 하고 가르침을
통해 이전의 것을 깨뜨리게 해야 한다. 그러나 이 파손은
전적으로 부정적인 것이 아니다. 오히려 주어져 있는 것
을 특정해서 파손하는 것이며 이를 통해 새로운 것을 형
성하는 파손이다. 이런 점에서 파손으로서의 교육은 "규
정적 부정bestimmte Negation"이다.[46] 교육은 주어져 있는 것
에 대해 자신을 소외시키고 이것을 특정하고 규정해서 파

손함으로써 이를 새로운 것으로 변모시킨다. 새로운 정신세계의 출현은 파손으로서의 교육과 도야를 통해 가능하다.

이러한 파손의 교육학은 '자기 내적 거리유지'를 필연적으로 요구한다. 자기가 자기에게 거리를 둘 때 이전의 자기가 상위에서 파악되고, 이러한 메타적 파악은 새로운 자기의 형성으로 이어진다. 이전의 자기 가운데는 그를 둘러싸고 있는 삶의 기준과 문화가 들어 있다. 이전 자기에 대한 메타적 파악은 이전 자기를 에워싸고 있는 삶의 기준과 문화에 대한 파악이 되며, 이는 새로운 자기형성의 출발을 이룬다. 이전에 친숙했던 환경은 자기 내적 거리유지를 통해 낯선 것이 된다. 그리고 이전에 낯설었던 것이 이제 친숙한 것으로 바뀐다. 친숙함이 깨질 때 자기는 새로운 자기를 향해 나아갈 수 있다. 친숙함과 낯섦의 관계는 교육을 통해 전도되는 것이다. 교육의 "심원한 깊이와 힘은 오로지 먼 거리를 통해서만 측정될 수 있다."[47)

자기 내적 거리유지가 만들어내는 반성과 성찰은 인간을 인륜적으로 도야된 인간으로 변형시킨다.

교육학은 인간을 인륜적으로sittlich 형성하는 기술이다. 교육학은 인간을 자연적인 존재로 고찰하며 그를 새로운 모습으로 태어나게 하는 길을 제시할 뿐 아니라 그의 최초의

본성을 두 번째 정신적 본성으로 변화시켜서 이 정신적인 것이 그의 습관이 되는 길을 제시한다.[48]

정신적인 것이 습관이 된다면 자연적 기질과 주관적 의지가 대립하지 않으며 양자 사이의 투쟁도 사라진다. 이럴 때 정신의 습관은 인륜적인 것이 된다. 인륜적인 것은 자연의 상태를 도야함으로써 자연적 기질이 요구하는 자의성을 극복한 상태이며 아무에게 적용해도 문제가 되지 않는 정신상태다. 헤겔은 이러한 상태를 자유로 간주한다. 그러므로 교육과 도야는 진정한 자유인을 만들어낸다.

도야가 정신의 인륜으로 나아가는 길이라면, 이것은 개인이 사회적, 역사적 공동체로 나아가는 과정이다. 도야와 교육은 개인을 가족으로부터 시민사회로 연결시키는 역할을 맡는다. 교육은 개인을 "자유로운 인격성"과 "법적 인격"으로 만드는 수단이다.[49] 도야와 교육은 가족과 시민사회의 중간에 있다. 가족의 직접적 인륜성은 교육을 통해 시민사회의 인륜성으로 변화될 수 있다. 어린이는 교육을 통해 "가족의 자연적 통일성을 벗어나서 스스로를 고양시킬 수 있는 능력"[50]을 기르며, 궁극적으로 국가의 시민이 될 수 있다. "학교는 가족과 현실세계 사이에 있으며 가족이 현실세계로 넘어가는 중간항을 형성한다."[51] 가

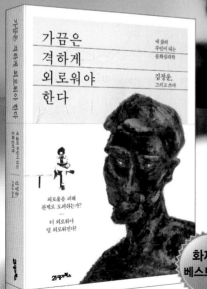

나는 누구인가
강신주 외 지음 | 값 15,000원

어떻게 살 것인가
고은 외 지음 | 값 16,000원

나는 어떻게 죽을 것인가
강영안 외 지음 | 값 16,000원

인생교과서 시리즈
01 **예수** 차정식 외 지음 | 값 15,000원   02 **부처** 조성택 외 지음 | 값 15,000원
03 **공자** 신정근 외 지음 | 값 15,000원   04 **무함마드** 최영길 지음 | 값 13,000원
05 **퇴계** 김기현 외 지음 | 값 15,000원   06 **간디** 류성민 외 지음 | 값 16,000원
07 **니체** 이진우 외 지음 | 값 15,000원   14 **칸트** 김진 외 지음 | 값 15,000원

인류의 위대한 스승에게 묻고, 대한민국 대표 지성이 답하다.
삶에 대한 궁극의 질문과 답, 인생교과서

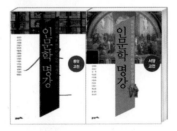

인문학 명강 동양고전
강신주 외 지음 | 값 18,000원

인문학 명강 서양고전
김상근 외 지음 | 값 17,000원

대한민국 최고 지성들의 위대한 인생수업

마키아벨리
김상근 지음 | 값 18,000원

김상근 교수 10년 르네상스 연구 완성작!

르네상스 시대의 사상과 창조적 영감을 현대적 언어로 재해석하는 데 정평이 나 있는
저자는, 책에서 수백 년간 강자들에 의해 철저히 왜곡되어온 마키아벨리의 진면목과
인생철학을 복원하여 10년의 르네상스 연구를 완성했다.

완벽하지 않은 스무 살을 위한 진짜 공부
후지하라 가즈히로 지음 | 값 14,000원

20대부터 인생의 차이를 만드는 5가지 생각 습관

어른이 되면 그동안 경험하지 않았던 수많은 문제의 해답을 스스로 찾아야 한다. 지금처럼 정답을 외우고 찾는 것이 아니라 자신만의 답을 만들어내는 '진짜 공부'를 해야 한다. 이 책은 사회에 첫 발을 내딛는 20대라면 반드시 갖춰야 할 기초 역량을 알려준다.

세계 1%의 철학수업
후쿠하라 마사히로 지음 | 값 14,000원

정답이 없는 문제를 해결하는 생각법, '철학적으로 생각하기'

세계 1% 인재들의 공통점은 그들이 철학적으로 생각한다는 데 있다. 정답이 없는 세상을 살아가려면 반드시 이 철학적 사고를 습관화해야 한다. 클릭 몇 번으로 얻을 수 있는 지식이 아닌 스스로 문제를 발견하고 해결해나갈 수 있는 '생각하는 힘'을 키워줄 것이다.

마흔, 논어를 읽어야 할 시간 1, 2
신정근 지음 | 1권 15,000원, 2권 16,000원

대한민국에 '마흔' 열풍을 몰고 온 베스트셀러!

인생의 굽잇길에서 공자를 만나다! 1권은 『논어』 중 101수를 선별하여 인생의 절반을 지나온 마흔에게 필요한 공자의 지혜를 담았고 2권은 1권의 심화편으로 공자의 사상이 응축된 『논어』 속 네 글자를 통해 자신의 인생을 돌아볼 수 있는 계기를 제공한다.

노는 만큼 성공한다
김정운 지음 | 값 15,000원

문화심리학자 김정운 교수가 제안하는 재미학!

노는 것을 계획하는 사람은 행복하다. 그들은 일하는 것도 행복하다! 창의력으로 승부해야 하는 지식기반사회에서 근면과 성실은 더 이상 최고의 도덕적 덕목이 아니다. 저자는 재미와 행복이 동반되는 창의적 여가문화가 국가 경쟁력의 핵심이 된다고 주장한다.

누구를 위한 나라인가
김형오 지음 | 값 16,000원

김형오 전 국회의장이 바라본 한국 정치의 오늘과 미래

이 책은 지난 2년간 발생한 주요 정치 현안 및 사회적 사건에 대한 정론직필이다. 저자는 우리 사회의 병리와 적폐를 지적하며 이 나라의 주인은 진정 누구인가를 준엄하게 묻는다. 집단 이기주의의 덫에 빠진 줄도 모른 채 변화와 개혁을 부르짖는 이들에게 이 책이 각성제가 되기를 기대한다.

세상에서 가장 가난한 대통령 무히카
미겔 앙헬 캄포도니코 지음 | 값 16,000원

무히카에 관한 모든 것이 담긴 최초의 평전

가장 낮은 곳에서 국민과 함께 울고 웃어주는 대통령, 호세 무히카가 들려주는 인생의 길, 정치의 미래, 참된 삶의 가치! 6개월간의 인터뷰, 무히카의 생생한 육성으로 기록한 단 한 권의 책이다.

판사유감
문유석 지음 | 값 14,000원

현직 부장판사가 말하는 법과 사람 그리고 정의

저자 문유석 판사가 법관 게시판과 언론 등을 통해 지난 10여 년간 써 온 글들을 엮은 책이다. 좌로도 우로도 치우치지 않으면서 인간에 대한 신뢰를 담은 그의 따뜻한 시선이 냉소적인 시대를 살아가는 우리에게 위로와 희망을 준다.

한국인만 모르는 다른 대한민국
임마누엘 페스트라이쉬(이만열 지음) | 값 15,000원

동아시아 문명학 전공 하버드대 박사의
대한민국 사회에 대한 통찰

21세기 르네상스를 이룰 수 있는 잠재력과 역량을 갖추고 있는 나라, 대한민국이 문화선도국가로서 국제사회에 영향력을 확대하는 과정에서 유념해야 할 조건을 담았다.

족 가운데 사랑과 자연적 신뢰관계가 있다면, 교육은 이러한 자연적 신뢰관계를 자유의 관계로 변형시킨다. 자유의 관계는 법적 보편이 지배하는 곳에 나타난다. 그러므로 헤겔에게 교육은 개인의 성장뿐만 아니라 시민교육을 목표로 한다.

국가란 무엇인가,
유토피아인가
디스토피아인가
?

이성의 현실태로서의
국가

이성의 현실태로서의 국가

— 권대중

피해갈 수 없는 삶의 근본단위로서의 국가

"국가가 내게 해준 게 뭐냐?" '개그콘서트'라는 TV 프로그램에서 "1등만 기억하는 더러운 세상"이라는 말과 함께 꽤나 인기를 끌었던 대사다. 이 대사가 그토록 인기를 끌었고 지금도 생생하게 기억되는 이유는 무엇일까? 만취해서 주사를 부리는 등장인물의 연기가 우리를 충분히 웃게 만들었던 것도 그 이유가 되겠지만, 은연중에 그 대사가 단순히 개그가 아닌 현실의 정확한 반영이라고 많은 사람들이 공감해서가 혹시 아닐까? 더욱이 요즘 일각에서는 우리 삶의 터전인 바로 이 나라를 '헬조선'이라고까지 부르는 극단적 자학 현상까지 일어나고 있지 않은가. 그래서 어떤 이는 이에 대해 존 F. 케네디의 유명한 말처럼 "국가가 그대에게 무엇을 해줄 수 있는지 묻지 말고, 그대가 국가를 위해 무엇을 할 수 있는지 물으시오"라고 응수할 수도 있겠고, 또 어떤 이는 한 영화의 주인공처럼 "국민이 국가입니다"라고 반격할 수도 있겠다.

물론 지구촌에 사는 만인이 함께 주체적 국민이 되어 사는 세계시민사회가 실현되었으면 더 이상 좋을 일이 없겠지만, 그리고 가령 현재 많은 독일 청년들이 자신의 국적을 '독일'이 아닌 '유럽EU'이라고 생각하고 있다는 통계자료도 있지만, 아직은 대부분 지구촌 주민들 삶의 가장 기본적인 조건은 여전히 국가인 것이 사실이다. 그렇다면 헤겔 철학의 틀에서 보았을 때 우리는 이 '국가'라는 삶의 조직 형태를 과연 어떻게 받아들여야 할까?

헤겔의 사회철학적 대표 저서는 익히 알려진 『법철학』이다. 전체 체계상 정신철학의 두 번째 부분인 '객관정신철학'에 해당하는 이 책의 정확한 제목은 '법철학 강요 또는 자연법과 국가학 개요Grundlinien der Philosophie des Rechts oder Naturrecht und Staatswissenschaft im Grundrisse'다. 실천철학적 문제에 대해, 특히 법과 국가라는 구체적 주제에 대해 이처럼 지대한 관심을 가졌던 대표적인 사상가가 바로 헤겔이다. 그런데 국가에 대한 그의 생각에는 엄청나게 큰 변화가 있었는데, 그 과정을 따라가보면 '국가란 무엇인가?'라는 질문에 대해 헤겔이 현재 우리에게 해줄 수 있는 답

214

변이 추론될 수 있을 것이다.

프랑스혁명과 디스토피아 그리고 미적 유토피아

헤겔은 유럽인들 삶의 형태가 근본적으로 바뀌었던 격동기에 살았다. 그리고 그 격동기를 이끌었던 가장 큰 동인은 바로 프랑스혁명이었다. 남독일의 아담한 대학 도시 튀빙겐에서 신학교를 다니고 있던 헤겔이 이웃나라의 혁명 소식을 접하자 친구들과 함께 '자유의 나무'를 심고 그둘레를 춤추면서 '자유 만세! 장자크 만세!'라고 외쳤다는 얘기는 꽤나 유명하다. 아무튼 유럽에서는 시기상의 차이는 있지만 서서히 절대왕정이라는 구체제가 무너지고 완전히 새로운 삶의 형태로서 시민사회가 형성되어갔다. 그리고 헤겔을 비롯해 이 시민사회에 대한 젊은이들의 기대는 실로 컸다. 그러나 혁명이 진행되는 과정은 그 이념에 취했던 젊은이들의 기대와는 정반대의 모습을 드러냈다.

휴머니즘적 이상을 실현할 것이라는 기대를 받았던 혁명 주체들이 실제로 수행한 것은 종종 피로 물든 테러였으며, '다수의 인간을 위해 다수의 인간을 죽이는' 이러한 모순된 상황의 연속은 혁명에 대한 피로감과 환멸을 가중시켰다. 그리고 그에 따라 나폴레옹의 등극이나 왕정복고王政復古, restauration 및 연속된 혁명의 좌절, 그리고 그에 따라 저마다 자신의 사익을 위해 각축함으로써 벌어진 사회의 파편화 등, 현실정치의 추이는 '새로운 야만의 왕국'이라는 호칭을 받을 만큼 엉뚱한 방향으로 흘러갔다.

혁명 후 시민사회에서 벌어진 이러한 분열상을 목격한 당대의 젊은 지성들을 매혹시킨 하나의 대안 모델이 바로 '새로운 신화학neue Mythologie'이라 불리는 일련의 문화적 사상운동이다. 그리고 이 운동에서는 두 방향의 지향점이 발견된다. 그 하나는 과거에 대한 향수 및 그것의 재건이고, 다른 하나는 인간정신의 도야를 현실정치를 벗어난 차원에서 추구하는 것이다. 구체적으로 전자의 노선은 고대 그리스를 향하고, 후자는 낭만주의적 감성의 차원을 향하는데, 이 두 방향의 노선은 '미적 유토피아'라는 하나의 목표로 종합된다.

미적 유토피아 사상을 전개한 인물들 중 청년 헤겔에게 특히 영향을 끼쳤던 이는 바로 프리드리히 실러다. 그는 처음에는 인간정신의 미적 도야를 사회 또는 국가와 같은 현실정치 영역을 올바른 방향으로 이끌 매개체로 생각했으나, 이러한 사상이 구체화되는 과정에서 미적 차원은 중간의 매개체가 아닌 최종의 목표 지점으로 설정된다. 그리고 그럼으로써 미적 유토피아 사상은 '미적 절대주의ästhetischer Absolutismus'라 불릴 정도로 미와 예술의 위상

216

을 현실정치 너머의 이상향으로 설정하는 방향으로 진행
된다.

청년 헤겔에게로 이어진 실러의 노선은 그 어떠한 형태
의 실질적 통치도 전적으로 부정하는 강한 무정부주의와
만난다. 특히 국가에 관한 한 헤겔의 태도는 매우 적대적
이었다. 그는 국가는 거대한 기계장치와 같은 것으로, 그
구성원들은 그저 기계의 톱니바퀴에 불과한 지위만을 가
진다고 생각했다. 토머스 홉스의 '리바이어던Leviathan'이
상의 괴물 같은 존재가 바로 국가라고 본 것이다. 리바이
어던은 그나마 시민사회의 온갖 충돌을 방지하거나 완화
하거나 조정해주는 순기능을 발휘하는 것으로 구상되지
만, 청년 헤겔이 본 국가는 인간적 가치 자체가 아예 절멸
된 비생명체 덩어리와 같은 것이었다. 그래서 그는 모든
국가, 법, 정부 등을 '마땅히 없어져야 할 것'으로 규정하
고, 그 대신 시문학이 인류를 영도하는 미적 차원을 대안
으로 제안한다. 마치 실러가 시문학을 통해 촉발된 환희
의 감정에서 온 인류가 형제가 되기를 희망한 것과 같다.
결국 시문학이 이끄는 새로운 신화학을 헤겔은 '정신들의
보편적 자유와 평등이 지배하는' 새로운 종교이자 '인류
의 최종적이고 가장 위대한 작품'이라고까지 찬미한다.[52]

국가주의적 전회

그런데 이러한 무정부주의적 태도는 헤겔을 좀 알고 있는 사람들에게는 꽤나 낯선 모습일 것이다. 특히 한국에서는 헤겔에 대한 독서가 1980년대를 전후해 매우 활성화되었는데, 그 주요한 동인 또한 독자들의 정치적 관심에 상응하는 헤겔의 정치적 적극성에 있었다. 더욱이 헤겔이 평생 동안 쓴 글들 중 최초의 것과 최후의 것이 바로 현실 정치에 관한 것들이다.[53] 실제로 헤겔은 이러한 무정부주의적, 미적 유토피아에 대한 동경을 그리 오래 견지하지는 않았고, 오히려 시민사회의 난맥상을 풀어줄 해결책을 '국가'에서 찾는다. 그가 이러한 방향 전환을 하게 된 데는 몇 가지 이유가 있다.

먼저 그는 시문학을 중심으로 한 새로운 신화학이 시대착오적이라는 판단에 이른다. 여기서 '시대착오적'이라 함은, 그것이 과거 어느 때에는 가능했을지 모르나 현재에는 더 이상 적절하거나 정당한 방식이 아니라는 뜻이다. 다시 말해 헤겔은 미적 차원이 인간정신을 올바른 방향으로 도야하고 그럼으로써 인류를 형제애로 묶을 수 있는 가능성 자체를 원천적으로 결여하고 있다고 본 것이 결코 아니라, 다만 자신의 당대에서는 그 가능성이 더 이상 현실성을 유지할 수 없게 되었다고 본 것이다. 이 점에 대

218

해서는 '아름다움이란 무엇인가?'를 다루는 지점(이 책의 19장)에서 좀 더 상세히 설명하겠지만, 헤겔의 요지는, 시나 예술 따위를 통해 인간의 영혼을 높이 이끄는 것은 인류 전체의 정신적 수준 자체가 아직 감성과 상상력이 지배하는 유아기에 머물던 저 먼 과거에서나 가능했을 뿐, 이미 사유와 철학의 단계로 진입한 시대, 즉 '반성의 도야 Reflexionsbildung'[54]가 이루어진 성숙한 자신의 시대에서는 불가능하다는 것이다.

여기에서 성숙한 헤겔의 역사관이 매우 낙관적이고 직선적임이 드러난다. 즉, 비록 삶의 환경이 힘겹고 모순으로 가득 찬 것으로 보일지라도 현재는 과거보다 문명화한 것이고, 반대로 비록 아름답고 멋있게 보일지라도 과거는 현재보다 야만적인 것이라는 것이 그 요지다. 어떻게 보면 현재의 삶이 불만족스러울 때 '옛날에는 안 그랬는데', '그때가 좋았었는데' 하는 등의 생각을 갖곤 하는 것이 인지상정일 수 있지만, 헤겔은 과거에 대한 그러한 지나친 향수를 철저히 경계한다. 미적 문화를 동경한 이들이 떠올린 과거의 이상향은 바로 고대 그리스다. 그들이 보기에 그리스인들은 각자의 자유가 만개하는 가운데서도 국가라는 공동체가 고도의 유기적 조직체일 수 있었고, 이를 가능하게 한 것이 바로 미와 예술을 통해 지배되었던 그들의 감성적 문화였다. 그러나 이에 맞서 헤겔은 그때 야말로 다수의 자유가 소수의 자유를 위해 철저히 억압되던 때였으며, 또한 감성적 문화에는 소수의 즉흥적이고 개별적인 감정에 따라 공동체 전체의 운명이 왔다 갔다 하는 위험이 내재해 있다고 지적한다. 그에 비해 하나 혹은 소수의 자연인의 극히 위험할 수도 있는 자의에 더 이상 의존하지 않고 보편적 의지와 이성의 원리를 통해 세워진 법체계, 그리고 이 법에 의해 지배되는 국가라는 삶의 형태는 자유와 이성이 더욱 현실성을 획득한, 역사의 가장 진보한 단계다.

현실국가인가 아니면 국가의 이념인가

이러한 헤겔의 생각에 대해서는 물론 반론도 있을 수 있다. 왜냐하면 국가에는 좋은 국가뿐 아니라 나쁜 국가도 분명히 존재하는데, 그는 마치 국가 일반을 진보한 단계에 속한다고 주장하는 것처럼 여겨질 수 있기 때문이다. 그리고 헤겔이 죽은 지 한참 지난 오늘날에도 적지 않은 국가가 자국민들의 사랑뿐 아니라 증오의 대상이 되고 있지 않은가. 이럴진대 "국가가 목숨을 요구하면 국민은 바쳐야 한다"는 헤겔의 입장은 과연 동의를 얻을 수 있을 것인가? 혹시 헤겔의 이러한 국가관이 전체주의의 혐의를 쓸 위험은 없는가?

이러한 공격에 대한 헤겔의 답변 전략은 이후의 헤겔주의자들에 의해 꽤 개발되어 있겠지만, 이 자리에서 이야기할 수 있는 것은 '국가'에 관해 헤겔은 근본적으로 휴머니즘에 입각해 있으며, 또한 우리가 주목해야 할 의미 있는 사상은 그의 진술이 지닌 기술적 차원보다는 규범적인 차원에 있다는 점이다. '감성의 시'가 아니라 '이성의 산문'이, 즉 법이 모든 자연적 요소 위에 있으면서 각자의 이해관계가 합리적으로 조정되고, 나아가 성, 종교, 인종 등의 차이와 전적으로 무관하게 그 나라의 국민이라는 단 한 가지 이유로 모든 국민이 동일한 권리를 지닌다는 등의 국가에 대한 그의 설명들은 오늘날 독일을 비롯한 이른바 '사회국가Sozialstaat'를 지향하는 나라들에서도 언제나 미완성의 이념으로 설정되어 있지 않은가. 물론 헤겔이 이성과 이념이 당대의 프러시아에서 이루어진 것으로 생각했었음을 보여주는 전거도 발견되지만, 우리가 헤겔의 국가관을 현대적 맥락에서 규범적 개념으로 변용해 받아들이는 것에는 큰 무리가 없어 보인다.

특히 한 국가의 구성원끼리의 자유경쟁을 충분히 허용하면서도, 그 과정에서 부득이하게 발생하기 마련인 패자들에 대한 배려 및 경쟁의 출발선상에서부터 불리함을 안

고 있는 구성원들에 대한 배려가 선한 의지를 지닌 개인
들의 사적인 의지나 결심 - 이것의 발휘는 기본적으로 우
연적이고 개별적이다 - 에 의하지 않고 이미 주어진 확고
한 법질서 - 반대로 이것의 집행은 기본적으로 필연적이
고 보편적이다. 따라서 이것이 사적인 차원의 의지나 결
심보다 범주적으로 우월하다 - 에 따라 수행되는 것이 그
가 말하는 '국가'라는 것은 참으로 매력적이지 않은가.

역사란
무엇인가
?

역사는 자유의식의 진보이자
자유 개념의 발전

이성의 자기실현,
그러나 만드는 것이 아니라 쓰는 것

역사는 자유의식의 진보이자
자유 개념의 발전

—최신한

역사의 발전은 자유에 근거한다

헤겔은 역사를 발전하는 것으로 본다. 역사는 궁극적으로 완성되며 반드시 그 이념에 도달한다는 낙관적인 입장이다. 역사는 "자유의식의 진보"[55]이며 "자유 개념의 발전이다."[56] 역사의 완성은 바로 이 진보과정의 종결을 뜻한다. 그러므로 역사의 완성은 곧 역사의 종언이다. 그렇지만 역사의 종언은 부정적인 의미로 쓰이는 역사의 종말이나 지구의 종말을 뜻하지 않는다. 오히려 더 이상의 진보가 요구되지 않는 상태, 즉 완전한 자유의 상태를 말한다.

역사를 '자유의식의 진보'라고 규정하는 헤겔의 설명 방식은 특징적이다. 고대 중국에서는 군주 한 사람만 자유로웠고 그리스와 로마세계에서는 소수만이 자유로웠다면, 근대에는 모든 개인이 자유를 누린다. 한 사람이 자유로운 시대로부터 모든 사람이 자유로운 시대로 이행하는 것이 역사다. 그리고 이러한 의식을 소유한 사람이 진정한 자유인이며 동시에 역사의 주역이다.

헤겔에 의하면 자유는 '자신에 관한 앎'을 뜻한다. "자기를 현실화시키는 무한한 필연성을 자체 안에 담고 있는 것은 오직 그 자체 안에 깃들어 있는 자유다." 그리고 자유는 자기 목적을 가지며, 이것이 "정신의 유일한 목적"이다.[57] 자유가 정신의 유일한 목적이므로 정신적 존재인 인간은 매순간 자유를 추구하며 또 추구해야 한다. 그렇지 않는 한 인간의 인간성은 사라질 수 있다. 자유는 인간존재의 장식물이 아니라 그 본질적 요소다. 따라서 자유를 성취하는 삶은 발전적인 삶인 반면, 자유가 억압당하는 삶은 비인간적인 삶이며 뒷걸음치는 삶이다. 역사의 발전이 자유에 근거한다는 사상은 헤겔 역사철학의 핵심이다.

자유의식이나 자유 개념은 인간의 이성과 밀접한 관계를 갖는다. 자유의식은 이성 없이 존재하지 않는다. 자유의식은 이성의 의식이며, 자유 개념은 오로지 이성으로부터만 정립될 수 있다. 그러므로 세계사의 발전은 곧 인간이성의 발전이며, 역사의 완성은 이성의 완성이다. 이런 맥락에서 역사의 종언은 현실 속에서 이성이 완전하게 실현되는 사실을 뜻한다. 현실 속에서 이성의 완성을 성취하는 것은 곧 이성과 현실의 일치다. 이성은 인간내면의 활동성일 뿐만 아니라 현실과의 동일성이다. 이성과 현실의 동일성에 이르는 과정에 고통이 수반되지만, 이를 완성시키는 것이 바로 자유다.

자유에는 두 가지 규정이 있다. 하나는 "자유의 내용, 즉 자유의 객관성과 사실 자체"라면, 다른 하나는 "주체가 스스로를 활동적으로 인식하는 자유의 형식"이다.[58] 역사 발전에서 특히 중요한 것은 자유의 형식이다. 자신이 자유롭게 활동한다는 사실을 인식하는 주체는 자유의 상태에 있다. 이러한 자유 상태를 매순간 확인할 수 없다면 그 삶은 정체되어 있다. 자유의식은 삶의 정체를 비판한다. 삶에 대한 비판적 파악과 자유의 확인이야말로 역사를 발전시키는 원동력이다. 이런 점에서 자유의식과 비판적 반성은 불가분리적이다. 깨어 있는 의식 없이 비판이 없으며, 비판 없이 자유의 성취는 없다. 비판적 반성은 이성 자신에 대한 반성이며 현실에 대한 반성이다. 더 나아가 이성적 주체와 현실의 관계에 대한 반성이다. 삶의 진정한 발전은 깨어 있는 이성과 이 이성의 현실 파악에서 비로소 가능하다.

한 사람의 자유에서 모든 사람의 자유로 이어지는 역사 발전

자유를 중심으로 볼 때 역사 발전의 대표적인 사례는 종교개혁과 프랑스혁명이다. 종교적 자유와 정치적 자유의 쟁취는 역사의 진보를 명백하게 보여준다. 두 사건에서 똑같이 확인되는 것은 개인의 자유의식이 공동체의 자유의식으로 확산된 것이다. 그러나 민주주의 정체를 갖고 있는 국가가 모두 역사적으로 발전하는 것은 아니며 이 국가의 국민이 모두 자유로운 것도 아니다. 모든 국민이 자유의식을 현재적으로 실현하지 않으면 그 국가는 오히려 퇴보한다. 모든 국민이 누리는 보편적 자유가 달성되어야 하는 것이다.

한 사람의 자유가 모든 사람의 자유로 변화한다는 것은 한 사람이 영웅인 시대로부터 모든 사람이 영웅인 시대로 변화하는 것이라 할 수 있다. 헤겔에게 역사적 영웅은 자유의식을 소유한 사람이다. 영웅의 행동은 곧 "정신의 최고 행동"으로서 그 자체가 역사다. 영웅의 행동은 "몽롱한 의식을 세계사로 끌어올리는 인간정신"[59]의 행동이다. 그러므로 영웅과 같은 "절대적 개인은 상대적 개인의 내적 존재와 그의 외면성을 연결하는 객관적-보편적 중심이다."[60]

절대적 개인이 세계를 변혁시키는 중심이라면 그 가운

데는 이미 이성이 개입하고 있다. 헤겔은 이것을 "이성의 간지姦智, List"[61]로 부른다. "이성은 지혜롭게 관여하는 만큼이나 힘이 있다. 전반적으로 간지는 매개하는 활동성이다."[62] 그런데 헤겔이 독특하게 묘사하는 이성의 간지는 곧 신의 섭리다. "신의 섭리는 세계와 세계의 과정에 대해 절대적 간지로 관계한다."[63] 신은 인간의 정열과 관심을 용인하지만 이 가운데 개입해 자신의 뜻을 성취한다. 이성은 이러한 개입과 성취의 주체다. 한 사람의 자유에서 모든 사람의 자유로 이어지는 역사의 발전은 인간의 정열과 신적 이성의 공동작품이다. 유한한 인간이 만들어내는 역사적 사건들은 "특수한 민족정신의 변증법"을 묘사하지만, 이성의 간지에 미치지 못한다. 오히려 개별 민족 가운데 일어나는 역사적 사건들은 "세계심판"[64]이기도 하다. 세계사는 세계심판을 거치면서 진정한 자유와 이념에 도달한다.

'세계심판'은 프리드리히 실러의 시에 나오는 말이다.

지혜로운 발견자에게 두 가지 꽃이 핀다 / 이 꽃은 희망과 만족이다
이 꽃 가운데 하나를 가져온 사람은 / 다른 꽃을 욕망하지 않는다

228

믿을 수 없는 사람은 향유하라 / 가르침은 세계와 같이 영
원하다
믿을 수 있는 사람은 향유하지 않는다 / 세계사는 세계심
판이다[65]

실러는 개인이 체념을 통해 세계를 지배하고 하늘의 상
속자가 된다고 생각한다. 헤겔은 실러의 생각을 수용하면
서 이를 개인 차원을 넘어서 세계사와 연결시킨다. 세계
사와 세계심판의 연결은 종말론적 사유의 구체적 표현이
다. "특수의 몰락에서 보편이 귀결된다."[66]
　헤겔의 역사철학을 자유민주주의와 연관시킨 논의가
대중의 주목을 받은 적이 있다. 역사의 종언이 "최후의 인
간"에서 성취된다는 해석이 그것이다.[67] "최초의 인간"은
자연적 욕구와 패기를 갖고 출발한다. 그가 노동을 통해
욕구충족을 이루고 다른 사람으로부터 인정받으면 "최후
의 인간"이 된다. 욕구충족은 자연의 속박으로부터 놓여
난 자유이며, 사회적 인정은 인간의 지배로부터 놓여난
자유다. 노동과 상호인정을 통해 인간은 최고 상태에 도
달한다. 여기서는 인간이 발전시켜야 할 영역이 더 이상
존재하지 않는다.
　그런데 역사가 경제적 욕구와 사회적 욕구를 통해서만

결정될까? 이것은 역사에 대한 흥미로운 해석이지만 그 자체가 완결적인 것은 아니다. 경제적 욕구를 충족시키고 사회적 인정을 달성하는 것만으로 인간 삶이 완성되는 것은 아니다. 경제와 사회의 제도적 주체인 국가만이 역사의 주역이 될 수 없다. 사람들의 관심은 사회와 국가만을 향하지 않는다. 그 관심이 무엇이든 역사는 삶의 제반 영역과 연관되어 있다. 헤겔에서 배울 수 있는 것은 삶의 전체영역을 관통하는 원리가 자유라는 사실이다. 삶과 역사의 추동원리가 자유지만, 그것은 개인의 자유에만 국한되지 않으며 신적 자유로까지 연결된다. 사회적 갈등의 해결이 개인과 사회의 관점에만 묶여 있을 때 해당 사회는 역사 발전과 무관할 수 있다. 전체적 관점은 여전히 중요하다.

이성의 자기실현,
그러나 만드는 것이 아니라 쓰는 것

—권대중

직진만 하도록 프로그램된 역사?

앞서 살펴본 헤겔의 국가관에 대해 반론이 제기될 수 있는 것은, 그가 말하는 '국가'가 한편으로는 이념적 차원에서 규범적 기능을 수행하는 개념이면서도, 다른 한편으로는 특정한 시간과 공간에 한정된 현실의 국가와 종종 동일시되기도 하기 때문이다. 결국 이 문제는 역사에 대한 그의 독특한 입장에서 비롯되는데, 쟁점의 근원이 되는 그 주요 내용들은 다음과 같다.

먼저 헤겔의 역사관은 진보적·발전적 역사 진행 모델을 채택하고 있을 뿐 아니라, 그러한 모델의 원천을 고난도의 논리학적 형이상학에 두고 있다. 그에게 세계사란 자유이념의 실현, 즉 만인의 자유실현을 목적으로 전진해가는 과정에 다름 아니다. 더욱이 그의 객관적 관념론적 통찰에 따르면 이러한 전진의 과정은 전적으로 이성적이다. 그래서 세계사는 개념의 자기운동이며 정신의 자기실현이라고 규정되며, 또한 현실적인 것은 이성적이고 이성적인 것은 현실적이라고 일컬어진다. 순수한 논리적 이성의 영역에서 가장 완전한 범주는 바로 절대이념이다. 그리고 절대이념은 그 형이상학적 지위의 면에서 보면 자연과 인간 영역의 모든 대상과 모든 사건의 궁극적 근원이며, 그 내적 구조의 면에서 보면 개념의 완전한 무모순적 자기 일치, 즉 '반성성Reflexivität'이라 불릴 수 있는 완전한 자기관계. 따라서 절대이념이 자신의 반성성을 역사라는 현실의 장에서 실현하는 것이 바로 정신의 자기실현으로서의 자유실현이다.

그의 규범적 진리관에 의거할 때 그가 역사에 등장한 각종 형태의 세계에 대해 던지는 물음은 '이 세계는 과연 세계가 응당 존재해야 하는 바 그대로 존재하는가?'라는 것이며, 이때 그 판단의 준거틀이 되는 것이 바로 자유의 보편적 실현의 정도다. 그리고 자연 영역에서 자유 내지 주체성의 실현이 무생물 단계에서 최고의 고등동물 단계로 갈수록 더 확연해지듯이, 역사 영역에서도 자유실현은 머나먼 과거에서 '지금 우리 시대로 오면 올수록' 그 완성도를 더해간다는 것이 헤겔의 신념이다.

232

이에 대해 우리가 곧바로 그리고 그리 어렵지 않게 제기할 수 있는 의문은, 역사라는 것이 과연 헤겔이 말하는 것처럼 단선적이고 진보적인가 하는 것이다. 그는 역사는 자유이념이 점증적으로 그 현실성을 획득해가는 과정이라고 한다. 구체적으로 그 과정은 한 사람을 위한 자유로부터 소수 및 다수를 위한 자유를 거쳐 만인을 위한 자유를 향해 가는 과정이다. 대체적으로 볼 때 저 먼 과거의 절대왕정으로부터 민주주의가 적어도 정치이념의 면에서 꽤 보편화되어 있는 오늘날까지의 역사 전개를 보면 헤겔의 생각이 전적으로 틀린 것은 아니라고 할 수도 있다. 하지만 이에 대해 당장에 떠오르는 의문은, 만일 그의 말이 옳다면 꽤 가까운 과거에 벌어진 두 차례의 세계대전이나 홀로코스트, 킬링필드도, 그리고 오늘날 더욱 그 위험성이 커진 테러리즘 같은 것들도 이른바 '궁극의 관점에서 전체적으로 보자면' 그러한 자유실현 과정에 속할 텐데, 이는 혹시 궤변의 혐의를 쓸 만큼 지나친 낙관주의가 아닌가 하는 것이다. 차라리 그보다 약 100년 앞선 사상가 비코G. Vico처럼 한편으로 이성이 지배하는 세계를 우월하게 설정하면서도 다른 한편으로는 새로운 야만의 단계의 도래 가능성을 열어둔 순환적 역사관이 더 설득력 있어 보이기도 한다.

헤겔 역사관의 냉혈성과 보수성

그런데 직선적이건 순환적이건, 헤겔의 역사철학처럼 일정한 목적론적 세계관에 입각한 역사관에 대해서 일반적으로 제기되는 또 하나의 근본적이고 유의미한 물음은, 설사 방금 열거한 최근의 야만적 사건들이 훨씬 더 큰 차원에서 보았을 때 올바른 과정에 속하는 작은 굴곡이라고 양보하더라도, 그 과정에서 희생되는 하나하나의 삶들의 억울함에 대해 거대담론가 헤겔은 너무 무관심하지 않은가 하는 것이다. 역사라는 것이 어떤 신적 이념이 실현되는 과정이라 할지라도, 그리고 그 과정에서 일어나는 생명의 희생들이 '영원한 관점에서 보자면sub specie aeternitatis' 거대한 역사의 목적에 비해 혹시 하찮거나 사소하게 보일 수도 있고 또 어떤 무책임한 냉혈 정치인처럼 '부수적인 피해collateral damage'로 여겨질 수도 있을지 모르나, 역으로 그 하나하나의 생명은 그 주인들에겐 'N분의 1'이 아니라 '전체'이거나 최소한 '이 세계의 절반'의 가치를 지니는 것이다. 물론 이에 대한 시원한 답은 여전히 주어지기 어렵겠지만, 이는 역사 자체를 단순히 일어나는 사건들의 종합으로 보지 않고 어떤 특정한 결말을 향해 가도록 프로그램화되어 있는 것으로 보는 역사관을 개진할 때 반드시 고려해야 할 문제인 것만은 틀림없다.

234

다음으로 지적할 수 있는 것은, 헤겔의 역사철학을 포함한 객관정신철학은 물론 방금 밝힌 것처럼 상당히 진보적인 성향을 지녔지만(바로 그 이유로 한국에서도-그의 체계의 내적 정합성 문제와는 별도로-특히 80년대에 꽤 많은 독자들을 매혹시켰다), 이러한 진보성을 무색케 할 수 있는 보수적인 면모 또한 다분히 지니고 있다는 점이다. 그의 보수적 성향은 다음과 같이 개괄할 수 있다.

첫째, 헤겔의 역사관은 시간적으로나 공간적으로나 편협하리만치 자기중심적이다. 즉, 시간적으로는 그가 살던 바로 그 시대가, 공간적으로는 그가 살던 바로 그 장소가 그가 설정한 역사의 목적이 비로소 이루어진 지점이라는 것이다.[68] 앞에서 우리는 헤겔의 국가관 및 그 안에 포함된 역사관을 규범적인 차원에서 받아들일 때 헤겔 철학이 현실성을 여전히 지니고 있을 것이라고 말한 바 있다. 그러나 헤겔은 역사의 목적이나 국가의 개념을 규범적으로뿐 아니라 종종 기술적으로도, 즉 눈앞의 현실에 대한 객관적 진술로도 사용하고 있다. 즉 '오늘날의 이 세계는 세계가 응당 존재해야 하는 바대로 존재하는가?'라는 질문에 대해 그는 "지금의 프러시아가 바로 그렇게 존재한다"라고 여기기까지 한다.

둘째, 그의 이러한 역사적 자기중심주의는 다른 시대

와 지역을 역사의 주변부로 유배 보내거나 아니면 자신의 시대와 장소에 이르기 위한 저급한 선행단계로 보도록 한다. 이는 이를테면 독일판 또는 헤겔판 '중화주의'라고도 볼 수 있다. 가령 21세기 현재 새로운 중화주의에 몰입하고 있는 중국도 헤겔의 역사철학에서는 '영원한 과거'에 속할 뿐이며, 세계정신이 당대의 프러시아를 향해 전진할 때 필수적으로 지나쳐야 했던 역사의 여명기로 평가될 뿐이다. 그리고 공간적으로도 이러한 운동은 불가역적이라는 것이 헤겔의 입장이다. 동쪽에서 시작된 세계정신의 자기운동이 서진을 거듭해 드디어 목적지에 도착했다는 것이다. 그래서 아시아는 이제부터는 지속적으로 유럽의 지도를 받아야 한다고 본다. 지구가 둥글다는 것을 누구보다도 잘 알았던 헤겔이 역사철학에서는 지구에 마치 이쪽 절벽과 저쪽 절벽이 있는 것처럼 말하고 있는 것이 혹시 아닌가?

셋째, 이러한 당대중심주의로 인해 그는 익히 알려진 이른바 '역사의 종언Ende der Geschichte' 테제에 이르게 된다. 역사의 목적이 실현되는 지점이 멀건 가깝건 어떤 미래가 아닌 바로 그가 살던 그 시대라면, 그리고 그럼에도 불구하고 세계가 종말에 이르지 않고 시간적으로 계속 존재한다면, 그 이후의 시간은 어떻게 말해져야 하는가? 우리

236

가 살고 있는 지금 이 시대까지 포함해 헤겔의 시대 이후의 모든 미래는 그의 입장에서는 이성의 어떤 더 이상의 전진도 기대할 수 없고 또한 기대할 필요도 없는, 이미 이루어진 역사적 완성태의 지속일 뿐이다. 아주 예외적으로 그는 유럽의 서쪽에 위치한 아메리카 대륙에서 어떤 새로운 기대의 가능성을 넌지시 시사하지만 더 이상 상론하지 않는데, 왜 그럴까?

넷째, 그의 역사철학에 내재하는 특히 보수적인 요소로서 지적될 수 있는 것이 바로 이론지상주의Theoretizismus에 입각한 과거주의Passatismus다. '이론지상주의'란 철학의 전통적인 세 과제인 이론theoria, 제작poiesis, 실천praxis 중에서 이론을 가장 우위에 두는 태도를 말한다. 즉, 사물이건 사람이건 대상을 변화시키거나, 그것과 나와의 실질적 관계를 행위를 통해 바꾸는 것보다도 그 대상을 개념적 파악을 통해 올바로 인식하는 것이 정신의 최고 과제를 수행하는 것이라는 입장이다. 사회, 정치, 경제, 법, 역사 등을 망라하는 '객관정신'보다 절대적 진리를 인식하려는 예술, 종교, 철학을 '절대정신'이라 부르며 체계의 맨 뒷부분 즉 최고 단계로 설정하는 헤겔의 체계구성 방식에도 이러한 태도가 잘 드러난다. 더욱이 『법철학』 서문에 나오는 그의 말은 우리에게 아주 잘 알려져 있다.

철학은 언제나 너무 늦게 온다. 즉 세계에 대한 사상으로서의 철학은 현실이 그 형성 과정을 완성하여 확고한 모습을 갖추고 난 다음에야 비로소 시간 속에 나타난다. 개념이 가르쳐주는 이러한 사실은 역사에서도 또한 필연적으로 드러나는바, 관념적인 것은 현실이 무르익었을 때에야 비로소 실재적인 것에 맞서 나타난다. 게다가 관념적인 것은 실재의 세계를 그 실체 속에서 파악하여 하나의 지적 왕국의 형태로 건립한다. 철학이 현실의 잿빛을 잿빛으로 그려낼 때 삶은 이미 늙은 모습이 되어버렸으니, 이러한 잿빛으로 그린 잿빛으로 삶의 모습은 더 이상 젊어지는 것이 아니라 다만 인식되는 것으로 그칠 뿐이다. 미네르바의 부엉이는 황혼이 깃들 때에야 비로소 날기 시작하는 것이다.[69)]

현재보다 더 나은 미래를 위한 방향제시와 같은, 우리가 일반적으로 '규범적' 또는 '향도적'이라고 부르는 철학의 기능에 대한 헤겔의 관심은 사라져버린 것일까? '나는 무엇을 마땅히 행해야 하는가?Was soll ich tun?' 이는 칸트가 던진 실로 중대한 실천철학적 물음이다. 그런데 이에 대해 철학자 헤겔은 "역사 속에 실현되어온 이성을 인식하라"는 이론 영역에 관한 대답을 하는 셈이다. 그에게 역사는

'만드는 것'이 아니라 '쓰는 것'일 뿐이기에 말이다.

이성의 간지

마지막으로 '미네르바의 부엉이Eule der Minerva'만큼이나 익히 알려진 것이 이른바 '이성의 간지奸智, List der Vernunft, cunning of reason'라고 불리는 역사진행 방식인데, 이 역시 헤겔 역사철학에 대한 해석과 평가에서 언제나 논란거리가 되고 있다. 이미 말했듯 헤겔에게서 역사의 진행은 사건들의 불규칙한 병렬과 연속이 아니라 자유의 보편적 실현이라는 특정한 목적의 달성을 향해 가는 고도의 이성적이고 거대한 프로그램에 의해 이루어진다. 이 프로그램은 완전할 뿐 아니라 막강한 것이기도 하다. 그래서 그 안에서 태어나고, 죽고, 이러저러한 행동을 하고, 이러저러한 생각을 하는 무수한 이러저러한 인간들 가운데 이 역사의 프로그램에서 자유로운 자는 없다. 물론 각자는 나름대로 자신의 자유로운 의지나 욕구에 따라 선행도 하고 죄도 짓고, 사랑도 하고 투쟁도 하겠지만, 결국은 이성이 정한 바에 따라 역사를 실현하는 데 도구로 쓰일 뿐이다. 카이사르도, 나폴레옹도 마찬가지다. 세계정신의 담지자들은 종종 자신이 이성의 거대 기획에 참여하는지 전혀 모른 채 이성이 부과한 과제를 훌륭히 수행한다. 최대한 자신의 개별적 욕구를 발휘해도 결국은 이성의 기획을 완성하는 데 봉사하는 것이 된다. 이러한 방식의 역사 해석은 실로 불편함을 야기한다.

예컨대 히틀러, 이토 히로부미, 밀로셰비치 등 역사의 많은 지점에서는 영원히 용서받지 못할 악행을 저지르는 자들이 있는데, 이에 대해 '이성의 간지'라는 사고 모델은 그들에게 책임을 묻게 할 수 있는 근거를 그다지 성공적으로 제공하지 못한다. 빌라도의 사형 판결이 인간의 구원을 위한 불가피한 과정이듯, 혹시 이들도 이성의 자기 실현 과정에 동참하는 필수적인 악역이라고 항변할 수 있지는 않은가? 물론 헤겔은, 그럼에도 개별적인 차원에서는 그들은 분명 자유의지에 따라 악행을 저질렀기 때문에 그들의 죄를 묻는 것도 당연하다고 말하지만, 결국 마지막 시점에서 '미네르바의 부엉이' 눈으로 보면 모두가 역사라는 연극에 동참한 같은 극단의 배우들이 아닐까. 게다가 '이성의 간지'에 대한 설정이 너무 강력할 경우, 그것은 오히려 역사를 비이성적으로 만들 위험이 있다. 역사의 목적이 바로 '자유'의 실현인데, 기실 자유가 실현되는 과정에서 진정 자유로운 주체는 없는 셈이니 말이다.

240

3부

생각과 행동

패자 그룹에 대한 배려는 자유주의 국가에서는 개인적 선의에 의존할 수밖에 없는데, 개인적 선의는 우연성과 불안정성 및 예측불가능성 등에 지배된다. 반면 공동체주의적 사회국가의 경우 그 배려는 사적 차원에서의 선의의 발휘 여부와는 상관없이 철저히 공적 차원에서 이미 확정된 법 규정에 따라 '자동적으로' 수행된다. 이때 자유주의적 선의는 '아름답게' 보이는 반면 공동체주의적 조치는 '정당하게' 보인다. 그렇다면 우리는 이 두 길 중에서 어떤 길을 선택해야 할까? 아니면 어떤 새로운 길이 혹시 있는 것일까?

왜
일을 하는가
?

인간의 얼굴을 한 공동체를
가능하게 하는 '노동'

소외된 노동을 통한
간주관적 보편성의 달성

인간의 얼굴을 한 공동체를
가능하게 하는 '노동'
—최신한

일은 자연적 인간을 인륜적 인간으로 바꾼다

인간의 삶과 노동은 불가분리적이다. 일하지 않는 자는
먹지도 말라는 경구 이전에 인간은 일하지 않고 존립할
수 없다. 일은 인간 삶의 제일 조건이다. 그러나 인간의 일
은 꿀벌의 일과 다르며 생존을 위한 일로 끝나지 않는다.
일은 애당초 육체적 본능 차원을 넘어서며 사회, 문화, 역
사의 형성으로 이어지는 정신적인 것이다. 헤겔은 이 정
신적인 것을 '인륜적인 것'으로 부르며 고유한 일의 철학
을 내세운다.

왜 일을 하는가? 일은 직접적이고 자연적인 인간을 진
정한 인간으로 형성한다. 일은 자연적 인간을 인륜적 인
간으로 바꾼다. 인륜적 인간에게 요구되는 것은 반성능
력, 언어능력, 그리고 노동이다. 반성과 언어는 이론적 능

력을 함양하며 일은 실천적 능력을 함양한다. 일은 곧 실천적 도야陶冶다. "실천적 도야는 자기를 산출하려는 욕구와 (…) 자기행위의 제약에서 이루어진다."[1] 인간은 스스로 노동하려고 하는 욕구를 가지며, 이를 통해 자기를 새롭게 형성하려고 한다. 그러나 이러한 자기형성은 노동대상뿐만 아니라 노동과 관련된 타자의 영향을 받는다. 그러므로 사람들은 일을 통해 대상세계와 만나며 타자와 접촉한다.

이런 맥락에서 일과 노동은 세 가지로 나누어진다. 첫째, 노동은 봉사와 노고로서 타자를 위한 것이다. 고대사회의 노예는 주인을 위한 노동을 했다. 노예에게는 애당초 노동의 즐거움이 없으며 그 열매를 얻는 기쁨도 없다. 그는 오로지 주인을 위한 노동을 하면서 자신의 생명을 유지한다. 봉사와 노고로서의 노동은 자기존립을 위해 타자를 인정하지 않을 수 없다. 이러한 타자인정은 자기인정에 이르지 못하며 오로지 타자를 위한 봉사에 그친다. '주인과 노예의 변증법'에 묘사된 노예의 노동은 주인에 대한 공포에서 나오는 섬김의 노동이다. 오늘 우리 사회에서 뜨거운 논쟁거리가 된 '갑을관계'에서 을이 타자를 위한 섬김의 노동을 강요받는다면 이는 전근대사회의 모습을 벗어나지 못한 현상이다.

둘째, 노동은 반성적 자기실현의 마당이다. 노동 주체는 노동을 통해 자기를 발견하고 자기 스스로를 독자적 개체로 인정한다. 반성적 자기실현으로서의 노동은 인간의 인간성을 향상시킨다. 노동은 자연과 인간을 통합하는 중심이며, 이 중심은 반성적인 특성을 갖는다. 노동을 통해 인간의 목적이 자연 가운데 실현되기 때문이다. 동물의 욕구가 자연적, 본능적 목적의 실현이라면 인간의 욕구는 정신적 목적의 실현이다. 노동을 통해 실현되는 인간의 욕구는 직접적인 것이 아니다.

실천적 의식은 한편으로 자신을 자신의 대립물로 산출하고 다른 한편으로 대상적 존재와 현실의 통합을 의식한다.[2]

이것은 본능적 노동을 넘어서는 자기의식적 노동이다. 자기의식적 노동은 대상 속에 사유의 형식을 각인하는 노동이다. 인간은 노동을 통해 자기의식적 상태에 도달하며 자연도 정신적 존재로 바꾼다.

노동하는 인간은 산출활동을 통해 자신의 반성적 욕구를 충족시킨다. 이로써 제작물은 자연적 현실이 아니라 인간적 현실이 된다. 이것은 인간의 욕구가 실현된 경제적 현실과 사회적 현실이다. 노동하는 인간은 자연적 존재에서 정신적 존재로 고양되는 것이다. 그는 정신적 존재이므로 본능이나 욕구에서 나오는 개별적 규정을 벗어나며 보편적 규정을 획득한다. 이 보편적 규정은 노동하는 인간의 반성활동에 기인한다. 인간은 노동을 통해 자기를 정신적 존재로 인정한다.

셋째, 노동은 사람들 사이의 상호인정을 가능하게 한다. 개인은 욕구충족을 위해 노동하지만, 이것은 개인만을 위한 노동이 아니라 타자를 위한 노동이기도 하다. 헤겔은 이러한 노동의 계기를 '자기부정' 개념을 통해 설명한다. 개인은 자기만의 욕구와 욕구충족의 사이클을 벗어남으로써, 즉 자기를 부정함으로써 결국 타자를 위한 노동을 한다. 자기부정은 자기의 욕구에 대한 부정인 동시에 타자의 욕구에 대한 인정이다.

> 욕구를 위한 개인의 노동은 자기 욕구의 만족과 마찬가지로 타자 욕구의 만족이며 자신의 만족은 오로지 타자의 노동을 통해 성취된다.[3]

노동을 매개로 나와 타자의 욕구가 동시에 충족된다. 이런 점에서 "개인이 갖는 전체 욕구의 만족은 곧 만인의 노동이다."[4]

개인은 자신의 특수한 욕구를 충족시키기 위해 노동하지만 무의식적으로 타자를 위해서 노동한다. 개인의 노동은 동시에 모두의 노동이 된다. 개인의 특수한 욕구는 특수한 욕구로 고립되지 않고 집단의 욕구로 형성되며, 특수한 욕구충족도 집단의 욕구충족으로 귀결된다. 노동을 통해 얽혀 들어가는 개인과 개인의 관계는 이런 맥락에서 상호인정의 관계로 발전한다. 개인은 자신의 노동을 통해 욕구를 충족시키는 동시에 타자의 노동을 통해서도 욕구를 충족시키기 때문이다. 이러한 현상은 타자에게도 똑같이 일어난다. 노동을 통해 자기를 발견한 개인이 자신을 인정하듯이, 그는 타자의 노동을 통해 자기를 발견할 때 타자를 인정하지 않을 수 없다. 자기인정으로서의 노동은 자연스럽게 상호인정으로서의 노동으로 진행한다. 이렇게 해서 개인과 전체는 "전면적 의존체계"[5] 속에 있다.

노동의 결과는 자기소유만이 아닌 것

왜 일을 하는가? 일은 인간의 삶을 존립시키는 동시에 본능적인 존재를 정신적인 존재로 변모시킨다. 일은 자연적 인간을 사회적 인간으로 고양시킨다. 사회적 인간은 정신으로 고양된 인간이다. 그러므로 올바르지 않은 사회에서는 인간의 정신성을 확인할 수 없다. 인간은 일을 통해 자기를 정신적 존재로 인정하고 더 나아가 타자를 자신과 같은 존재로 인정한다. 그리고 개인은 일을 통해 자신이 다른 개인과 근원적으로 결속되어 있다는 사실을 깨닫는다. 일을 하면서도 이를 망각하는 사람은 사사로운 이익만을 추구하다가 몰락한다. 일은 주체가 자기 자신과 만나는 지점인 동시에 다른 사람과 접촉하는 마당이다. 일을 통해 자기존재에 대해 각성하며, 일을 통해 타자와의 관계를 깨닫는다. 그러므로 일은 단순히 생존을 위한 노동에 그치지 않는다. 일을 통해 인간과 인간의 관계를 깨닫게 된다는 점에서 일은 '인륜'의 중심이다.

바른 직업윤리는 개인이 타자를 정신적 존재로 인정하는 데서 출발한다. 정신의 운동은 자연적 욕구를 사회적 욕구로 바꾸며 상대방을 욕구대상에서 인정대상으로 인식하게 한다. 상호성과 상호인정이 유지되는 사회는 인간성을 지켜낼 수 있다. 그러나 양자가 상실된 사회는 인간성을 상실하며 그 결과 억압받는 인간에 대해서도 침묵한다. 그러므로 일은 개인 영역에 국한되지 않는 사회윤리와 국가윤리를 요구한다. 일은 인간성을 보존하고 향상시키는 공동체윤리의 중심에 있다.

헤겔은 인간이 '전면적 의존체계' 속에 있다고 규정하

면서 노동과 공동체 간의 관계를 꿰뚫어보고 있다. 노동 문제를 도외시하는 공동체는 인간성을 중시하는 공동체가 아니다. 노동은 인간에게 인간다움을 발견하게 할 뿐 아니라 인간의 얼굴을 한 공동체를 가능하게 한다. 노동의 결과를 자기소유로만 생각하지 않는 것이 헤겔의 노동 윤리다.

우리가 하는 일은 개인적인 것인 동시에 공동체적인 것이다. 노동의 의미는 서로를 위한 공동체의 노동에서 분명하게 드러난다. 노동은 물질적 가치만이 아니라 정신적 가치도 포함하므로, 노동은 사회경제적 차원과 더불어 윤리적 차원과도 연결된다. 현대사회에서 일은 상품생산과 더불어 일 자체의 즐거움과 정신적 만족까지 채워줄 수 있어야 한다. 노동은 당연히 개인을 보존하고 소유를 확대하는 수단으로 기능하며, 더 나아가 각자의 고유한 능력으로 사회에 기여한다는 정신적 만족의 기능을 수행한다. 이러한 노동의 능력은 눈에 보이지 않는 조화를 이루면서 시민사회를 새롭게 형성한다.

노동의 정신적 측면은 개인의 인륜적 신념에서 쉽게 확인할 수 있다. 인륜적 신념은 개인이 고유한 노동으로 획득하는 신분의 명예다. 신분은 지배자가 강압적으로 부여한 것이 아니라 자신의 의지에 따라 결심하고 획득한 것이다. 직업과 신분은 그야말로 자유로운 선택의 결과다. 이로써 개인은 시민사회의 한 부분을 형성하고 다른 개인으로부터 인정을 받는다. 이러한 생각은 개인의 힘으로 사회이익에 공헌하려고 하는 괴테의 『빌헬름 마이스터의 편력시대』에 나타난 주제와 흡사하다. 여기서 노동의 도덕성이 드러난다. 개인은 자신의 행위에 대해, 그리고 자신의 특수한 욕구와 복지의 목적에 대해 성찰하는 것이다.[6] 이를 통해 개인은 아주 구체적인 방식으로 실제적 보편으로 편입된다. 신분이 없는 인간은 시민사회의 실제적 보편과 무관하며 한갓된 사적私的 개인에 지나지 않는다.

소외된 노동을 통한
간주관적 보편성의 달성

―권대중

시민사회에서 '직업'과 '노동'

헤겔의 글들에서 '직업Beruf'이라는 말은 거의 보이지 않는다. 손으로 꼽을 수 있을 정도로 아주 드물게 이 단어가 보이는 것은 그의 무관심 때문이라기보다는 그가 몸 담았던 당시의 사회가 '직업'이라는 단어가 지금처럼 보편적으로 쓰이기 전의 단계에 있었기 때문으로 보인다. 이 단어가 의미 있으려면 기본적으로 노동분업이 상당히 이루어진 사회라야 하는데, 그 당시는 시민사회 초기 단계였기 때문에 노동분업 현상이 본격적으로 벌어지기 시작은 했지만 그것에 대응하는 개념어는 아직 보편화되지 않았을 것이다. 막스 베버가 '소명召命, Berufung'이라는 같은 어원의 단어로써 직업을 해석한 것이 '자본주의'라는 단어가 이미 낯설지 않게 된 훨씬 나중의 일이니 그 사정은 충분히 이해할 수 있다. 그럼에도 헤겔에게는 직업에 대한 통찰이 꽤 많이 발견된다. 다만 그는 '직업'이라는 단어보다는 주로 '신분Stand'이라는 말로써 직업을 둘러싼 논의를 펼친다.

직업이란 단순하게 말하면 '일'을 하는 것이다. 그런데 '일'을 가리키는 또 하나의 더 근본적인 층위의 말은 '노동Arbeit'이다. 똑같이 일을 하는 것들임에도 '직업'과 '노동'은 개념적으로 구분되어야 한다. 주목할 것은 헤겔은 '노동'을 객관정신철학 즉 사회적 차원의 주제를 다루는 분과가 아니라, 주관정신철학 즉 개별자로서의 인간을 다루는 분과에서 주제화한다는 점이다. 즉 '노동'이란 주로 주체로서의 인간과 객체로서의 자연 사이에서 벌어지는 관계 형성이거나, 다른 인간 주체가 끼어들더라도 그것은 사회나 국가라는 거대 차원에서가 아니라 개인 대 개인이라는 극히 미시적인 차원에서일 뿐이다. 그리고 노동은 일반적으로 '주체가 객체에 대해 자신의 규정을 불어넣는 것' 즉 '대상을 자기화自己化하는 것'이라고 일컬어진다. 그래서 노동을 통해 대상을 변화시킴으로써 인간은 자기 스스로를 실현한다고 말해진다.

인간의 '자아실현'이라는, 이러한 아주 기초적인 노동 개념을 굳이 이야기하는 데는 이유가 있다. 즉, 사람들은 흔히 '노동'과 범주적으로 구별되는 '직업'에 대해 '노동'이 지닌 의미와 가치를 부여하곤 하기 때문이다. 물론 어떤 사람들은 자신의 직업을 통해 자아실현을 할 수도 있다. 하지만 오늘날처럼 사회가 고도로 복잡하게 조직화된 시대에 우리는 기본적으로 자아실현과는 다른 성격의 일을 부득이하게 하는 경우가 훨씬 많다. 내가 하는 일은 대부분 '나'가 아닌 '타인'의 욕구를 충족시키기 위한 것이고, 나의 욕구 역시 내가 하는 일이 아닌 타인이 하는 일을 통해 충족된다. 즉 오늘날의 '나'들은 순전히 나 혼자서 내 식량을 얻기 위해 농사짓고, 내 옷을 만들고, 내 집을 지으면서 살 수 없다. 대신 나는 농사만 짓거나, 옷만 만들거나, 집만 지을 수 있을 뿐이다. 대신 나는 다른 일을 하는 사람들에게 내 일의 결과물을 나눠주고, 또한 내가 하지 않거나 못하는 일은 타인들이 저마다 하나씩 맡아 수행하고 나는 그 결과물을 나눠 갖는다. 즉 요즘의 우리들은 이처럼 특화된 방식으로 일을 한다. '일'과 '향유'는 기본적으로 분리된다. 이것이 바로 근대 시민사회를 통해 그 발전이 본격화된 자본주의적 노동분업이며, 이로써 '직업'이 생겨난다.

'이성의 간지'에 따라 일하고 소비하는 시민들

그렇다면 이처럼 분업화되고 그럼으로써 노동과 향유의 불일치가 일어날 수밖에 없는 특화된 노동 즉 '직업'은 인간의 자아실현을 저해하는 것이므로 우리는 저 과거의 일하던 방식을 더 동경해야 하는 것이 마땅할까? 더욱이 (헤겔도 이미 예견했듯이) 그나마 존재하는 특화된 노동마저도 갈수록 인간이 아닌 기계의 사안으로 바뀌고 있는 것이 현실이다(얼마 전에 우리는 알파고의 위대한 능력을 생생히 보았다). 그는 이미 "인간은 자신이 필요로 하는 것을 더 이상 만들어내지 않거나, 자신이 만들어낸 것을 필요로 하지 않는다"고 설명한다.[7] 이러한 소외된 노동으로 이루어진 온갖 직업군에 종사하는 오늘날 우리들의 삶은 따라서 무미건조할 뿐 아니라 매우 안쓰러워 보일 수도 있다. 그래서 요즘의 우리들은 자신의 몸으로 직접 대상을 생산해 향유하는 원초적인 노동을 체험하고자 이따금씩 일부러 시간을 내어 목가적인 삶의 기회를 찾곤 한다. 그리고 많은 이들이 '잊었던 자연과의 교감'이니 '땀 흘린 노동의 가치' 등을 깨달았다고 '보람'을 느끼곤 한다. 그러나 이는 냉정하게 말하자면 근대 이후 온갖 직업군에 종사하는 인간들이 자신의 일에서 자아실현을 진정한 의미에서 이루기가 매우 힘듦을 방증하는 현상이다. 즉 가끔씩 즐기는 목가적 삶은 노동 그 자체가 아니라, 일종의 취미생활에 속할 뿐이다. 화이트칼라들이 주말에 격한 스포츠 활동을 찾는 것과 크게 다르지 않을 것이다. 내가 나의 욕구에 상응하는 모든 것을 직접 일해서 생산하고 또 향유하는, 원초적 의미의 노동은 오디세우스나 아킬레우스 같은 고대 영웅들에게서나 가능하지,[8] 현실에서는 이미 불가능해진 지 오래다.

하지만 우리는 각자의 직업 일을 기왕이면 단순한 생계 차원을 넘어 기쁜 마음으로 하고 싶어 하는 것도 사실이다. 그래서 우리는 일종의 심리적 위안을 제공하는 '직업 이데올로기'를 필요로 하며, 실제로 우리 사회에는 그 이데올로기를 생산하고 판매하는 사람들이 또 하나의 특화된 직능인으로서 존재한다. 여러 직장에서 소양 교육이니 직업윤리 교육이니 하는 것들이 마련되어 있고 여기에 전문가라 불리는 직능인들이 이러저러한 감동적인 수사들을 통해 직장인들로 하여금 마음을 다잡고 '근면', '성실', '금욕', '소명의식' 등을 떠올리며 성실히 일하도록 이끈다.

그런데 헤겔은 이와는 상당히 다른 방향에서 직업의 의미를 추출해낸다. 먼저 눈에 띄는 것은 고대의 노동방식과 근대의 노동방식에 대한 그의 비교다. 헤겔은 고대의 노동방식에 대한 향수를 가지지 않을 뿐더러 나아가 근대적인 노동분업 및 그로 인한 생산과 향유의 분리를 오히려 바람직한 발전으로 평가함으로써 그 의미를 역전시킨다. 그리고 이러한 역전된 해석에서는 일종의 '이성의 간지List der Vernunft'에 대한 그의 생각이 반영되어 있다. 즉 노동분업이 점점 더 심화되는 시민사회에서 우리 모두는 각자의 성향이나 형편에 따라 이러저러하게 행동하지만, 실질적인 행위 주체인 우리 각자는 거대한 이성의 프로젝트 실현에 전혀 모른 채로 이바지한다는 것이다. 이러한 역전은 다음과 같이 설명될 수 있다.

첫째, '나' 개인 차원에서 노동의 완전한 자족성이 상실되는 것은, 나의 노동의 차원을 개별성으로부터 보편성으로 고양시키는 것이다. '나'를 굳이 이성적인 주체로 설정하지 않고 보다 솔직하게 '이기적'이고 사적인 욕구를 좇는 '속물적' 주체라고 인정하더라도, 나는 나의 개별적 욕구 충족을 나 스스로는 결코 충족시키지 못하고 철저히 타자의 노동에 의존해야만 한다. 그리고 나의 노동 역시 나처럼 이기적인 누군가의 욕구 충족을 위해 없으면 안되는 조건이다. 즉 우리 각자는 '이기적 욕구' 또는 '사적인 필요'라는 그리 숭고하지 않은 동기에서 저마다의 일에 종사하는데, 이러한 일들의 사회적 체계화는 우리도 모르는 사이에 '사회적 연대의 형성'이라는 꽤 고차원적인 상황으로 우리의 삶의 방식을 이끈다. 이는 사회적 연대에 대한 우리 의도의 진정성 여하와 무관하게 이루어진다. 그런 점에서 사회와 역사 즉 '객관정신'을 관통하는 이성은 우리를 '속인다.' 우리는 서로가 서로를 도구화하고 그럼으로써 사회계약이 발생하는데, 이것이 우리 삶의 차원을 개별성의 영역에서 간주관적 보편성의 영역으로 고양시키는 것이다. 헤겔이 '나'라는 개인의 차원을 부정적으로 평가하는 반면 '우리'라는 간주관적 공동체를 더 높이 평가하는 이유는 앞에서 언급된 바 있다. 즉, '나'의 본질이 주체성이라면 이 주체성은 그것의 완전성을 위해 필연적으로 간주관적 구조에 의거해야 하는 것이다.

둘째, 시민사회는 이전의 사회 형태에서와는 비교할 수 없을 정도로 구성원들의 교양Bildung 즉 지적 도야의 수준이 높으며, 이에 따라 각 구성원의 욕구 또한 단지 자연적인 상태에 머물지 않은 정신적 차원에서 발생하는 경우가 많다. 그리고 이러한 욕구들의 정신화Vergeistigung der Bedürfnisse에 상응하는 노동의 방식 또한 전래의 일체화된, 따라서 직접적이고 단순한 노동과는 질적으로 다를 수밖에 없다. 게다가 대상을 생산하는 노동으로 삶이 충족되는 단계를 이미 넘어서 있는 세계에서 다자간의 욕구를 효과적으로 충족시키기 위한 새로운 유형의 일, 즉 상업의 발달은 그 일의 훌륭한 수행을 위해 물리적 힘이나 기술뿐 아니라 고도의 오성적 능력을 요구한다. 시민사회에서 이루어지는 이와 같은 생산, 소비, 유통 등의 복잡화는 우리 삶의 방식을 더욱 더 대상과의 직접적인 교섭으로부터 해방시킨다. 그럼으로써 우리 삶의 영역 또한 '자연'으로부터 '정신'의 영역으로 더욱 더 이행한다. 그래서 한편으로는 원초적인 노동에서 느꼈던 직접적 만족을 더 이상 체험하기 어려운 우리 현실은 일견 하나의 '상실'로 여겨질 수도 있지만, 기본적으로 자연보다는 정신의 영역을 우위에 두는 헤겔 입장에서는 이러한 방식의 이행은 오히려 '전진'으로 평가된다.

요컨대 노동분업의 두 측면, 즉 불가피한 상호의존성을 통한 사회적 유대의 형성, 그리고 자연으로부터의 해방과 이를 통한 정신 영역의 심화에 일종의 이성의 간지가 작용한다는 것인데, 헤겔은 일반적으로 자본주의 폐해의 하나로 일컬어지는 과시성 소비마저도 이 이성의 간지 맥락에서 해석한다. 가령 유행을 모방하거나 타자를 능가하는 소비를 통해 자기만족을 얻으려 하는 데에는 물론 일차적으로는 자본주의적 간지가 작용한다. 우습게도 욕구 자체가 소비자가 아닌 생산자에 의해 창출되고 소비자는 유혹되어 끌려가는 것이다. 또한 '욕구들의 체계'라 불리는 시

민사회에서는 교육에 대한 욕구마저도 물질적인(즉 자연
적인) 만족을 얻기 위한 수단으로 속물화되는 측면도 분명
히 있다. 그런데 일차적으로는 이렇듯 어찌 보면 천박해
보이기도 하는 이러한 국면들을 통해 시민사회 구성원들
은 자기 스스로의 의지와는 무관하게, 그리고 자신은 전
혀 모른 채 자연적 삶으로부터 정신적 삶으로 이행하게
된다. '생존'이라는 자연적인 필요가 아닌 '인정'이라는 정
신적 필요가 우리의 삶을 이끌어가기 때문이다.

직업윤리는 개인이 아닌 사회의 사안이다

지금까지 본 것처럼 헤겔에게서 우리는 흔히 기대하는
'자기 직분에 충실하라'는 식의 직업윤리 강령이나 이데
올로기를 발견하기는 어렵다. 그는 극히 냉정하게 시민사
회의 폐해 속에서도 이성이 차근차근 자신의 계획을 말하
자면 '간교하게' 진전시키고 있음을 인식한다. 그렇다면
'직업'이라는 주제에 관한 한 헤겔은 어떤 윤리적 해답도
가지고 있지 않은 것일까 하는 의혹이 제기될 수도 있겠
다. 더욱이 이성의 간지 모델에 따라 사회와 역사를 설명
하는 것처럼, 그의 체계가 워낙 형이상학적 원리에 의거
한 거대 담론 위주로 구성되어 있기 때문에, 개인 각각의
삶에서의 아픔 같은 것에는 상대적으로 매우 둔감할 수

있는 것도 사실이다. 그런데 헤겔은 노동분업화된 사회에서 필연적으로 발생하는 여러 가지 문제들에 상당한 인본주의적 감수성을 가지고 있으며, 다만 이를 일하는 이들의 개인적 차원의 도덕성을 고취한다거나 심리적 위안을 제공한다거나 하는 방식이 아니라, 전체 사회적 차원에서 설명하고 해결하고자 한다. 즉 헤겔에게서 직업윤리는 사회철학적 거시 담론 속에 중요한 계기로 포섭된다.

앞에서 밝혔듯, 헤겔에게서 노동분업화된 시민사회에서의 직업에 대한 담론은 '신분'이라는 주제를 설명하는 과정에서 수행된다. 노동분업은 한편으로는 이성의 간지에 따라 인간의 삶의 방식을 자연으로부터 정신 영역으로 더욱 더 가까이 끌고 가는 역할을 한다. 그러나 다른 한편으로 분업화된 여러 직종은 그 종사자들을 일정한 '신분' 내지 '계층'에 편성시킨다. 우리에게 익히 알려진 변증법적 삼분법에 따라 그는 신분을 크게 1) 실체적 내지 직접적 신분, 2) 반성적 내지 형식적 신분, 3) 보편적 신분으로 개념적으로 분류하며, 1)에는 농민과 토지귀족을, 2)에는 수공업자 및 상공인을, 그리고 3)에는 군인과 관리 같은 공직자를 편성시킨다.[9] 물론 헤겔은 플라톤처럼 한 사람의 소속 계급을 국가가 정해주라는 요구는 절대 하지 않고, 직업과 신분은 철저하게 개인의 자유 선택에 의거해야 한다고 한다.

신분 또는 직업을 자유로이 선택한 개인들은 물론 '이성의 간지'라는 측면에서 보면 인간세계를 더 높은 단계로 고양시키는 데 자신도 모른 채 참여하고 있지만, 그럼에도 그들 각자의 편에서 보면 기본적으로 그들을 이끄는 본질적인 계기는 개인적 욕구에 부응하는 사익의 추구다. 그리고 사익의 추구는 기본적으로 배타적 이기주의에 의거하며, 이 때문에 시민사회를 이끄는 현실적 동력원은 바로 '경쟁'이다. 그런데 사회구성원 각자는 자신의 출신 환경, 신체적 건강, 지적 능력 등 여러 면에서 상이한 조건을 지닌 채 경쟁에 참여하기 때문에 승자와 패자가 발생하는 것은 당연한 일이다.

이때 헤겔은 '무한한 자유경쟁'과 '국가의 적극적 간섭'이라는 가능한 두 대안 사이에서 묘한 줄타기를 하고 있는 것으로 보인다. 시민 각자의 자기의사결정과 자유로운 경제활동은 결코 양보할 수 없는 권리에 속한다. 그러나 시민 각자의 삶이 근본적으로 타자들과의 상호 의존을 통해서만 성립하므로 전체적 차원에서 사회의 건강을 유지하는 것도 결코 양보할 수 없는 국가적 의무다. 이에 헤겔은 사회적 불평등의 발생을 어느 정도 불가피한 것으로 인정하면서도, 그 불평등이 패자 그룹에 속하는 사람들('하층민Pöbel'이라 불리는)의 최소한의 인간적 존엄성이나 시민으로서의 자존감까지 손상시켜서는 안 된다고 생각한다. 그 지경까지 방치하게 되면 결국 시민사회 자체의 해체가 야기될 수 있기 때문이다. 반대로 국가가 모든 것을 통제하는 것도 결코 바람직한 것이 아니다. 그것은 자유이념의 실현이라는 역사발전법칙에 역행하기 때문이다. 이 때문에 헤겔은 자유방임적인 시민사회와 국가권력 사이에서 사적 이익과 공적 안녕을 유기적으로 매개하는 행정조직으로서 경찰Polizei과 조합Korporation의 역할을 중요시한다.

헤겔이 지향하는 사회 모델은 오늘날에도 꽤나 시사하는 바가 있다. 요즘 한국경제를 이끄는 주체들이 선호하는 모델은 상당히 자유방임주의 쪽으로 경도되어 있는데, 실제로 이 모델이 가장 전형적으로 채택되고 있는 미국 사회가 역사적으로 가장 진보한 모델이라고 보기는 어렵다. 왜냐하면 총기 문제나 건강보험 문제 등의 사례에서 보이듯, 그곳에서는 아직도 삶의 많은 영역이 공적 차원보다는 사적 차원에 의해 주도되기 때문이다. 반면 헤겔이 200년 전에 제시한 모델은 현재의 유럽 선진국들이 취하는 유형의 선구로 보인다. 사회주의와 자유주의 각각의 강점을 포기하지 않으면서 공동체적 선과 개인의 자유를

262

최선을 다해 조화시키려는 노력은 '사회국가Sozialstaat'라는 개념으로 수렴되어 수행되고 있는데, 헤겔의 법철학을 읽은 이들에게는 매우 반가운 현실일 것이다.

패자 그룹에 대한 배려는 자유주의 국가에서는 개인적 선의에 의존할 수밖에 없는데, 개인적 선의는 우연성과 불안정성 및 예측불가능성 등에 의해 지배된다. 반면 공동체주의적 사회국가의 경우 그 배려는 사적 차원에서의 선의의 발휘 여부와는 상관없이 철저히 공적 차원에서 이미 확정된 법 규정에 따라, 말하자면 '자동적으로' 수행된다. 자유주의적 선의는 '아름답게' 보인다. 반면 공동체주의적 조치는 '정당하게' 보인다. 아름다움은 감성의 차원에 속하는 반면 정당함은 이성의 차원에 속한다. 그렇다면 우리는 이 두 길 중에서 어떤 길을 선택해야 할까? 아니면 또 다른 어떤 새로운 길이 혹시 있는 것일까?

사유는
무엇인가
?

사유는
곧 존재다

사유는
곧 존재다

―권대중

사유의 사유

거의 모든 철학자가 그렇겠지만, 특히 헤겔은 인간의 여러 특질 가운데 정신을, 그 중에서도 '사유' 능력에 대해 인간의 언어로 할 수 있는 최고의 극찬을 바친 사람이라고 감히 말할 수 있다. 다른 장에서 이미 인용한 바 있는, 그의 교수 취임 강연의 구절을 다시 한 번 보자.

> 정신의 위대함과 힘에 대해 인간은 아무리 크게 생각해도 충분하지 않습니다. 우주 삼라만상의 닫힌 본질은 인식의 용기에 저항할 수 있는 그 어떤 힘도 자신 속에 갖고 있지 않습니다. 그 본질은 인간 앞에서는 열려야만 하며, 그것의 풍부함과 깊이는 인간의 눈앞으로 가져와 향유될 수 있어야 합니다.[10]

여기서는 단지 '정신', '인식'이라는 다소 포괄적인 단어만 보일 뿐, '사유'라는 단어가 구체적이고 명시적으로 나타나 있지는 않다. 그렇지만 헤겔에게서 이 '정신'과 '인식'이 감성이나 상상력 같은 것이 아니라 단적으로 사유를 가리키고 있음은 분명하다. 물론 이는 감정을 인간정신의 최고 경지로 평가했던 동시대의 낭만주의 신학자 슐라이어마허와 헤겔이 학문적으로나 정치적으로나 극한 대립 관계에 있었다는 전기상의 작은 이야기에서도 드러나겠지만,[11] 무엇보다도 그의 철학 전체가 이른바 '사유의 사유das Denken des Denkens'를 궁극적 지향점으로 해서 구성되고 있다는 사실에서 잘 드러난다. 이미 아리스토텔레스의 용어로 잘 알려진 '사유의 사유νόησις νοήσεως'라는 표현은 특히 헤겔 철학에서 그러한 이중적인 단어 사용의 의미가 잘 드러난다. 그리고 난해하기로 소문난 헤겔의 사상도 이 '사유의 사유'를 제대로 이해하면 기대 이상으로 쉽게 풀릴 수 있다. 그런데 이해의 열쇠가 되는 헤겔적 의미의 '사유'를 이해하기 위해서는 일단 이 단어를 최소한 세개 층위로 나누어 분석해보아야 한다.

사유2 : 인간정신의 수행능력

첫 번째 층위에 속하는 사유는 일반적인 용법에서처럼 이

266

성이라는 인식능력을 통해 수행되는 지적 행위를 가리키며, 헤겔 역시 이러한 용법을 상당 부분 공유한다. 특히 헤겔이 위치하는 철학사적 지점이 근대였던 만큼 인간의 사유능력 및 그 기관으로서의 이성을 각별히 부각시키는 것은 결코 헤겔 철학만의 특징일 수 없다. 즉 이미 데카르트의 경우에서 잘 드러나듯, 근대철학은 그 출발부터 이성에 의한 사유를 철학의 주인공으로 등장시키면서 이루어졌다. 그리고 근대가 진행되면서 사유를 축으로 한 이성중심주의는 낭만주의나 회의주 또는 칸트주의 등과 대결 또는 제휴하는 과정을 겪으면서 그 강도가 약해지는 과정도 겪었지만, 결국에는 가장 강력한 버전의 이성중심주의라 할 수 있는 헤겔의 철학에서 그 정점에 이르며, 바로 이 지점을 철학사가들은 근대철학의 완성기라고 부른다. 또한 이 때문에 현대의 해석가들 중에는 헤겔주의를 데카르트주의의 완성이라고 보는 이들도 있다.

아무튼 이러한 일반적인 의미에서의 사유, 즉 인간의 이성이 인식을 위해 수행하는 지적 수행이라는 의미에서의 사유를 일단 '사유2'라 부르기로 하자. (처음 개념 분화를 하는 지점에서 이러한 차원의 사유를 '사유1'이라 부를 수 없는 이유는, 이어서 언급될 또 다른 층위의 사유가 더욱 근본적이고 또한 헤겔 사상의 정수를 더 잘 보여주기 때문이다.) 그렇다면 정신의 주관적 행위 또는 작용으로서의 '사유2'는 구체적으로 어떻게 이루어지는 것일까? 이에 대한 헤겔의 대답 역시 우리의 일반적인 상식과 크게 다르지 않다. 먼저, 우리는 이성을 통해 대상에 이름을 붙이고 개념을 설정하며 또한 다른 개념과 범주적으로 구분한다. 헤겔은 사유의 이러한 단계를 '오성悟性, Verstand'이라 부른다. 그리고 우리는 오성에 의해 만들어진 이름이나 개념 및 범주를 서로 연결해서 'S는 P이다'와 같은 형식의 명제를 만드는데, 이 단계의 행위를 일컬어 '판단判斷, Urteil'이라 한다. 나아가 우리는 이 판단들을 또한 연결해서 새로운 판단을 만들어낸다. 'S는 P이다'가 참이고 'P는 Q이다'가 참이면 또 다른 사실에 조회할 필요 없이 우리는 'S는 Q이다'라는 참명제를 도출한다. 이 세 번째 단계는 '추론推論, Schluß'이라 불린다.

여기까지의 설명에는 '이것이 헤겔이다'라고 부를 법한 특별한 점이 없고, 우리가 이미 익히 들어 알고 있는 상식과도 잘 통한다. 문제는 바로 사유를 구성하는 오성(또는 개념), 판단, 추론이 어떤 종류의 타당성 내지 진리치를 갖고 있는가 하는 것이다. 즉 바로 앞에서 우리는 개념이나 판단, 추론을 '만들어낸다'는 표현을 사용했는데, 그것들이 정말 '만들어지기만 한' 것인가 아니면 그 이상의 성격과 위상을 지니는가 하는 질문이 당연히 제기되어야 하며, 이에 대해 헤겔은 다른 철학자들에게서는 거의 찾아보기 어려운 대답을 내놓는다. 그것은 바로 개념과 판단과 추론은 단지 주관적인 것이 아니라 객관적이며, 따라서 어떤 만드는 행위, 즉 '구성'이 아니라 찾아내는 행위, 즉 '발견'이라는 것이다. 헤겔의 이러한 주장으로 인해 그가 속한 철학 사조는 '객관적 관념론objektiver Idealismus'이라 불린다. 그렇다면 지금까지 언급된 사유2는 무엇을 발견하는가? 이에 대해 헤겔은 여러 다양한 단어들을 답변으로 제시했지만 여기서는 그것들을 일단 '사유1'이라고 통칭하기로 한다.

사유1 : 우주의 근원적 원리로서의 객관적 사유

사유2가 객관적으로 존재하는 대상에 대한 주관적 '구성' 행위로서의 개념, 판단, 추론이라면, 사유1은 실제로 개념, 판단, 추론의 형식으로 '존재'하는, 대상의 객관적 원리다. 더욱이 헤겔은 "모든 사물들은 궁극적으로 개념이고 판단이며 추론이다"라고 말하는데, 이는 모든 객관적 대상들 및 사건들이 본질적으로 개념의 원리, 판단의 원리 및 추론의 원리에 따라 존재한다는 그의 확신을 의미한다. 흥미로운 사실은 이러한 생각으로 인해 일반적으로는 인식론적 주제로 한정되는 개념, 판단, 추론이 헤겔의 경우에는 핵심적인 존재론적 (내지 형이상학적) 범주이기도 하다는 것이다. 그리고 이를 통해 헤겔은 전통적으로 이원화되어왔던 인식론과 형이상학을 '논리학'이라는 하나의 학문으로 통합시킨다. 즉 이전까지 (스피노자와 라이프니츠 등의 소수를 제외한) 대다수의 철학자들은 우리의 인식의 법칙과 우리 밖의 사물의 존재 법칙이 서로 별개의 것이라고 믿었으며, 그 때문에 객관적인 사물세계는 궁극적으로는 미지의 대상이고 우리의 지식들은 객관적인 사실의 발견이 아니라 우리 특유의 사유방식 및 원리에 의해 구성되는 것이라고 믿었는데, 헤겔은 외부의 객관적인 대상세계와 내면의 주관적인 사유영역이 하나의 동일한 원리에 근거해 있다고 보는 것이다.

'존재의 법칙'과 '인식의 법칙'이 궁극적으로 동일하다는 이 주장은 상식 수준에서는 물론 매우 낯설고 수긍하기 어려울 수 있다. 그러나 한 가지 예만 보더라도 이 주장에 무작정 반대하기도 힘들다는 것을 알 수 있다. 가령 논리학의 여러 법칙 가운데 우리에게 잘 알려진 '바르바라Barbara'를 보면, 세 개의 전칭명제 즉 '모든 S는 P이다. 모든 P는 Q이다. 따라서 모든 S는 Q이다'로 이루어진다. 아리스토텔레스는 형식논리학을 기초지으면서 이러한 법칙은 오로지 사유를 돕는 도구이지 세계 자체에 대한 설명은 될 수 없다고 했다. 하지만 예컨대 '모든 한국인은 인간이다. 모든 인간은 죽는다. 따라서 모든 한국인은 죽는다'라는 추론은 실제의 세계에 대한 진술이 아니라 그와는 무관한 오로지 우리 인간에게 주어진 사유의 형식에 불과한가? 아니면 모든 한국인이 인간이고, 모든 인간이 죽으면, '실제로' 모든 한국인은 죽는 것인가? 이 질문에 대해 실제로 죽는다는 것이 맞는 대답이라고 생각하는 것은 별로 어렵지도, 이상하지도 않다. 존재의 영역이 사유 영역과 동일한 법칙에 지배된다는 것은 바로 이런 국면을 가리킨다. 그리고 헤겔이 "세계 속에서 우리는 정신을 발견한다"고 말하는 것도 바로 이런 예를 통해 이해할 수 있다.

앞에서 잠시 언급한 '객관적 관념론'이라는 단어를 다시 한 번 보자. 객관적 관념론의 주장은 짧게 문자 그대로의 표현에 상응하는 수준으로 말하면 '관념은 객관적이다' 또는 '객관적 세계는 관념적이다'라고 요약될 수 있지만, 이는 여전히 이해를 무척이나 어렵게 하는 표현이다. 그런데 '관념'이라는 단어를 (사유의 법칙인) '논리'로 바꾸면 객관적 관념론의 대의는 훨씬 쉽게 다가온다. 즉 '논리는 객관적이다' 또는 '객관적 세계는 논리적이다'라는 것이 바로 객관적 관념론의 주장이다. 앞에서 인용한 바 있는 『법철학』의 유명한 구절 "이성적인 것은 현실적이고, 현실적인 것은 이성적이다"도 바로 이와 맥을 같이하는 말이다. 이전의 이원론적인 사고에서는 우리의 사유가 밖에 존재하는 대상들을 따라 만들어진다거나, 아니면 존재하는 대상들이란 사실상 우리 마음에 의해 만들어진다고 여겨졌다. 한편에서는 객체의 우위를, 다른 한편에서는 주체의 우위를 주장한다. 그리고 대체적으로 전자의 입장은 실재론이라고, 후자의 입장은 관념론이라고 불리곤 한다. 하지만 객관적 관념론을 그것에 '관념론'이라는 단어가 포함되어 있다고 해서 방금 언급된 관념론과 한 무리에 넣어서는 결코 안 된다. 객관적 관념론의 주장을 그나마 가장 쉽게 풀이하자면 다음과 같이 말할 수 있다.

우리의 주관적 사유가 객관적 존재 세계를 향해 만들어지는 것도 아니요, 반대로 존재하는 대상의 세계가 우리 정신의 주관적 작용에 따라 만들어지는 것도 아니다. 가장 궁극적인 근원은 객관적인 존재의 영역도, 주관적인 사유의 영역도 아닌, 바로 객관적으로 존재하고 작용하는 논리의 영역이거니와, 객관적 존재와 주관적 사유 양자 모두가 이 객관적 논리에 따라 존재하거나 사유한다.[12]

여기에서 '객관적 논리'가 바로 사유1을 가리킨다. 사유1은 주관적 행위로서의 사유2와 객관적 대상의 영역을 함께 원리짓는다. 즉 수많은 사물들, 현상들의 총체인 대상 영역은 사유1에 따라 '존재'하고, 우리 정신이 수행하는 사유행위로서의 사유2는 사유1에 따라 '인식'한다.

사유3 : 사유2를 통한 사유1의 사유로서의 철학

그런데 헤겔은 사유1과 사유2가 완전히 일치하는 또 하나의 지평을 거론한다. 이는 바로 사유1이 사유2에 의해 인식되는 지점을 가리키며, 헤겔적 의미에서의 '사유의 사유'가 성립하는 단계인데, 지금까지 우리가 사용한 명명법을 확대 응용하자면 바로 '사유3'이라고 불릴 수 있다. 좀 더 풀어서 설명하면, 모든 물질적 및 정신적 대상 및 사건들, 즉 우주 삼라만상을 지배하고 관통하는 제1의 원리로서의 사유1이 인간정신의 최고 형태인 사유2에 의해 인식되는 단계가 사유3이다. 이를 일컬어 '사유가 사유를 사유하는' 단계라고 할 수 있겠는데, 헤겔에게서 이 사유3은 구체적으로는 바로 철학을 가리킨다.[13]

이렇게 볼 때 헤겔에게서 철학은 존재하거나 일어나는 모든 것들 가운데 가히 최고의 것이며, 자연사와 인간사 전체의 목적이라고까지 칭해질 수 있다. 다시 말해 모든 것들에 앞서 이미 존재하고 또한 모든 것들을 말미암게 하는 절대 최고원리가 바로 사유이기 때문에, 이 선험적이고 절대적인 사유, 즉 사유1은 근본적으로 실천적praktisch이거나 제작적poietisch이라기보다는 이론적인 theoretisch 것, 즉 인식의 대상으로 규정된다. 그리고 바로 이 때문에 이 사유1은 오로지 인간의 이론적 정신의 한 단계인 사유2에 의해 인식될 때, 즉 '사유가 사유를 사유할' 때 이 현실 속에서 완전히 성취된다. 이로써 사유3인 철학은 헤겔 체계의 대단원을 장식하며, 또한 개념과 사유가 헤겔 철학의 알파요 오메가라는 말은 바로 이러한 체계적 국면을 가리키는 말이다.

물론 여기에서 자세히 따져볼 것은 아니지만, '정의로운 사회'도, '평화로운 세계'도 최고의 인식을 성취하는 철학보다는 못한 위상을 차지하게 되기 때문에, 헤겔의 이러한 생각은 실로 많은 비판을 야기할 수밖에 없는 것은 사실이다. 이에 대해 우리는 헤겔의 객관적 관념론 자체를 거부할 것인가, 아니면 객관적 관념론을 그대로 받아들이더라도 방금 말해진 상당히 거북한 체계상의 결론을 피해갈 수 있는 또 다른 논법을 개발할 수 있는가 하는 등등의 의문을 던질 수가 있겠는데, 아무튼 헤겔 철학의 여러 부분이 그렇겠지만 특히 '사유'라는 주제가 헤겔의 위

대성과 한계를 동시에 드러내주는 것만은 분명한 사실이
라고 하겠다.

우연이
우리 삶을
지배하지는 않는가
?

우연을 필연의 틀에서 보려는
이성은 포기될 수 없다

우연을 필연의 틀에서 보려는 이성은 포기될 수 없다

—최신한

실제 삶은 필연과 우연의 뒤얽힘이다

누구나 자신이 선택한 삶이 올바르다고 확신한다. 그러나 이에 동의하지 않는 사람에게 이 삶은 우연적인 것에 지나지 않는다. 삶의 목적을 위해 선택한 수단도 우연적일 수 있다. 그리고 각자의 행위가 현실에 부합하거나 대립하는 것도 우연일 수 있다. 우연은 나에게 낯선 것이며 모든 사람에게 인정되는 보편적인 것도 아니다. 그래서 우연은 법칙적인 것이 될 수 없으며 특수한 것으로 남는다. 우연의 삶이 지속될 때 사람들은 불안과 동요에 휩싸이며 이를 넘어서려고 한다. 우연 너머에 있는 확고한 의미를 찾는 것이다.

우연과 필연에 대한 헤겔의 파악은 선명하다. "행위의 필연성은 그 목적이 전적으로 현실과 관련되어 있다." 이에 반해 "우연성은 의욕과 실행에 대립하는 실행함이다."[14] 필연적 행위는 의지가 현실 가운데 실현되는 행위라면, 우연은 의지와 무관하게, 심지어 의지에 대립해서 발생하는 행위결과다. 우연은 행위의 목적과 실제 삶이 분리되어 있는 것이다.

우연적 경험은 지속되지 않고 사라진다. 우연적 경험을 지속해야 할 이유도 없다. 그런데 흥미로운 사실이 있다. 우연적 경험이 사라지는 것은 실제로 특정 행위와 결합되어 있으며 이 행위와 함께 사라진다. 개인의 행위 가운데 아예 우연성이 없는 것이 아니라 우연성이 사라진 결과가 남는다. 우연은 필연에 대해 부정적인 것이며, 사라진 우연은 이 부정적인 것의 부정이다. "실제적인 개인의 개념 가운데 바로 이러한 사라짐의 사라짐이 있다."[15] 사라짐 자체가 사라진다는 것은 총체적인 행위 가운데 우연적 행위가 남긴 흔적을 표현한다. 이런 관점에서 볼 때 목적이 실행된 행위에는 필연만 있는 것이 아니라 사라진 우연의 흔적이 있다. 그러므로 실제 삶은 필연과 우연의 뒤얽힘이다.

헤겔은 우연을 항상 이성적 현실과 대비시킨다. 우연을 철학을 통해 파악함으로써 이를 이성적 현실 가운데 편입시키려고 한다. 이성은 우연적으로 일어난 일을 그대로

278

내버려두지 않고 이를 정당화하는 힘이다. 우연을 우연으로 방치하는 것은 이성의 책무를 다하지 못한 것이다. 물론 우연의 발생은 이성적 판단에 선행한다. 실제로 "우연한 것은 따져볼 겨를도 없이 생겨나는 것이어서 인륜적 의식도 이에 관한 결정을 내리는 데는 마치 주사위를 던지듯 되는 대로 따를 수밖에 없다."[16] 그러나 우연한 것에 대한 인간의 태도는 개인과 공동체의 삶에 결정적인 영향을 미친다. 우연한 것을 우연한 것으로 남겨둘 때 삶은 밀어닥치는 우연의 물결에 휩쓸릴 수 있다. 이와 반대로 우연한 것들을 제대로 이해하고 파악한다면 우연의 무의미는 사라지고 그 연관성이 드러난다. 이성적 파악에 의해 우연은 역사의 구성적 계기가 된다. 이것은 필연적 법칙에 따르는 자연과 다른 인간의 역사다.

우연은 가능성과 현실성의 통일

『논리의 학』에 따르면 "우연은 (한편으로) 우연적이기 때문에 근거가 없으며, (다른 한편으로) 우연적이기 때문에 하나의 근거를 갖는다." "이 두 규정이 보여주는 변화의 절대적 동요가 바로 우연성이다."[17] 이 동요는 외적으로 아무런 근거를 갖지 못하는 우연성과 그 자체의 근거를 요구하는 우연성의 충돌이다. 이러한 동요는 현실 속에서 우연의 운동을 만들어낸다. 하나의 가능성에 불과한 것이 스스로 현실적 근거를 요구할 때 가능성은 현실이 된다. 가능성이 가능성으로만 남아 있으면 우연적 발생도 없다. 그러나 가능성이 현실이 되려고 할 때 우연적 현실이 발생한다.

요컨대 우연은 "가능성과 현실성의 통일이다."[18] 우연성은 현실 가운데 등장한 삶의 국면이므로 이것은 이미 현실과 통합된 것이다. 그런데 현실은 필연이다. 현실의 필연성은 현실이 바로 이러한 현실로 존재할 수밖에 없는 모습이다. 이러한 필연적 현실 가운데 우연성이 포함되어 있다. "실재적인 필연성은 우연성을 포함한다. 이 필연성은 현실성과 가능성의 불안정한 타자존재로부터 자기 안으로 복귀한 것이다."[19] 이렇게 보면 절대적 필연성도 우연성과 통합되어 있다.[20] 필연성과 우연성은 대립개념이 아니다.

가장 필연적인 것을 주장하는 종교도 그 발생은 우연적이다. 그러나 이 우연이 우연으로 남아 있으면 그것은 실정實定적인 것이 된다. 실정성은 고착화된 객관성으로서 사람들의 마음을 변화시킬 수 없다. 종교의 우연성이 실정성으로 남는다면 생명력 없는 강제적 도그마를 벗어나지 못한다. 종교가 실정성을 벗어나려면 내면의 운동과 연결되어야 한다. 내면의 운동과 무관한 종교는 우연적인 것으로 남을 뿐이며 결국 정신에 침투할 수 있는 힘을 상실한다. 반면 내면성과 이성의 요구를 받아들이는 종교는 우연성을 넘어선다. 종교는 "소멸될 것이지만 높은 의미를 가지고 있으며 제약된 것이지만 성스러움을 가지고 있다."[21] 이런 고상함과 성스러움은 우연성이 내면성과 통합될 때 비로소 가능하다. 내면의 운동과 무관한 종교는 성스럽기는커녕 그 자체가 역사의 마당에서 사라질 수 있다.

우연성에 휘둘리는 삶을 넘어서려는 자유의지

헤겔은 인식에서도 필연과 우연의 뒤얽힘을 폭로한다. 예컨대 '모든 사람은 진리를 말해야 한다'는 명제는 그 자체 안에 보편적 필연성과 정당성을 지니고 있다. 그런데 '진리'가 무엇인지 모르는 사람의 경우에는 이 명제의 필연성이 우연성으로 전도된다. 필연성이 있다면 그것은 명제의 형식이 갖는 필연성뿐이다. 여기서 이 명제가 담고 있는 의미는 사라진다. 이 명제는 진리가 무엇인지 아는 사람에게만 요구될 수 있다. 이를 위해서는 '진리를 말해야 한다'는 직접적인 사실을 넘어서 '진리에 대한 인식'이 요구된다. 그 아무리 엄청난 진리가 있다고 하더라도 이를 직접적으로 대할 때 그것은 한갓 우연적인 사실로 사라진다. 우연이 직접성에서 나오는 것이라면 필연은 직접성에 대한 반성적 매개에서 나온다. 우연성을 극복하는 것이 인식의 과제다.

헤겔은 우연성이 지배하는 삶을 용인하지 않으려 한다. 우연한 사건이 발생하는 것은 불가피하다고 하더라도 이를 그 자체로 받아들이는 것은 이성의 태만이다. 우연한 사건이 닥쳐온다 하더라도 이에 적극적으로 대처함으로써 우연적 현실을 필연적 현실로 만들어야 한다. 법칙에 따르는 자연과 달리 인간의 삶에는 이유가 있어야 하며 이 이유를 통해 보다 발전된 삶을 형성할 수 있어야 한다. 여기에는 단순한 이성낙관주의를 넘어서는 의지가 들어 있다. 우연성에 휘둘리는 삶을 넘어서려는 자유의지가 들어 있는 것이다.

그러나 의지가 개인적 차원에 머물러 있으면 그것은 자연적 우연성에 각인된 개인적 주관성에 지나지 않는다. 우연은 개인과 관련된다. 개인의 의지가 자유를 추구한다 하더라도 우연의 상태에 머물러 있으면 모두를 위한 보편적 자유에 이르지 못한다. 헤겔은 이러한 의지를 자유와 구별하여 자의恣意로 부른다. 자의는 우연적이다. 그러므로 진정한 자유는 개인의 의지가 상호주관적으로 사회적, 제도적 총체성을 형성할 때 달성된다. 진정한 자유의 상태에서는 우연성이 사라진다.

현대의 자연관과 역사관은 우연성을 적극적으로 받아들인다. 지진이나 대형 산불과 같은 사건들이 여전히 과학적 예측을 벗어나고 있으며 자유의식의 진보를 확신할 수 없는 불합리한 사건들이 끊임없이 발생하고 있다. 역사는 분명한 목적과 이념을 갖지 않으며 삶은 우연에 내맡겨져 있다는 생각이 확산되고 있다. 그러나 우연한 사건들 가운데서 일정한 패턴을 발견할 수 있다는 주장[22]과 같이 우연을 필연의 틀에서 파악하려는 이성의 활동은 결코 포기될 수 없다. "학문과 철학 일반의 과제는 우연성의 가상 가운데 감추어져 있는 필연성을 인식하는 것이다."[23]

이와 같이 헤겔은 우연을 무조건 배제하려고 하지 않는다. 오히려 우연과 필연이 동등한 가치를 지니는 것으로 보고 양자를 최대한 매개하려고 한다. 우연은 자기 근거를 갖지 못한 상태일 뿐 그 자체가 무가치한 것이 아니다. 사회적 관계망에서 소외된 개인이나 아직 법칙으로 파악되지 못한 자연현상은 우연적이기 때문에 무가치한 것이 아니라 오히려 현실의 중요한 구성요소다. 따라서 우연을 필연으로 이행시키는 것은 이론과 실천이 수행해야 하는 최대과제다.

욕망이란
무엇인가
?

욕망은 극복되어야 할
반쪽짜리 주체성

욕망은 극복되어야 할
반쪽짜리 주체성

—권대중

주체의 자유 획득의 중요한 단초로서의 욕망

'사유'와 '정신'을 다루는 다른 장에서도 확인할 수 있겠
지만, '자기와 타자의 동일성' 또는 '주객동일성'은 헤겔
에게서 각별히 중요한 화두다. 주목할 것은, 헤겔은 타자
에 대한 존중의 태도가 단지 임의적인 '선의'의 문제가 아
니라 더 근본적인 구조와 논리에 의거하는 필연적 '당위'
의 문제라고 생각한다는 점이다. 나아가 우리는 헤겔에
게서 '타자' 또는 '객체'는 동시에 나와 같은 '자아' 또는
'주체'이며, 이에 나와 타자의 관계는 주체 대 객체의 관
계가 아니라 상호적 주관성의 관계, 즉 간주관성間主觀性,
intersubjectivity의 관계라고 그 해석을 확장할 수 있다.[24] 특
히 이번 장의 주제인 '욕망Begierde'이야말로 간주관적 관계
로의 도약을 통해 지양되어야 할 일면적 주관성이라는 것

이 헤겔의 생각이다. 그런데 헤겔의 이러한 생각은 물론 그 이론적인 면에서 보자면 매우 개념적인 분석 차원에서 개진되지만, '욕망'은 그 자체로 매우 실천철학적인 주제이기 때문에 그 당시의 역사적 맥락과 연관될 때 더 잘 이해될 수 있으며, 나아가 단순히 철학사적 과거에 속하는 주제에 그치는 것이 아니라 우리가 살고 있는 현대사회의 여러 문제와 연관해볼 때에도 매우 시의성이 있다는 것이 드러난다.

개념 분석의 차원에서 볼 때 욕망은 철저히 주관성이 지배하는 단계에 속한다. 사실 주관성이 지배하는 이 단계만 해도 정신이 진정한 모습을 갖춰가는 과정에서 이미 중요한 진일보를 이룩한 단계이기는 하다. 왜냐하면 정신의 더욱 미발달된 선행 단계인 '의식'에서는 우리 정신의 주관성이 오히려 대상의 객관성에 철저히 종속되어 있었는데, '자기의식'에 속하는 '욕망'에서는 드디어 '주체'가 스스로를 인지하고 나아가 자유를 발휘하기 시작하기 때문이다.

더욱이 헤겔에 따르면 욕망하는 주체는 근대의 주체 개념을 열었던 데카르트의 자아보다도 더욱 우월한 단계다. 데카르트의 '생각하는 자아'는 타자에 대한 연관이 완전히 사상된 극도의 추상적이고 고립된 자아, 즉 '나=나'라는 동어반복적 등식에 갇힌 자아로 간주된다. 이로 인해 이러한 추상적 자아는 겉으로는 스스로의 완전한 자립을 주장하지만, 역으로 오히려 자신을 지배해온 외적 객체의 독자성을 그대로 방치 또는 용인하게 됨으로써, 자아는 자아대로 타자는 타자대로 서로 무관하게 병존하게 되는 결과를 낳는다. 이에 비해 헤겔이 말하는 '욕망하는 주체'는 객체와 매우 적극적으로 관계하며, 더욱이 의식의 단계를 지배한 '객체의 우위'를 완전히 역전시켜 '주체의 우위'를 달성한다. 이에 욕망은 헤겔적 의미에서의 자유, 즉 주체가 주체일 수 있기 위해 반드시 갖추어야 할 덕목을 어느 정도 갖출 수 있게 해준다고 할 수 있다.

헤겔에 따르면 자유는 타자와의 연관이 없는 자기고립이 아니라 오로지 '타자 속에서 자신을 견지하는 것 in seinem Anderen bei sich selbst zu sein'에서 성취된다. 더욱이 욕망하는 주체는 객체에 의해 좌지우지되는 것이 아니라 반대로 오로지 자신의 내적 동력에 따라 객체를 자신에 맞게 바꾸거나 취한다. 즉 욕망을 통해 주체는 객체를 자기화自己化, Aneignung한다. 그리고 이로써 객체는 나와 무관한 타자가 아니라 나의 규정이 관통하는 비타자가 되며, 이로써 일정한 의미에서는 주객동일성이 이루어진다고도 할 수 있다.

그런데 여기서 헤겔은 '욕망'이 '의식'과 완전한 역전 관계에 있음을 주목한다. '의식'이 '주체에 대한 객체의 완전한 우위'라는 일방적 관계에 있는 정신의 단계였다면, 역으로 '욕망'은 '객체에 대한 주체의 완전한 우위'라는 반대 방향의 일방적 관계에 있는 것이다. 욕망하는 주체는 객체의 자립성을 전적으로 부정하는 데서, 즉 객체를 파괴하는 데서 만족을 얻는다. 이에 따라 욕망의 대상인 객체는 문자 그대로 단적인 '객체'에 불과한 것으로서, 주체에 대해 어떠한 저항도 행사할 수 없다. 결국 헤겔이 보기에 욕망의 충족이란 이처럼 극히 배타적인 자립성에서만, 즉 타자를 무화無化하는 데서만 성립하는 비대칭적이고 일방적인 주체성의 독주 내지 폭주에 지나지 않는다.

그런데 바로 여기에서 욕망의 내적 모순이 드러나기 시작한다. 타자를 단적으로 부정하는 데서 욕망이 성립한다면 그러한 파괴는 결국 욕망의 주체가 존립할 수 있는 토대를 파괴하는 행위이기도 하다. 대상이 사라진다면 욕망의 주체였던 자아는 공허한 주체가 되어버릴 것이며 이러한 운명에 처하지 않기 위해 주체는 또 다른 대상을 욕망하게 된다. 그러나 그 새로운 대상도 결국은 욕망의 충족을 위해 재차 파괴되어야 하는 것이라면, 이러한 단계에서의 주체는 욕망의 생성과 대상의 무화가 끊임없이 반복

288

되는 무한진행progressus ad infinitum에 빠져들 수밖에 없다.[25]
그렇다면 욕망의 주체가 경험하는 것은 궁극적인 충족이
아니라 부단한 좌절인 셈이다. 따라서 욕망을 플라톤적
전통에 따라 끝을 모르는 '탐욕'으로 해석하는 것도 전적
인 무리는 아니다. 나아가 이 점은 욕망이 지닌 또 하나의
모순을 드러낸다. 즉 욕망 역시, 그것의 존립과 충족을 위
해서는, 부정되어야 할 객체의 존립에 의존한다는 것이다.

각자의 욕망을 추구하는 사회는 새로운 원시상태일 뿐

욕망의 이러한 모순은 어떻게 극복될 수 있을까? 헤겔은
그 해결의 실마리는 대상의 존립이 일방적으로 부정되지
않으면서도 대상을 통한 주체의 자기실현이 가능하도록
하는 데 있다고 본다. 이를 위해 요구되는 주객관계는 쌍
방적이고 대칭적인 관계일 수밖에 없다. 헤겔이 제안하는
이 새로운 수준의 주객관계에서 객체는 '객체이면서도 주
체인 것', 즉 또 하나의 자기의식이다. 그리고 그 주체로서
의 객체의 편에서 보면 주체인 나 역시 그 타자의 객체가
된다. 이 두 주체는 각자가 주체이면서 서로에게 객체가
되며, 동시에 각자의 객체를 주체로 '인정'할 줄 아는 자기
의식이다. 이로써 '타자 안에서(도) 자기 스스로에 머무는
자아'라는 헤겔의 자유로운 자아 규정은 '오로지 타자(이

경우 타인) 안에서야 비로소 참된 자신을 획득하는 자아'로 발전하게 된다.

지금까지 간략히 살펴본 욕망 이론은 욕망에 대한 이론적·개념적인 차원에 집중되었다. 그런데 헤겔에 의하면 철학은 '영원에 대한 학문'이기도 하면서, 다른 한편으로는 또한 '사상 속에서 포착된 그 시대'이기도 하다. 헤겔은 베토벤과 동년배이며, 따라서 이웃나라 프랑스에서 일어난 시민혁명 및 새로운 자유의 이념을 전파한다고 여겼던 나폴레옹에게 열광했던 역사적 체험도 공유한 인물이다. 프랑스혁명의 이념 중 하나인 '자유liberté'의 완전한 실현을 역사의 목적으로 보았던 이가 헤겔이다. 따라서 시민사회와 함께 도래한 산업자본주의가 어떻게 전개되어 나아갈지, 그리고 이제 막 정치적 주체, 경제적 주체가 되기 시작한 당대인들이 막 쟁취된 자유를 어떤 방식으로 발휘하는 것이 과연 그러한 역사의 목적 달성에 이르는 길이 될 수 있을지는 철학적으로도 지대한 관심거리일 수밖에 없었다.

헤겔의 분석에 따르면 시민사회는 '욕구들의 체계'로서, 모든 구성원들이 저마다 자신의 사적이고 개인적인 이해관계에 따라 무한히 경쟁하는 사회였다. 이러한 체계가 어떤 인류애적 이상의 실현과 거리가 먼 것은 당연하다. 따라서 헤겔은 진정한 자유의 실현은 파편화된 개인들끼리의 끝도 없는 이해 다툼이 아닌, '국가'라는 더 큰 공동체적 차원에서 가능하다고 보았다. 그리고 그가 말하는 국가란, 개인들의 성향이나 능력 같은 우연한 요소에 의해 좌지우지되는 집단이 아니라 이성의 원리에 따라 이룩된 보편적 법체계다. 따라서 사적·개인적 차원의 시민 사회적 자유는 국가 차원의 보편적 자유로 지양되는 것이 마땅하다는 것이 그의 생각이다.

요즘 우리 사회도 당시의 유럽에 비해 결정적으로 진보한 것으로 보이지는 않는다. 즉 우리 생활세계를 지배하고 있는 시스템은 헤겔이 꿈꾸었던, 보편의지의 반영으로서의 법에 의해 이루어진 이성적 인륜 공동체로서의 국가와는 꽤 거리가 멀다. 혹자는 이것이 자유를 보장하기 위한 최선의 길이라고 믿을지 모른다. 그러나 적어도 헤겔이 보기에 진정한 자유는 오로지 호혜적인 간주관적 원리에 따른 공동체적 질서에서야 비로소 그 참된 실현이 가능한 것이지, '나는 나대로, 너는 너대로' 각자의 욕망을 추구하는 사회는 새로운 원시상태일 뿐이다.

아름다움이란
무엇인가
?

미는 이념의
감성적 현현이다

미는 이념의
감성적 현현이다
— 권대중

예술미를 모방하는 자연미

이번 주제는 미학美學에 관련된 것이다. 헤겔은 '예술철학'
이라는 구체적인 명칭 하에 오늘날의 미학처럼 미와 예술
에 관한 일반 개념과 역사는 물론, 구체적인 장르 및 작품
에 대한 상세한 논증까지 본격적으로 제공하기 시작한 거
의 최초의 인물이다. 그가 직접 집필한 미학 저서는 없다.
그럼에도 우리 현대인들에게 그의 미학이 상당한 인기를
누리고 또한 상당한 반박의 대상이 되고 있는 것은, 저서
이상으로 풍부한 내용을 담고 있는, 그의 제자들의 노트
를 전거로 편찬된 여러 판본의 강의록 덕분이다.

그가 적어도 다섯 학기에 걸쳐 미학에 대한 강의를 개
설했고, 그것을 위해 여러 차례 여기저기에 있는 미술관
을 방문하고 문학 작품들을 꼼꼼히 분석했을 뿐 아니라,

주말에는 손님들을 자택에 초청해 콘서트까지 열었던 것을 보면, 적어도 그가 미와 예술에 대한 깊은 애정을 지녔다는 사실만큼은 분명해 보인다. 그런데 흥미로운 것은 이러한 애정에도 불구하고 그가 '논증'의 차원에서 내린 '철학적' 결론은 잘 알려진 대로 이른바 '예술의 종언Ende der Kunst' 또는 '예술의 과거성Vergangenheitscharakter der Kunst' 명제다. 개인적 기호를 무색케 하는 이러한 미학적 결론이 도출되는 것은, 모든 영역의 주제를 하나의 동일한 원리에 따라 설명하는 방향으로 구성된 것이 그의 체계인 만큼, 미학에도 그의 이성주의적(또는 철학지상론적) 객관적 관념론의 기본 기조가 그대로 작용하기 때문이다.

먼저 미학을 '예술철학Philosophie der Kunst'으로 부름으로써 헤겔은 자연미를 대상에서 제외하는데, 이 점부터 사람들의 일반적인 상식과 충돌한다. 아름다운 꽃, 아름다운 산천 등 자연에는 실로 '아름답다'라고 불리는 대상이 많이 존재할 뿐 아니라, 또한 적지 않은 사람들이 자연미는 인간이 만든 예술로는 범접하지 못할 지고의 아름다움이라고 보고 있지 않은가.

그렇다면 헤겔은 자연에서 미를 감지하지 못하는 몰취미의 소유자인가? 물론 아니다. 자신이 2년간 교수로 있었던 하이델베르크의 풍광이 철학적 사색을 방해할 만큼 아름답다고 여겼던 사람이 헤겔이다. 그가 자연미로부터 미학의 대상 자격을 박탈하는 이유는, 그의 사상 체계에서 볼 때 자연미는 그 자체가 이미 예술미의 한 하위범주이기 때문이다. 아름다운 자연물을 볼 때 우리는 이미 그것을 그저 그런 사물이 아니라 마치 그림이나 조각을 보듯이 관조한다는 것이다. 대상의 존재는 자연적이지만, 그 대상의 감수 방식은 이미 미적이고 따라서 정신적이라는 것이다. '예술이 자연을 모방한다'는 전통적인 관념을 완전히 역전시켜 헤겔은 거의 '자연이 예술을 모방한다'는 입장에 선 것이다. 우리가 어떤 자연물을 아름답다고 보는 것은 그 대상이 예술적으로 생겼기 때문이라는 것이 그의 생각이다.

뿐만 아니라 '아름답다'고 여겨지는 자연물에는 중요한 정신적 '내용'이 결여되어 있다. 비례, 대칭, 조화 등 자연 대상을 아름답게 만드는 그 어떤 형식적인 측면들에도 '열정'이니 '세계관'이니 '운명과의 투쟁'이니 하는 등의 심오한 정신적 내용들은 없다. 헤겔의 입장에서 '아름다움'이라는 것은 단지 우리의 감관을 즐겁게 하는 것이 아니다. 어떤 대상이 아름답기 위해서는 그것은 우리의 가장 깊고 가장 높은 정신적 욕구, 즉 절대적 진리의 인식을 수행해야만 한다. 이 점으로 인해 또한 자연미는 미학의 대상 자격을 얻기에는 근본적으로 부족하다.

'절대정신'으로서의 예술과 '이념의 감각적 현현'으로서의 미

정신성의 유무에 따른 자연미의 이러한 배제는 나아가 예술이라고 해서 모두 미학적 자격을 갖춘 것은 아니라는 판단으로 이어진다. 즉 예술다운 예술 또는 참된 예술만이 예술철학으로서의 미학의 탐구 대상이거니와, 단순한 여흥이나 오락, 장식을 위한 것들은 헤겔이 보기에는 예술의 자격이 없는 것들이다. 왜냐하면 비록 자연물보다는 우월할지 모르나 그런 사소한 기능만을 수행하는 예술은 인간정신의 가장 심오한 관심사인 진리의 인식과는 전혀 무관하기 때문이다.

이로써 헤겔이 말하는 엄밀한 의미에서의 예술은 종교 및 철학과 그 내용과 과제를 공유한다. 그럼으로써 예술과 종교와 철학은 함께 '절대정신der absolute Geist'이라 불린다. 절대정신은 개별 인간의 심성능력에 속하는 상상력, 지성, 이성 등의 차원(주관정신)을 넘어선, 그리고 사람들이 모여서 이루는 사회, 국가, 역사 등의 차원(객관정신)도 넘어선, 인간정신의 궁극적인 최고 단계로서, 우주의 근원이자 근본구조인 '절대이념'이 인식되는 영역이다. 이러한 절대정신의 공통과제를 철학은 '개념적 사유'를 통해, 종

296

교는 '내면적 표상'을 통해, 그리고 예술은 '감각적 직관'을 통해 인식한다. 즉 예술, 종교, 철학은 절대진리라는 공통의 내용을 서로 다른 형식을 통해 인식하는, 절대정신의 세 영역이다.

절대정신의 하나인 예술이 인식하는 대상은 이처럼 절대적 진리, 즉 헤겔식으로 말하면 (절대) 이념이다. 따라서 감각적 직관을 통해 이념을 인식할 때 '미'가 실현된다. 그래서 헤겔에게서 미는 '이념의 감각적 현현der sinnliche Schein der Idee'이라고 규정된다. 좀 더 풀어서 말하자면, 예술은 (형태, 빛깔, 공기의 진동 등과 같이) 시청각적으로 지각 가능한 대상을 매개로 해서 심오한 인식을 획득하는 것(=진리의 감각적 직관)을 과제로 하며, 이로써 진리인 이념은 개념의 영역에 숨어 있는 것이 아니라 보고 들을 수 있는 형태로 드러난다(=이념의 감각적 현현).

'이념'의 감각적 현현 대 이념의 '감각적' 현현

예술과 미에 대한 헤겔의 이러한 규정은 한편으로는 문화 영역에서 예술의 지위를 상당히 격상시키는 역할을 한다. 플라톤이 예술을 '이데아의 이중 모방' 또는 '광기의 소산'이라고 극단적으로 폄하한 이래, 진리 인식에 대한 예술의 기여가 인정받게 되기까지는 기나긴 세월이 필요했다.

르네상스 이후에야 비로소 예술은 일종의 지적 활동으로 인식되고, 그에 따라 예술의 습득 또한 최고 고등교육 기관을 통해 이루어지기 시작했다. 하지만 예술이 추구하는 가치인 '미'가 경험론이나 칸트의 철학을 통해 주관적 취미의 문제로 협소화됨으로써, 미는 자칫 사적인 호불호 차원의 문제인 것처럼 왜곡될 소지가 다분했다. 이에 대해 헤겔은 예술에 대해 종교와 철학이 달성하고자 하는 것과 동일한 목적을 부여함으로써 '절대정신'이라는 지고의 영역에 속하게끔 만들었다. 미는 '주관적 쾌 또는 불쾌의 감정'(칸트)이 아니라 최고의 진리 즉 '이념'이 감각적 직관을 통해 인식된 것이다.

그런데 다른 한편으로 헤겔의 규정에는 그의 전체 철학적 기조를 감안할 때 상당히 불편한 구조가 작용하고 있다. 방금 언급했듯 헤겔에게서 예술을 통해 달성되는 미는 '이념의 감각적 현현'이다. 그런데 미와 예술의 규정에서 내용을 가리키는 '이념'과 형식을 가리키는 '감각적 직관' 또는 '감각적 현현' 사이에는 두 측면의 양립불가능성을 필연적으로 초래하는 요소가 작용하고 있다. 즉, 헤겔에게서 진리 즉 이념은 가장 순수한 논리 차원의 완전체이며, 이에 따라 그것에 대한 참된 인식은 인간의 순수한 지성능력인 사유를 통해서만 가능하다. 반면 그 내용에 대응하는 형식인 '감각'은 절대적으로 사유의 순수성과는 거리가 먼 물질적인 타자, 즉 시공간적 대상에 의존한다. 감각이 가능하기 위해서는 그 대상은 보이거나 들려야 한다. 개념을 통해 사유되어야 할 내용이 감각을 통해 보이거나 들리는 것이 헤겔이 말하는 예술이요 미다.

말하자면 예술의 지위를 격상시키는 역할을 하는 규정인 '이념의 감각적 현현'이 오히려 예술의 한계를 더욱 분명하게 드러내는 규정으로 되는 일종의 의미 전도가 벌어지는 것이다. '이념'의 감각적 현현과 이념의 '감각적' 현현 사이에 개재하는 이러한 모순 관계 때문에 헤겔이 취한 탈출구가 바로 '예술의 종언'이라 불리는 명제다. 예술이 절대정신의 기능을 제대로 수행하는 것은 저 먼 과거에나, 즉 인류 문화를 떠받치는 전반적인 지적 수준 자체가 아직 감성의 단계에 머물고 있던 고대 그리스에서나 가능하며, 정신의 수준이 감각 내지 감성의 단계를 뛰어넘은 그 이후의 시대에서는 종교와 철학이 절대정신의 기능을 예술로부터 이어받으며, 이러한 전개과정은 일회적이고 불가역적이라는 것이 이 명제의 요지다. 일단 철학적 사유가 가능해진 근대 이후에는 인류의 정신 자체가 예술로는 감당할 수 없을 만큼 고도로 성숙했기 때문에, 이러한 '반성의 시대'에 예술을 통해 최고의 인식을 도모한다는 것은 시대착오라는 것이다.

그런데 헤겔이 이러한 '예술의 종언' 명제를 천명했던 그때는 독일의 예술이 최고 수준을 달성했던 때다. 그때는 바로 괴테, 실러, 베토벤의 시대였고, 독일인들은 호메로스나 아이스킬로스, 소포클레스 시대의 그리스인들 이상으로 자신들의 예술 세계가 뛰어나다고 자부하던 때다. 게다가 그의 미학 강의를 직간접적으로 들었던 이들 가운데는 펠릭스 멘델스존-바르톨디나 리하르트 바그너 같은 예술적 대가들도 있었다. 때문에 그의 미학 강의는 그 풍부한 내용과 거대한 스케일과 고난도의 논증에도 불구하고 즉각적인 반발에 직면했다.

그런데 예술에 관한 한 헤겔은 결코 문외한도 아니었고 혐오자도 아니었으며, 더욱이 그의 시대 이후에 예술이 더욱 융성하고 만개할 것도 잘 알고 있었다. 나아가 오늘날에는 예술이 단순히 감각적 차원을 넘어 고도로 지성화되어 이른바 '개념 예술concept art'이라 불리는 현상도 매우 보편화되어 있는데, 헤겔은 이 현대적 현상의 단초도 이미 알고 있었다. 그런데도 그가 자신의 주장을 굽히지 않을 수 있는 이유는 무엇일까? 우리에게 헤겔의 미학이 가질 수 있는 의미는 바로 이 물음과 연관된다. 헤겔이 보기에 예술이 철학만큼 지성화되면 그것은 더 이상 엄밀한

의미에서의 예술이 아니라 근본적으로 철학의 범주에 속
하게 된다. 그런데 기왕에 철학의 범주에 속하는 것이라
면 그것은 일체의 감각적 요소를 버려야 한다. 따라서 철
학적으로 지향된 예술은 예술이기에는 너무 고도로 지성
화된 것이고 철학이기에는 감각적 불순물이 여전히 남아
있는, 애매하고 불편한 기형물이라는 게 헤겔의 판단이다.
이에 대해 현대인인 우리가 내놓을 수 있는 대안적 사고
모델은 어떤 것일까?

정열은
삶을 바꿀 수 있는가
?

삶을 바꾸고
역사를 새롭게 쓰는 정열

삶을 바꾸고
역사를 새롭게 쓰는 정열
―최신한

역사의 두 계기, 이념과 인간의 정열

이 시대는 정열적인 사람에게 특별한 관심을 기울인다.
각종 일터에서는 정열을 업무 수행과 평가의 잣대로 삼기
도 한다. 성공적인 업무 수행은 지적인 범주에서만 이루
어지지 않기 때문이다. 정열에 대한 헤겔의 생각은 이 시
대에도 여전히 의미가 있다. 그는 개인의 삶뿐만 아니라
공동체와 역사 발전이 정열에 의해 이루어진다고 말하기
때문이다. 정열이 삶의 발전을 이룩한다는 생각은 낙관적
이기는 하지만 분명히 긍정적인 것이다. 이 긍정성은 발
전의 결과뿐만 아니라 행동을 주도하는 동력에 있다.

정열은 우선 개인의 것이다. 개인은 다른 개인과 구별
되는 고유하고 특수한 존재다. 그래서 "정열은 의지규정
의 특수성에 제약된다."[26] 정열적인 활동은 인간의 특수

한 관심과 목적에서 나온다. 그리고 정열은 주관적이고 우연적인 속성을 갖고 있다. 행위의 근간을 이루는 것에는 욕구, 충동, 경향성, 관심, 성격, 재능 등이 있지만 여기서 정열이 빠질 수 없다. 정열 없이는 그 어떤 일도 온전히 이룰 수 없기 때문이다. 이런 의미에서 헤겔은 정열을 역사의 주요계기로 간주한다. 역사에는 "두 계기가 있는데, 그것은 이념과 인간의 정열이다."[27] 그렇기 때문에 "역사를 설명한다는 것은 인간의 정열과 정열의 천재성과 그 영향력을 드러내는 것"[28]과 같다.

헤겔은 『역사철학』에서 "세계사적 개인", "영웅", "세계정신의 경영인"[29]에 대해 상세하게 설명한다. 이들은 정열의 주체다. 세계사적 개인은 픽션의 주인공이 아니라 역사 속에 등장했던 인물이다. 세계사적 개인은 자신의 정열을 통해 공동체와 특정 시대를 대변한다. 그러나 영웅은 개인적으로 고요한 삶을 살지 못한다. 이런 점에서 영웅은 행복한 삶을 누리지 못한다. 그러나 그는 정열을 통해 세계사의 주역이 된다. 오늘의 민주국가에서 선출되는 국가수반도 정열의 주체임이 틀림없다.

정열 자체는 선도 악도 아니다. 정열은 개인의 자유로운 의지와 힘일 뿐이다. 정열의 성질이 선험적으로 결정되어 있지 않다면, 그 모습은 현실과의 관계 속에서 드러난다. 누구나 인정하는 경험적 사실은 정열적인 의지에 의해 변화된 현실이다. 정열 없이는 현실 가운데 아무런 행위도 일어나지 않으며 아무런 변화도 발생하지 않는다. 정열의 행위는 정체되어 있는 현실을 새로운 현실로 바꾼다. 선악이 문제가 된다면 그것은 행위결과에서 판가름 된다. 영웅에 대한 평가는 행위결과에 대한 평가다. 헤겔은 자신의 조국을 침공한 나폴레옹을 "말을 타고 가는 세계영혼"[30)]으로 평가한다. 나폴레옹을 침략자로 보지 않고 영웅으로 평가한 것은 그가 보여준 정열의 보편성 때문이다.

정열 없이는 그 누구도 큰일을 수행할 수 없다. 정의와 도덕을 말한다 하더라도 정열이 결여된 사람에게는 생명력이 없다. 헤겔은 이들을 일컬어 "정열의 정형에 맞서서 종종 사람들을 속이기도 하는 죽은 도덕성"의 소유자라고 폄하한다.[31)] 정열이 큰일을 수행할 수 있다는 말은 정열이 이성과 무관한 것이 아니라는 의미다. 사람들이 주목하는 큰일은 그 자체가 이성과 보편의 지평에 있다. 정열은 특수의지이지만 언제든 보편적 이성으로 바뀔 수 있다. 정열의 에너지는 주관적인 것이지만 정신적 반성을 통해 객관성을 획득한다. 도덕과 정의는 처음부터 보편적인 것이 아니라 정열적인 행위에 의해 비로소 보편성을 획득한다. 개인의 정열은 도덕의 보편에 대립한다기보다 도덕을 실현하는 힘이다. 정열에는 이미 개별과 보편의 힘이 함께 들어 있다. 정열은 이와 같이 변증법적이며 매개적인 것이다.

정열의 특수한 관심은 보편의 활동과 분리할 수 없다. 보편은 특수자와 규정자로부터 나오며 그 부정의 결과이기 때문이다.[32]

개인의 정열은 개인의 행동으로 끝나지 않으며 공동체의 행동으로 이행한다. 특수한 행동이 보편적 행동으로 이행할 수 있는 것이다. 이러한 이행은 생생한 삶이며 그 자체가 역사를 형성한다.

'무익한 정열' 대 '쓸모 있는 정열'

정열은 그 특수성 때문에 때로는 다른 사람과 부딪친다. 정열적인 행위는 심지어 아무런 결과 없이 사라질 수도 있다. 고통과 좌절은 이러한 과정에서 발생한다. 그러나 정열은 고통과 상처를 남기는 것으로 끝나지 않고 새로운 역사를 만든다. 새로운 역사는 개인의 정열이 다른 사람에게 인정받고 공동의 가치가 발생할 때 이루어진다. 그런데 다른 사람에게 인정받는 정열의 배후에는 이를 떠받

306

치는 보편이 있다. 이 보편은 인정받는 개인을 떠받칠 뿐 아니라 인정하는 개인도 지지한다. 헤겔은 모든 개인의 정열을 관통하는 보편을 '역사의 이념'과 '신의 섭리'로 규정한다.

정열은 삶을 바꿀 수 있는가? 정열은 인간의 자유를 창출하며 이를 현실 속에서 확인시켜준다. 개인의 충동과 욕구와 정열은 한편으로 "자유의 제약"이지만 다른 한편으로 "자유 창출의 조건"이다.[33] 정열의 에너지는 인간을 이전보다 더욱 자유로운 존재로 변모시킨다. 정열이 역사를 발전시킨다는 주장은 정열이 인간의 자유를 창출하고 유지시켜준다는 말과 같다. 이념과 정열이 합쳐지면 공동체의 인륜적 자유가 형성된다. 개인의 정열은 개인의 삶을 바꾸며, 이 삶이 다른 개인에게 인정받음으로써 공동체의 삶이 함께 바뀐다. 이것은 개인과 공동체가 획득하는 자유로운 삶이다.

실존철학자 사르트르는 『존재와 무』에서 인간을 "무익한 정열useless passion"이라고 규정한다. 삶에 아무런 의미가 없으며 정열적인 행위 뒤에 남는 것은 '무'밖에 없다고 말한다. 모든 것은 우연적이며 자의적인 것에 지나지 않는다는 것이다. 정열이 삶과 역사를 바꾼다고 주장하는 헤겔과 아주 대조적이다. 그런데 사르트르도 헤겔의 변증법에 심취했으며 헤겔 고유의 언어인 '즉자존재an sich', '대자존재für sich'라는 용어를 적극적으로 사용한다. 둘의 차이는 이념과 신에 대한 인정 여부에 있다.

그런데 초월적 세계를 인정하지 않는다 하더라도 정열이 과연 무익하며 삶에는 아무런 의미가 없는 것일까. 이러한 사상은 2차 대전 이후의 암울한 시대를 배경으로 하며 그보다 앞서 전개된 니체의 허무주의와 연관이 있다. 이에 반해 헤겔의 정열 개념은 삶의 발전과 변화 가능성을 인정하고 고상한 삶을 향한 노력을 적극적으로 권장한다. 이것은 무익한 정열이 아니라 쓸모 있는 정열이다. 삶을 바꾸는 정열이며 역사를 새롭게 쓰는 정열이다. 현재의 욕구충족과 충동해소에만 집중하고 이를 보편의 차원과 연결시키지 않는다면 모든 행위는 개인의 틀을 벗어날 수 없다. 그리고 개인의 틀에 갇힌 행위는 그것이 아무리 정열적이라 하더라도 다른 개인과 만날 수 없다. 외톨이가 된 개인의 행위는 다른 사람에게 인정받지 못할 것이며, 인정받지 못하는 행위는 이를 가능하게 했던 정열의 에너지를 언제든 앗아갈 것이다. 정열에 대한 헤겔의 생각과 사르트르의 생각 가운데 하나를 선택하는 것도 중요한 행위다.

낭만이란
무엇인가
?

낭만주의를 넘어
참된 낭만으로

낭만주의를 넘어
참된 낭만으로
—권대중

낭만과 낭만주의

"캠퍼스의 낭만 따위에 혹하지 마라. 대학이란 낭만적이지 않을 때 가장 낭만적인 곳이다." 축제 시즌 즈음에 내가 학생들에게 종종 하는 말이다. 이 말은 한편으로는 비생산적인 소모성 이벤트에 시간을 허비하지 말라는 극히 세속적인 태도에서 비롯된 것이기도 하지만, 그 깊은 내면에는 다분히 헤겔적인 인간관이 투영되어 있다.

낭만에 대하여! 바로 이번 장의 주제다. 헤겔적인 의미에서 좀 더 분명한 개념으로 표현하면 '낭만'은 '낭만적인 것das Romantische, the romantic'을 줄여 말한 것으로, 일반적으로 알려진 문화적 사조로서의 '낭만주의'와 단순 등치되어서는 안 된다. '낭만'과 '낭만주의' 사이에는 미묘하지만 질적인 차이가 있으며, 헤겔 철학의 핵심적인 기조는 이러한 차이의 설정에도 강하게 반영되고 있다. 그리고 하나의 범주로서의 '낭만'은 사조로서의 '낭만주의'를 하위 범주로 포함하고 있다. 이는 '낭만주의'는 하나의 '낭만적인' 것으로서 '낭만'에 당연히 포함되지만, 동시에 '낭만'에는 '낭만주의'에 포함되지 않는 낭만, 즉 비非낭만주의적이거나 심지어 반反낭만주의적 내지 초超낭만주의적인 낭만도 있을 수 있음을 의미한다. 그리고 결과적으로 '낭만'에 속하는 하위범주들 중에 헤겔이 가장 높이 평가하는 것은 반낭만주의적 또는 초낭만주의적인 것이다. 말하자면 진정한 낭만은 낭만주의를 통해서는 달성될 수 없다는 것이다.

'토니오 크뢰거' : 낭만의 양서성

토니오 크뢰거는 독일의 문호 토마스 만의 한 작품 제목이자 주인공 이름이기도 하다. '토니오'가 어머니에게서 물려받은 자유분방하고 활력이 넘치는 남유럽 품성에 상응하는 이름이라면, '크뢰거'는 아버지에게서 물려받은 냉철하고 절제된 북유럽 품성에 상응하는 성姓이다. 토니오 크뢰거는 자신의 내면을 함께 구성하고 있는 이 두 상반된 기질 사이에서 끊임없이 번민하고 성찰함으로써 정신의 성숙을 이루어가는 인물로서, 바로 작가 토마스 만 스스로를 가리키기도 한다.

헤겔과 토마스 만은 각각 다른 시대의 인물이고 또 두 사람 사이에 어떤 사상적 친화관계가 있는지는 잘 몰라도, 토니오 크뢰거는 헤겔의 낭만 개념을 이해하는 데 큰 무리 없이 원용될 수 있다. 헤겔의 '낭만' 개념은 바로 토니오 크뢰거처럼 일반적으로는 양립할 수 없는 두 대립적 성향을 동시에 지닌다. 즉 그 속에는 낭만주의적 성향과 반낭만주의적 성향이 공존하고 있다. 그래서 일차적으로 헤겔에게서 '낭만'이란 두 상반되는 영역에 동시에 거주하고 있는, 즉 양서적兩棲的인 개념이다. 토니오에 대응한다고 볼 수 있는 낭만주의적 성향은 낯선 것, 초월적인 것, 이질적인 것, 흥미로운 것을 동경하고 따라서 상상력과 감수성의 무한한 유희와 분출을 지향한다. 반면 크뢰거에 대응한다고 볼 수 있는 반낭만주의적 성향은 엄격한 규범과 냉철한 이성에 의거한다.

문제는 낭만주의적 성향이나 요소들이 '낭만'에 속하는 것은 상식적으로 당연한데, 어떻게 해서 헤겔은 반낭만주의적인 것들조차 낭만적인 것의 범주에 포함시킬 수 있는가 하는 것이다.

312

낭만의 핵심, 내면성

반낭만주의적인 것들을 '낭만적'이라 부르는 이러한 용어
법을 이해하기 위한 실마리는 헤겔이 '낭만적romantisch'이
라는 단어를 종종 '기독교적christlich'이라는 의미로 사용하
고 있는 데서 발견될 수 있다. 그리고 헤겔에게서 넓은 의
미에서 '기독교적'이라는 것은 '절대자 내지 신을 어떤 감
각적 대상을 통해서가 아니라 정신의 순수 내면성을 통해
인식하는 방식'을 통칭하는 개념이므로 특정 종교에 국한
된 협의의 기독교와 단순 동일시될 수 없다. 게다가 헤겔
의 경우 종종 '기독교적'이라는 개념은 내용적으로 사뭇
반기독교적이기도 하다. 즉 '낭만' 일반의 핵심은 낭만주
의도 기독교도 아닌 바로 우리 정신의 특정한 작동방식,
다시 말해 어떤 외부의 감각적인 타자에 의존하지 않고
순수한 내면적 자발성을 통해 인식을 획득하는 방식에 존
재한다.

　헤겔의 '낭만' 개념에 내포된 이러한 다중적 의미, 그리
고 낭만주의, 반낭만주의, 기독교, 반기독교와 같은 서로
대립적인 국면들이 낭만의 개념 안에 공존하고 있는 난해
한 상황은 '낭만적=내면적'이라는 등식을 통해 상당히 해
소될 수 있다. 즉 낭만주의가 낭만적일 수 있는 것은, 어
떤 확정된 형태에 우리의 정신이 구속되지 않고 상상력과

심적 욕망이 이끄는 바에 따라 우리의 정신이 노닐기 때문이며, 반낭만주의가 낭만적일 수 있는 것은, 낭만주의적 상상력을 이끄는 감성이라는 것이 일견 자유를 획득하는 것 같지만 사실은 외적 타자의 존재에 의거하는 부자유스런 것인 데 반해, 이성에 입각한 인식은 철저히 사유의 자발성에 의거해 이루어지는 자유로운 것이기 때문이다. 그리고 기독교가 낭만적일 수 있는 것은, 이전의 종교가 신을 외적 형상을 지닌 사물을 통해 경험한 반면 기독교는 신 자체를 정신적 주체로 봄으로써 신과의 만남 또한 순수한 정신적 방식으로만 가능하다고 보기 때문이며, 반기독교적인 것(구체적으로는 철학)이 낭만적일 수 있는 것은, 순수 개념에 의거하는 사유를 통해 수행되는 철학은 기독교에 남아 있는 자연적이고 감각적인 요소마저도 온전히 제거함으로써 우리 정신의 순수 내면성을 완전히 달성하기 때문이다.

결국 서로 상반되는 것처럼 보였던 성향들이 동시에 '낭만적'일 수 있는 것은, 그것들 모두가 내면성에 의거한다는 점에서는 동일하기 때문이다. 또한 역으로 이러한 동일성에도 불구하고 그것들이 서로 대립관계를 형성하는 것은, 그것들 각각이 달성하는 내면성의 정도에 질적인 차이가 나타나기 때문이다. 이를 통해 우리는 헤겔의

314

낭만 개념을 다음과 같이 정리할 수 있다.

- 낭만적인 것은 곧 내면적인 것이다.
- 그렇다면 가장 또는 진정으로 낭만적인 것은 가장 또는 진정으로 내면적인 것이다.
- 가장 또는 진정으로 내면적인 것이란 감각 또는 감성으로부터의 이탈이 완전히 이루어졌을 때, 즉 정신이 외부의 어떤 대상으로부터도 자유로울 때 이루어진다.
- 따라서 가장 또는 진정으로 낭만적인 것은 개념과 사유를 통해 수행되는 철학이다.
- 또한 가장 또는 진정으로 기독교적인 것은 기독교의 상상적 요소가 완전히 제거된 새로운 종교로서의 철학이다.

이러한 사고 과정을 통해 결과적으로 헤겔에게서 가장 낭만적인 것은 매우 반낭만주의적인 것일 수 있게 된다. 그리고 이를 원용해 우리는 흥겹고 분방한 꿈과 욕구의 표출을 억제하는 것이 더 낭만적이라는 – 처음에는 좀 궤변처럼 들렸던 – 말을 무리 없이 할 수 있게 된다.

악한 사람이
잘 사는 사례는
도대체 무엇인가
?

고통 너머 세계에 대한
희망으로서의 '신정론'

고통 너머 세계에 대한 희망으로서의 '신정론'

—최신한

헤겔의 신정론은 "역사 속에 나타난 신의 정당화"

착한 사람이 고통을 겪고 악한 사람이 잘 사는 사례는 쉽게 발견된다. 사람들은 이 문제에 대해 심각한 물음을 던지며, 신과 초월자를 인정하는 사람들은 그렇지 않은 사람보다 더 큰 의문을 갖는다. 선한 신은 왜 악인을 잘 살게 할까? 무신론자들은 이러한 사례를 통해 신을 인정하는 사람들을 조롱하고 공격한다. "우리 불의가 하나님의 의를 드러나게 하면 무슨 말 하리요. 진노를 내리시는 하나님이 불의하시냐."(로마서 3:5) 이 성구도 선한 신과 악 사이의 관계를 난문으로 제시한다. 이러한 비판과 난문을 해결하기 위해 철학자들은 신정론神正論, Theodizee을 펼친다. 신정론은 인간 이성의 마당에서 신의 정당성을 주장하므로 변신론辯神論으로 불리기도 한다. 신은 현실의 악과 양립할 수 있는가?

에피쿠로스는 신정론에 대해 회의적으로 말한다.

신은 완전한 세계를 창조하려고 하지만 창조할 수 없다.
아니면 신은 완전한 세계를 창조할 수 있지만 이런 세계를
창조하지 않으려고 한다. 아니면 신은 완전한 세계를 창조
할 마음도 없으며 이런 세계를 창조할 수도 없다. 아니면
신은 완전한 세계를 창조할 마음이 있으며 할 수도 있지만
세계의 실제적인 상태가 이에 맞선다.[34)]

헤겔에 앞서 발표된 라이프니츠의 신정론은 철학사의
한 획이다. 라이프니츠는 현실세계 속에 있는 악을 설명
하려고 한다. 신은 이 세계를 우연적인 조건 하에서 창조
했고 가능한 모든 세계들 가운데 최선의 세계로 창조했
다. 세계 속에 나타나는 악은 우연적이고 유한한 세계에
서 비롯하며, 이 우연성은 잘못된 것을 선택할 수 있는 자
유의 근거다. 라이프니츠는 신의 전지전능과 현실의 악이
양립할 수 있는 설명을 시도한 것이다. 그러나 헤겔이 볼
때 라이프니츠의 악의 형이상학은 추상적이며 무규정적
이다. 악도 불명확하며 현실세계의 모습도 불투명하기 때
문이다. 칸트는 이성 자체의 한계 때문에 신정론에 대해

서는 언급할 수 없다고 주장한다. 그러나 이성주의자 헤
겔의 신정론은 명쾌하다.

헤겔은 악을 역사가 필연적으로 지나가야 하는 통과점
으로 생각한다. 역사는 변증법적으로 발전하며, 이 가운
데서 신의 섭리는 세계의 절대적인 최종목적을 실현한다.
이러한 관점에서 보면 행복한 시대는 아무런 발전 동력을
갖지 못한다. 행복한 시대에는 대립과 갈등이 없으며 이
를 해결하려는 노력과 운동이 없기 때문이다. 역사는 악
과 부정성이 만들어내는 고통과 난관을 통해 발전하며,
이 과정 속에서 신의 섭리가 나타난다. "이미 일어났고 매
일 일어나는 것은 신 없이 일어나지 않으며, 이것은 본질
적으로 신 자신의 작품이다." 헤겔의 신정론은 "역사 속에
나타난 신의 정당화"다.[35]

헤겔은 역사의 신정론을 펼치며 절대자의 신정론을 주
장한다. 역사 속에서 자신을 정당화하는 신의 섭리는 악
을 악으로 남겨두지 않고 이를 선과 화해시킨다. 이러한
화해는 추상적인 것이 아니며 말로만 이루어지는 것도 아
니다. 악이 선과 화해하고 부정성이 긍정성과 통합되는
것은 엄청난 고통과 난관을 수반한다. 그러나 역사는 악
과 부정성의 상태로 종결되지 않으며 종국에는 이를 극복
한다. 이와 같이 악을 극복하고 이를 선과 통합시키는 역

사의 주체가 신이다. 역사 신정론의 모티브는 "자기 자신
을 통한 파괴의 파괴"[36]다. 신정론은 "법과 불법의 통일"[37]
및 "선과 악의 통일"[38]로 전개된다. 생동적인 선의 실현을
위해서는 보편에 맞서는 악이 먼저 지양되어야 한다. 지
양된 악이 선과 통합되면서 신의 정당성이 확인된다. 법
의 신정론, 도덕의 신정론, 인륜성의 신정론은 모두 신이
삶의 대립과 부정성을 극복한다는 사실을 보여준다. 신은
대립의 통일, 부정의 부정, 파괴의 파괴라는 과정을 통해
진정한 통합을 만들어낸다.

신의 선함은 악의 영향력이 클수록 더 크게 확인된다

삶에서 경험하는 부정적인 일과 고통을 어떻게 다시 부
정할 수 있는가. 이것은 개인이 감당하기에는 너무나 어
렵고 힘든 문제다. 그럼에도 개인은 운명의 주체가 그렇
게 했듯이 삶의 현장 속에서 이 일을 수행해야 한다. 그리
고 이러한 부정적 경험을 다시금 부정하는 운동을 수행해
야 한다. 그렇지 않으면 부정적 경험은 계속해서 부정적
인 것으로 남을 것이며, 삶은 부정성에서 결코 자유로울
수 없다. 고통과 부정성은 이를 겪는 사람으로 하여금 스
스로 묻게 만든다. 도대체 왜 이런 고통이 나에게 일어나
는가? 신이 선한 존재라면 착하게 살려고 하는 나에게 왜

320

이러한 고통을 주는가?

헤겔은 이 물음이 이성적인 차원에서 발생하는 것으로 간주한다. 이성은 고통의 부정성을 다시금 부정하려고 하는 통합의 동력이다. 신정론은 이러한 이성의 활동을 거시적으로 설명한 것이다. 헤겔은 진정한 신정론을 우선 종교에서 찾는다.

> 종교의 진행은 진정한 신정론이다. 이 신정론은 정신의 모든 산출과 자기인식의 모든 형태를 필연적으로 보여준다. 왜냐하면 정신은 생동적이며 [안팎으로] 영향을 미치고, 일련의 정신현상을 통해 모든 진리인 정신 자신의 의식에 도달하려는 충동이기 때문이다.[39]

정신의 산출과 정신의 자기의식, 이것은 개인과 공동체의 경험을 종합적으로 의식하는 것을 뜻한다. 그리고 고통스러운 경험을 미지의 상태에 내버려두지 않고 모두 파악하려는 운동을 의미한다. 특징적인 것은 종교가 이러한 정신의 운동을 보여주고 있다는 점이다. 종교는 공동체의 고통을 의식적으로 파악한 결과다. 여기에는 삶의 고통과 의미뿐 아니라 그 극복도 들어 있다. 고통의 의미와 극복을 보여주지 못하는 종교는 불완전하다. 이러한 종교의 신은 불완전하며 필경 인간으로부터 외면당한다.

헤겔은 종교와 더불어 철학을 진정한 신정론으로 간주한다. 철학에서 이성의 활동이 온전히 드러나기 때문이다. 헤겔은 이성이 세계를 지배한다고 생각하기 때문에 이성의 학문인 철학은 세계사를 파악할 수 있다고 했다. 이성은 세상에 있는 악을 철학적으로 파악하고, 여기서 "생각하는 정신은 악과 화해"한다.[40] 이성이 현실을 온전히 파악하고 스스로 현실과 통합할 때, 모든 현실의 종합무대인 세계사는 신의 정당성을 드러낸다. 신은 역사의 섭리를 통해 모든 분열과 대립을 통일로 이끌며 악을 선과 화해시키기 때문이다. "이러한 화해의 인식을 세계사에서보다 더 크게 요구하는 곳은 없다."[41] 헤겔에게 세계사는 부정적인 사건들로 점철되고 혼돈 속에만 있는 것이 아니다. 세계사는 부정적인 것이 긍정적인 것에 의해 극복되고 통일됨으로써 진정한 최종목적을 향해 나아간다. 선은 악을 극복하고 새로운 선에 도달한다. 철학은 이러한 모습을 파악할 수 있으므로 그 자체가 신정론이며, 여기서 신은 정당성을 얻는다.

헤겔의 신정론에 따르면 신의 선함은 악의 영향력이 클수록 더 크게 확인된다. 대립과 분열이 크고 깊게 나타날수록 고통과 부정성은 더 크게 나타난다. 그러나 이를 극복한 선은 이전의 고통을 훨씬 능가한다. 헤겔은 신정론을 통해 역사의 거대담론을 펼치고 있지만, 개인에게는 그것이 고통 너머의 세계에 대한 희망의 메시지다. 라이프니츠에서처럼 신의 의로움과 인간의 악이 통합되지 않고 양립하는 경우에는 신의 섭리와 인간의 자유가 모순으로 남는다. 헤겔에서는 신의 의로움과 인간의 자유가 반드시 통합되며, 이러한 통합이 역사 속에서 이루어진다. 역사 속에서 통합되는 신의 의로움과 인간의 자유, 이것은 현재의 고통을 극복하게 하는 원동력이다. 부정은 긍정에 종속되면서 사라진다.

4부

철학과 사상

헤겔은 서양철학사 2500년을 통틀어 가장 야심찬 사람이라고 불린다. 그리고 그 이유로 꼽히는 것이 우주의 알파부터 오메가까지, 또는 티끌 같은 무기물에서부터 지고한 신적 영역까지를 하나의 통일된 원리를 통해 진술하는 그의 체계의 내적 정합성과 스케일 등이다. 하지만 우리는 그것에 더해 헤겔 특유의 여우적인 자질이 그의 고슴도치적인 깊이와 폭을 더욱 강화한다는 점 역시 그를 그러한 야심가로 만드는 요소임을 잘 알아야 할 것이다.

신에 대한 믿음은
필요한가
?

믿음의 영역에서
앎의 영역으로 넘어간 '신'

신은 그 의미에 따라
있기도 하고 없기도 하다

믿음의 영역에서
앎의 영역으로 넘어간 '신'

—최신한

신에 대한 믿음은 역사적 삶의 연장선상에 있는 것

'신에 대한 믿음은 필요한가?' 헤겔에게 이 질문을 던지면
답은 "Jain"으로 돌아올 것이다. 신에 대한 믿음은 필요하
지만(Ja) 믿음의 차원을 넘어서야 한다는(Nein) 말이다. 그
래서 이 주제에 대한 평가도 엇갈린다. 헤겔에서 종교적
믿음을 거론하는 것 자체가 불가능하다는 주장에서부터
헤겔 철학이야말로 완전종교(기독교)를 가장 잘 파악한 종
교철학이라는 주장까지 있다. 확실한 것은 이 물음이 그
의 청년시절부터 아주 중요했으며 일생을 동반했다는 사
실이다. 튀빙겐에서 신학을 공부한 이력이나 베를린대학
에서 여러 차례 종교철학을 강의한 사실이 이를 잘 보여
준다.

　신에 대한 언급은 서양철학자, 특히 근대철학자에게 일

반적으로 나타난다. 철학은 존재전체를 다루는 학문이며 여기서 신의 존재는 결코 배제될 수 없기 때문이다. 이러한 전통은 중세철학에서 첨예한 모습으로 전개된 '믿음과 지식' 내지 '신앙과 학문'의 문제를 계승한 것이다. 학문적 전통뿐만 아니라 서양인들의 현실적 삶 또한 신에 대한 믿음과 뗄 수 없는 관계 속에 있었다. 이런 점에서 '신에 대한 믿음'의 주제는 당시 사람들의 가장 현실적인 문제인 동시에 철학자의 문제이기도 했다. 역사와 전통을 배제한 삶을 상상할 수 없었던 헤겔에게 '믿음'의 문제는 최소한 면면히 이어져온 현실적 삶의 문제였다.

신에 대한 믿음은 헤겔에게 개인의 문제일 뿐 아니라 공동체의 삶의 문제다. 그에게 종교적 믿음은 애당초 현실 속의 문제이며 인륜적 삶의 문제다. 믿음과 지식의 관계에 대한 그의 풀이는 대부분 인륜적 삶에 용해되어 있는 믿음을 밝힘으로써 궁극적으로 공동체적 삶의 계몽과 상승에 기여하려고 한다. 믿음이 공동체적 삶의 계몽에 이바지한다는 생각은 믿음과 지식을 상호 대립하는 항목으로 보지 않을 때 가능하다. '믿음이냐 지식이냐'라는 양자택일의 방식은 헤겔의 생각과 거리가 멀다. 변증법의 대가는 양자를 관계 속에서 파악한다.

신에 대한 믿음은 우선 삶의 전제다. 헤겔에게 삶의 전제는 무엇보다 역사적 삶이다. 역사는 시간적 삶의 연속으로서 이 가운데는 과거와 현재가 불가분리적으로 결합되어 있다. 역사 속에 종교가 있었다면 이것은 곧 신에 대한 믿음이 있었다는 사실을 확인시켜준다. 그러나 이것은 과거적 사실로서의 믿음으로 끝나지 않고 현재 삶에 영향을 미치고 있다. 헤겔의 사유에 빚지고 있는 가다머H.-G. Gadamer가 역사를 '영향사'로 규정한 것은 정확한 파악이다. 인륜적 삶을 가장 중요한 철학의 토대와 과제로 간주하는 헤겔에게 신에 대한 믿음은 역사적 삶의 연장선상에 있는 것이다.

서양철학자 헤겔에게 역사적으로 부과된 종교적 삶은 그리스도교이며 특히 프로테스탄트종교다. 그의 종교적 고백은 루터교였으며, 이것은 일생 동안 변함이 없었다. 헤겔은 매주일 교회에 출석하지는 않았지만 성령강림절에는 반드시 교회를 찾았다고 한다. 그가 강조하는 절대정신absoluter Geist은 기독교에서 말하는 성령heiliger Geist과 밀접한 관련이 있다. 신을 불변하는 실체로 간주하는 것을 넘어서서 역동적 정신으로 파악한 것에서 우리는 절대정신과 기독교 사상 간의 친화성을 확인할 수 있다. 공휴일을 대부분 종교적 기념일로 정하고 있는 서양국가에서 종교적 삶과 인륜적 삶은 밀접한 관계를 가지는데, 헤겔은 이 점을 특히 주목한다. 그가 독실한 신자가 아니었다는 것은 여러 저작들을 통해 쉽게 짐작이 간다. 하지만 인륜적 삶 속에 숨 쉬고 있는 신앙의 연속성을 인정했다는 사실은 분명하다.

그러므로 헤겔에게 신에 대한 믿음은 애당초 신앙인 개인의 범주를 벗어나며 실존적 체험과 거리가 있다. 인륜적 삶 가운데서 신에 대한 믿음을 인정했음에도 불구하고 동료였던 슐라이어마허와 대립하고 키르케고르로부터 신랄하게 비판받은 이유가 여기에 있다. 이 점은 많은 사람들이 오해하고 있는 것과 달리 대립과 비판의 문제가 아니라 보완과 조화의 문제다. 전체로서의 삶을 고려하거나 종교 자체를 생각해본다면 인륜적 삶 속의 신앙과 체험적 신앙은 결코 대립하지 않는다. 양자는 신앙과 종교의 두 측면이다. 인륜적 삶 속의 신앙이 공동체의 도야를 가능하게 한다면 실존적 신앙은 개인의 내면성을 도야한다. 개인은 공동체를 떠나 존재할 수 없으며 공동체 또한 개인 없이 존속할 수 없다면 양 측면은 상호보완적이다.

믿음을 철학으로 이행시킨 헤겔은 이미 신을 파악한 철학자?

신에 대한 믿음은 필요한가? 언급했듯이 신앙은 개인에게 주어져 있는 인륜적 삶의 전제다. 이것은 필요에 따른 선택이 아니라 독자적인 삶이 출발할 수 있는 토대다. 이것이 갖는 긍정성은 우선 이 토대의 외연에 있다. 신에 대한 믿음은 교리적인 차원을 넘어선 것으로서 인간존재의 근본물음과 연관된다. 가령 어린이에게도 빠짐없이 제기되는 '죽음'과 '신'에 대한 관심은 이에 대한 설명이 주어져 있을 때와 그렇지 않을 때 아주 다른 결과를 가져온다. 어린이 철학교육은 인위적이고 어려운 일일 수 있지만, 일상의 삶에서 접촉하는 초월적 세계는 아이들에게 자연스럽게 받아들여진다. 신에 대한 믿음이 개인의 삶의 토대로 마련되는 경우, 그는 현실세계와 초월적 세계의 관계를 쉽게 조망할 수 있다. 사실을 전체 틀에서 조망할 수 있는 능력도 여기서 길러진다.

신에 대한 믿음은 인륜적 삶을 새롭게 형성한다. 형성과 도야 그리고 이로부터 만들어지는 새로운 문화는 믿음과 이성의 상호작용에서 가능하다. 헤겔은 이 문제를 종교적 전제와 이것의 무전제화無前提化라는 틀 속에서 설명한다. 종교적 전제는 믿음이다. 이것을 전제가 아닌 것으로 만든다는 것은 믿음의 내용을 남김없이 이성적으로 파악하는 것을 뜻한다. 인륜적 삶의 도야는 이 과정에서 성취된다. 종교적 전제가 없는 삶과 이러한 전제로부터 출발하는 삶은 그 형성에서 많은 차이가 있다. 이러한 차이는 개인에게서도 나타나지만 공동체에서 더 분명하게 확인된다.

믿음의 내용은 초월과 관련된 것이므로 그 자체가 현실의 한계를 벗어나 있다. 초월적 내용은 현실의 문제뿐만 아니라 그 해결가능성도 포함하고 있다. 초월적 세계는 현실세계를 능가할 뿐 아니라 그 근원에 해당하기 때문이다. 종교적 믿음에 대한 헤겔의 관심은 대부분 이 문제에 집중되어 있다. 현실을 초월에 비추어보는 것은 현실의 올바름과 그릇됨을 판별하게 해주며 더 나아가 현실의 문제를 해결할 수 있는 기준을 제시해준다. 그러나 이것은 신에 대한 믿음만으로는 이루어질 수 없다. 믿음과 더불어 이성의 활동이 필요하다. 믿음과 이성의 관계는 대립관계가 아니라 보완관계다. 믿음 없는 이성은 공허하며 이성 없는 믿음은 맹목적일 수 있다.

종교적 믿음과 이성의 관계에 대한 헤겔의 설명은 독특하며 독보적이다. 그는 이 관계를 인식론적으로 풀이한다. 종교나 종교적 믿음은 이른바 인식의 여러 단계 가운데 '표상表象'의 단계에 속한다. 표상은 'Vorstellung'의 번역어인데 영어는 이를 'representation'으로 쓴다. 종교적 믿음은 종교적 사건에 대한 공동체의 기억이다. 종교적 믿음은 제의에서 가장 구체적으로 확인된다. 제의는 종교적 사건과 이에 대한 공동체의 기억을 마음속에 떠올리며 이를 통해 초월자와 통합되는 성스러운 시간이다. 중요한 것은 믿음이 종교적 내용을 내면 가운데 표상한다는 사실이다. 이러한 표상은 종교적 내용에 대한 개인과 공동체의 기억이다. 종교적 기억의 현재화는 개인의 믿음을 더욱 분명하게 해주며 공동체를 그때마다 생동적으로 결속시킨다. 신에 대한 믿음은 결국 믿음의 원천에 대한 표상이며 이를 기억하는 공동체의 기억에 대한 표상이다. 종교적 표상은 기억의 역사를 전제하며 이를 미래의 공동체에 매개한다.

표상은 믿음의 내용을 담고 있지만 아직 부족한 것이다. 마음에 믿음의 내용을 표상하고 있다는 사실과 이를 온전히 파악하는 것은 다르다. 그래서 표상은 '개념'으로 더 진행해야 한다. 개념은 정확히 말해서 '파악함'이다. 믿음의 내용이 초월적인 것과 더불어 현실 문제의 해법을 지니고 있다면 이는 개념적으로 완전하게 파악될 때 그 힘을 발휘할 수 있다. 그렇지 않으면 믿음의 진리가는 개인과 특정 공동체의 신념으로만 남아 있게 되고 다른 세계와는 무관할 수 있다. 파악함을 실행하는 영역은 더 이상 종교가 아니라 철학이다. 종교적 믿음은 이제 철학적 파악으로 넘어간다. 신에 대한 믿음은 믿음에 대한 앎으로 이행한다. 믿음의 표상과 믿음에 대한 앎의 내용은 같다. 그러나 이 내용을 단순히 마음속에 떠올리는 것과 이를 개념적으로 파악하는 것은 다르다. 내용은 같지만 이를 담는 형식이 달라진 것이다.

후기자본주의사회를 비판하고 여러 대안을 제시한 하버마스는 사회문제의 해법을 종교에서 찾으며 그 기본구상을 헤겔에게서 빌려온다. 개별화가 극단적으로 진행된 사회가 필요로 하는 새로운 통합은 새로운 규범을 요구한다. 새로운 규범은 초월적 세계의 개입을 필요로 하며, 이는 종교적 내용을 철학적으로 '번역'할 때 가능하다. 종교의 내용을 일상 언어로 번역할 때 분열된 현실을 통합할 수 있는 지혜를 얻을 수 있다는 것이다. 이것은 종교적 표상을 철학적 개념으로 바꾸려는 헤겔의 시도와 같다.

신에 대한 믿음은 전승된 것이든 현재적 체험이든 간에 숭고한 가치를 지니고 있다. 헤겔은 이 가치를 결코 무시하지 않으며 이를 손상시키지 않는 가운데 현실 변화의 동력을 발견하려고 한다. 이를 위해서 믿음은 믿음의 영역에서 앎의 영역으로 넘어가야 하며 일상언어의 도움으로 일반화된 내용이 되어야 한다. 종교는 철학으로 이행해야 한다. 그런데 신에 대한 믿음은 철학에 도달할 때 믿음의 영역을 벗어난다. 믿음에서 전제하고 인정했던 초월자는 학문적 철학에서 더 이상 초월자가 아니게 된다. 바로 여기가 헤겔이 직면한 비판적 지점이다. 상황이 이러한대도 여전히 믿음이 필요한가? 믿음을 개념적으로 파악한 사람에게는 더 이상 믿음이 필요 없는 것 아닌가? 믿음을 철학으로 이행시킨 헤겔은 이미 신을 파악한 철학자인가? 그러나 이러한 물음들은 헤겔 철학에 대한 반쪽짜리 이해에 불과하다.

신은 그 의미에 따라
있기도 하고 없기도 하다
— 권대중

신 존재 물음은 신 관념에 따라 답변된다

"제우스입니다. 저는 지금 부재중이오니 메시지를 남겨주
시면 전화드리겠습니다."
"This is Zeus, I am not home right now. Leave a message
and I'll get back to you."

우디 앨런의 영화 〈마이티 아프로디테〉에 등장하는 대
사다. 사람들이 제우스에게 도움을 애타게 바라는 기도를
하자 하늘에서 '삐~' 하는 신호음 뒤에 들리는 목소리다.
'지금 부재중'이라는 코믹한 설정을 통해 우디 앨런은 신
의 궁극적 존재 여부에 대해서는 유보적인 태도를 보인다.
신의 존재에 대한 물음은 실로 많은 철학자들이 제기하

고 답을 찾으려 했던 것이다. 어떤 경건한 이는 자신의 철학 자체를 신앙 고백의 하나로 구축하기도 하고, 어떤 이는 신을 아예 죽이기도 하며, 또 어떤 이는 신은 신앙의 대상이지 지식의 대상일 수는 없는, 즉 단지 '가능한 경험의 한계 너머의 이념에 불과한 것'이라고 한다.

그러나 이 질문에 대한 답을 찾기에 앞서 이러저러한 사람들이 '있다'나 '없다'를 말하는 대상, 즉 '신'이 도대체 무엇을 의미하는지를 먼저 확실히 해두지 않으면 안 된다. 왜냐하면 똑같이 '신'이라는 언어기호를 사용함에도 불구하고 그 기호의 의미나 지시체가 동일한지는 아직 불확실하기 때문이다. 즉 신의 존재에 대한 물음은 '신이 존재하는가?'라는 형식으로뿐만 아니라 '신은 (만약 존재한다면) 어떻게 존재하는가?' 나아가 '신은 무엇인가?'라는 형식으로도 제기되며, 특히 후자의 물음에 따라 전자의 물음이 결정될 수 있는 매우 특이한 구조의 물음이라 할 수 있다. 따라서 우리는 먼저 사람들이 '신'을 언급할 때 어떤 관념을 이 단어에 대응시키는지를 분명히 따져보는 데서 출발해야 한다.

'그런 신은 없다' : 헤겔의 무신론

일반적으로 사람들이 말하는 신은 종교적 차원의 신으

로서 본질적으로 '인격신personal god' 버전의 신이다. 그리스 로마의 다신교적 전통에서는 물론 일신교적 전통에서도, 나아가 심지어 인간이 아닌 대상을 섬기는 종교에서도 신앙의 대상으로서의 신은 어떤 '분'이나 '님'이라는 호칭을 부여받는 인격체를 의미한다. 즉, 비록 인간 그 자체의 능력 너머에 있고 인간이 지닌 온갖 한계를 더 이상 또는 대부분 지니지 않는 초인간적 주체로 그려짐에도 불구하고 종교적 차원에서 말해지는 신은 인간처럼 '의지', '감정', '목적' 등을 지닌 거대 인격체다. 그래서 그러한 신들은 생각하고, 의심하고, 화내고, 기뻐하고, 슬퍼하고, 상과 벌을 주고, 명령하는 등 근본적으로 의인주의擬人主義, anthropomorphism 모델에 따라 표상된다. 따라서 「창세기」에는 창조주로서의 신이 자신의 형상을 따라 인간을 만든 것으로 적혀 있지만, 이러한 신은 종교학적으로 보자면 인간이 자신의 형상을 따라 만든 피조물이라는, 그 개념과는 오히려 반대되는 성격을 띤다고 할 수 있다.

헤겔에게서 신에 대한 종교적 차원에서의 최고 단계의 관념은 기독교적 신 관념이다. 그 이유는 신이 절대자絶對者, das Absloute라면 그러한 신은 그 어떤 자연적 유한성으로부터도 자유로운 정신적 존재자여야 하고(시공간적 좌표에 묶인 신체성으로부터의 자유), 또 그 절대성 개념에 상응해 복수가 아닌 단수로 존재해야 하며(개념상 필연적인 유일성), 다른 모든 것의 최초의 원인이면서 그 자신은 다른 원인의 결과가 아니어야 할 뿐 아니라(창조성, 자기원인성), 모든 긍정적인 규정의 완전체이면서(전지성, 전능성, 전선성) 또한 그 절대성의 개념에 따라 구체적 현실에서도 자신의 규정을 실현해야 하는데(현세와의 적극적 관련성), 오로지 기독교만이 (그리고 상대적으로 가톨릭보다는 프로테스탄트가) 그러한 신 관념에 가장 가까운 어떤 존재자를 믿고 있기 때문이다. 즉, 그리스 신화의 신들이 다만 죽지 않으면서 그 활동 영역이 엄청나게 크다는 점에서만 인간과 다를 뿐, 근본적으로 '신체성', '다수성'에 따라 기술되고, 또한 인간의 패덕과 한계를 대부분 공유하고 있을 뿐 아니라 그들에 앞서 이미 여하한 형태의 세계가 존재했던 점에서 유한한 초인간에 불과했던 반면, 기독교의 신은 순수 정신적 존재(무형상성)이면서도 만물이 존재하기 이전의 태초의 순간부터 존재해온 유일한 자기원인이면서도 자신이 창조한 이 세계에 (심지어 자신이 직접 육화함으로써) 적극적으로 관여한다.

그러나 그렇다고 헤겔의 종교철학이 기독교를 정당화하는 신학의 기능을 가진다고 할 수는 없다. 왜냐하면 헤겔의 사상 중 가장 중요한 것 가운데 하나가 바로 '종교의

종언', 좀 더 구체적으로 '기독교의 종언' 테제이기 때문
이다. 즉 그에 따르면 종교의 최고 단계인 기독교도 지성
의 수준이 아직 철학적이고 개념적인 사유를 할 수 없는
단계의 시대나 인간에게서만 의미를 지닐 수 있는 한시
적인 문화콘텐츠라는 점에서는, 즉 전前철학적 단계의 교
양에 그친다는 점에서는 그리스 로마 신화와 마찬가지다.
왜냐하면 정신성, 유일성, 전일성, 자기원인성 등의 최고
개념을 함축하고 있음에도 불구하고, 기독교의 신은 여전
히 유한한 인격성에 고착되어 있을 뿐 아니라, 다만 미발
전된 시대의 유일한 지적 서사였던 상상적·신화적 상징
체계를 실제의 역사 기술이라고 믿도록 강요하는, 따라
서 순수한 이성의 입장에서는 용납하기 어려운 독단성 –
헤겔의 용어법으로는 '실정성實定性, Positivität' – 에 고착되어
있기 때문이다. 한마디로 이성적 사유의 기준에 아직 못
미치는 '표상表象, Vorstellung'에 지배되는 것이 종교라는 말
이다.

'이런 신은 있다' : 헤겔의 철학적 유신론

그렇다면 헤겔의 대답은 '신은 없다'가 될 것인가? 그렇지
는 않다. 왜냐하면 그가 거부하는 것은 다만 표상에 의해
그려진 전개념적前概念的 인격신이지 신의 개념적 규정인

'절대자' 또는 '무한자' 자체는 아니기 때문이다. 즉 '절대자'를 '자연의 사물 영역과 인간의 정신 영역 모두를 지배하는 하나의 동일한 원리'라고 정의한다면 그것은 분명히 존재한다고 말하는 것이 객관적 관념론이 아닌가. 그런데 이러한 초월적·선험적 원리 또는 구조를 개념적으로 파악하는 것은 철학의 일이지 종교의 일이 아니다. 종교는 이성적 정당화를 배제하는 뮈토스mythos인 반면 철학은 절대자인 로고스logos를 로고스적으로 사유하며, 이에 신은 '신앙'의 대상이 아니라 '지식'의 대상이 된다. 이렇게 보면 신의 존재에 대한 헤겔 이론은 종교인들 눈으로 보기에는 무신론에 속하지만, 객관적 관념론의 지지자 입장에서 보면 개념적으로 정화된 유신론이라 할 수 있다.

결론적으로 '당신은 신의 존재를 믿습니까?'라는 물음은 헤겔에게서는 '당신은 신을 압니까?'로 바꾸어야 하며, 이에 대한 헤겔의 대답은 "네, 나는 신을 압니다. 신이 존재하는 것도 알고, 신이 어떻게 존재하는지도 압니다"가 될 것이다. 그리고 여기서 헤겔이 '앎'의 대상으로 승격시킨 개념적 '절대자'를 모시는 최고의 거룩한 예배는 교회가 아닌 이성의 왕국으로서의 철학에서만 이루어진다.

철학은
무엇인가
?

과학보다 더 깊이,
더 과학적으로 묻고 대답하는 것

과학보다 더 깊이,
더 과학적으로 묻고 대답하는 것
— 권대중

철학의 필수 분과로서의 '철학철학'

철학은 그 대상이 매우 다양하다. 그래서 심리철학, 수리철학, 과학철학, 역사철학, 예술철학, 법철학, 도덕철학, 종교철학 등과 같이 그 대상을 가리키는 말에다 '철학'이라는 말을 이어 붙인 'X 철학'은 그 종류가 매우 많다. 그렇다면 '철학이란 무엇인가?'라는 질문에 답하기 위한 영역은 무슨 철학일까? 학문적 방법이 철학이고 그 대상 또한 철학이니 그것은 '철학철학Philosophie der Philosophie, philosophy of philosophy'이라고 불릴 것이다. 그런데 막상 '철학철학'이라고 자판을 치면 워드프로세서가 붉은 줄로 표시한다. 존재하지 않거나 잘못 표기된 단어라는 말이다. 게다가 실제로 '철학철학'이라는 말을 쓴 철학자도 아마도 (거의) 없었던 듯하다. 그러나 '개념'이라는 말 자체가 하나의 개념이기에 '개념의 개념Begriff des Begriffs'이라는 말이 성립하는 것처럼, 철학이 자기 스스로를 대상으로 한다면 '철학 철학'이라는 말도 성립할 수 있을 뿐만 아니라, 철학이 진정으로 최고의 학문이라는 칭호에 걸맞기 위해서는 철학철학, 즉 철학의 자기인식 또는 자기성찰은 철학을 철학으로 성립시키는 데 없어서는 안 될 요소일 것이다. 실제로 모든 철학자들은 철학의 정체성에 대한 나름의 버전을 분명하게 가지고 있으며, 헤겔도 마찬가지다.

헤겔은 그의 체계 전체를 서술하는 『철학대계』[1]의 첫 번째 절을 철학의 학문적 성격에 대한 말들로 채우고 있다. 그리고 그 절에는 학문의 대상과 방법이 일정하게 주어져 있는 다른 학문들과는 달리 철학에는 그 어떤 것도 전제되어 있지 않다는, 유명하고도 난해한 문장이 맨 처음으로 등장한다.[2] 그리고 이어서 '사유'니 '개념'이니 '필연성'이니 하는 고도의 추상어들을 통해 '철학이란 이런 것이다'라고 설명한다. 하지만 헤겔의 그러한 말들을 아무리 잘 해석해서 그 골자만 추려 서술하더라도 독자들에게는 혼란만 가중될 뿐, 헤겔 철학철학의 정체는 오히려 더욱 신비 속에 가려질 것이 분명하므로, 나는 현재 일반인들의 '상식' 속에 퍼져 있는 통념과 비교함으로써 그가 말하는 참된 철학의 모습을 유추할 수 있도록 시도해보겠다.

철학, 과학인가 수사학인가?

그 그리스적 어원 때문인지는 모르겠으나 대개의 사람들은 철학을 일반적인 의미에서의 과학science이라기보다는 그 의미의 폭이 훨씬 크고 따라서 애매하기도 한 '지혜wisdom'라는 말에 대응하는 분과로 이해하고 있는 것으로 보인다. '지혜'가 워낙 큰 범주의 단어이기 때문에 논리적으로 지식의 체계인 과학도 당연히 그 안에 포함되어야겠지만, 사람들은 종종 '지혜로서의 철학'은 과학과는 다르거나 심지어는 반대의 성격을 지니고 있는 것으로 생각한다. 과학은 지식knowledge을 그 구성요소로 하고, 이 구성요소들은 서로 딱딱 맞아떨어져야 한다. 즉 명제들과 사실들 사이에, 그리고 명제들 자체 사이에 어떤 불일치나 모순이 있다면 지식으로 인정되지 않는다. 반면 '심오한 지혜로서의 철학'을 선호하는 입장에 선 사람들은 과학의 그러한 '딱딱 맞아떨어짐'을 어떤 경박하거나 천박한 것으로까지 여길 때도 있다. 반면 철학의 대상으로 일컬어지는 '진리'는 종종 말(헤겔식으로 하자면 개념, 판단, 추론)로는 정확하게 규정할 수 없는 더 깊고 넓고 높은 차원의 것으로 인식되기 때문에, 철학에서 구사되는 언어들 역시 '무진장한 에너지'를 가진, 그러면서도 '의미를 특정할 수 없는 신비로운' 느낌을 줄 때 그 본연의 기능을 더 잘 수행할 수 있는 것으로 여겨지곤 한다.

특히 이른바 '포스트모던'이라 불리는 일련의 운동이 인문학 전반을 풍미하면서, 철학은 그것이 처음 출발했던 시기에 뮈토스mythos로부터 로고스logos로 도약하고자 했던 아티카 사상가들과는 정반대 방향의 길을 걷기 시작했고, 지금도 (아마도 이 책의 독자들 중 다수를 포함할) 많은 철학 팬들은 이러한 흐름에 대체적인 공감을 표하고 있다. 그러다 보니 수학이나 물리학과 같은 좁은 의미에서의 과학과는 가급적 거리가 먼 방식의 진술방식, 즉 에세이나 잠언과 같은 방식의 글들이 철학적 지혜를 대변하는 것으로 받아들여지는 경우가 많다. 게다가 철학과 문학의 경계도 상당히 모호해졌다. 니체가 인간의 정신을 세 단계로 나누어 '낙타', '사자', '어린아이'로 부르거나, 하이데거가 인간이 잠시 얻는 깨달음의 상태를 '숲속의 빈터'라고 부르는 것을 넘어 아예 철학자에게 시인이 되라고 요구하는 등의 예에서 보이듯, 철학은 그 의미가 수수께끼처럼 되면 될수록 더 깊고 넓고 높게 되는 것처럼 생각하는 사람이 많은 것이 현실이다. 그리고 어떤 명시적인 대답을 내놓는 것보다는 사고의 실험을 촉발하는, 의미 미확정의 수사학이 철학의 본연의 모습인 듯 여겨지고 있다.

그렇다면 철학은 정녕 영리한 말clever talking로 이루어진

346

광의의 지혜 차원에 속하는 것인지, 아니면 방금 언급한 일반적인 인식에도 불구하고 오히려 최고의 의미에서 '과학'일 수 있는지를 규명하는 것이야말로 '철학철학'이 풀어야 할 일차적인 숙제라 할 수 있는데, 헤겔이 그 가운데 어떤 길을 택했는지, 아니면 또 다른 어떤 길을 택했는지를 이해하는 것은 그의 사상 세계를 이해하는 작업에서도 매우 중요하다. 헤겔의 철학철학을 이해하기 위해 우리의 상식에 널리 유포된 견해를 먼저 살펴보자.

기술과 규범

철학이 인문학의 대표 학문으로서 다른 개별과학과 구별되는 중요한 요소 가운데 하나는 그것이 객관적 사실에 일치하는 정확한 정보의 획득에 그치지 않고 어떤 가치 또는 의미에 대한 물음을 던지고 답을 찾고자 하며,[3] 나아가 개별적인 원자적 지식을 넘어 거의 시간과 공간의 한계를 넘어서는 거대한 세계관을 추구하기도 한다는 점이다. 즉, 동일한 대상에 대해 '나의 지식이 맞는가?'를 묻는 기술적記述的, descriptive 차원에서 더 나아가 '이것은 과연 옳고 정당한 것인가?' 내지 '이것은 과연 가치 있고 의미 있는 것인가?'라는 규범적規範的, normative 차원 및 의미 차원의 물음을 던지고, 나아가 우리 눈앞에 존재하고 벌어지는 모든 사물과 현상 및 그것들에 대한 우리의 인식보다 훨씬 앞서 존재하고 훨씬 깊은 심연에 있는 어떤 시원始源 내지 메타meta의 차원을 찾고자 하는 것이 철학이다. 문제는 기술적 차원에서는 누구나 동의할 수 있는, 또는 심지어 사람들끼리의 동의 여부와도 무관하게 성립하는 절대적인 '참 명제wahrer Satz, true proposition'가 존재할 수 있다고 생각되지만, 규범적 차원 또는 의미 차원은 그 판단의 기준이 객관적 대상보다는 저마다 보는 눈과 생각의 지평이 다른 판단 주체들에 있는 것으로 여겨지는 까닭에 기본적으로 상대성이 지배하는 영역이라고 간주된다는 점이다.

즉, 근본적으로 사실의 영역은 객관성이 지배하는 반면 가치 또는 의미의 영역은 주관성 또는 기껏해야 간주관적 합의에 달려 있기 때문에, 전자와는 달리 후자의 영역은 보편타당한 명제의 산출이 불가능한 특수성 또는 개별성의 영역인 것처럼 보이며, 이 점에서 어떤 엄밀한 이론의 영역이 아니라 자유롭고 개방되고 다원적인 미적 영역과 유사한 것으로 보인다. 따라서 의미와 가치라는 사실 영역을 벗어난 문제에 대한 해명을 요구하는 수요를 충족시키고자 계속 노력한다면, 철학은 - 칸트가 『순수이성비판』 앞머리에서 형이상학적 문제에 대해 인간 이성이 그 천성으로 인해 제기할 수밖에 없지만 그 능력으로 인해 결코 대답할 수 없다고 말한 것보다 더 심한 정도로 - 이율배반에 빠질 수밖에 없게 된다. 그 이율배반은 대강 다음과 같다.

먼저 가치와 의미 문제들에 대한 철학의 언명이 과학의 객관적 진술과는 달리 보편성을 결여한다면, 철학은 설령 현실적으로 많은 철학 수요자들의 요청에 상응해 탁월한 치유적 기능을 수행할 수 있다 하더라도, 과학의 최소 요건인 '지식'의 덕목을 갖출 수는 없게 될 위험에 놓인다. 지식이 되지 못한다는 것은 그 언명이 참인지도 확인할 수 없을 뿐 아니라 설령 요행히 결과적으로 참이라 하더라도 그것이 어떻게 참인지의 근거를 밝힐 수 없는 채 - 즉 '정당화된 참인 믿음justified true belief'이라는 지식에 대한 고전적 정의의 요건을 충족시키지 못한 채 - 기껏해야 '선언'이나 '단언'으로 그칠 위험에, 나아가 심지어는 '독단'에 빠질 위험에 처해 있음을 의미한다. 실제로 오늘날에도 철학 전공자들이 학술적 글을 발표했을 때 가장 듣기 싫어하고 두려워하는 지적이 "이 글은 논증이 없이 한낱 선언임에 머문다."라는 지적이다. 비트겐슈타인이 『논리철학논고』의 마지막에 쓴 "말할 수 없는 것에 관해서는 침묵해야 한다."라는 유명한 말은 가치와 의미에 관한 선언이나 단언을 과학적 지식으로서의 철학으로부터 퇴출하고자 한 선언이자 단언이다.[4] 물론 이러한 비판적 태도는 철학사를 보더라도 전혀 낯선 것은 아니다. 지중해 지역에서 철학이라는 이름의 학문이 지식의 엄격한 기준을 세우면서 처음 출발했던 먼 과거는 물론, 이성주의와 경험주의라는 서로 첨예한 대립관계에 있었던 근대의 두 주류 유파가 정당화가 불가능한 한갓된 신념이나 가상적 서사의 성격을 띤 진술들을 철학적 지성의 영역으로부터 퇴출하고자 한 점에서는 서로 일치했던 비교적 가까운 과거를 보면, 철학이 최고도의 학적 엄밀성을 지향했던 경우는 실로 많다.

더 이상 따질 것이 없을 때까지 따져서 만족스런 해명이 얻어지지 않으면 결코 지식으로 인정하지 않는 이러한 태도에 따라 철학에서는 자연스럽게 가장 깊은 심연의 영역에 대한 언급이나 가치 및 의미 영역에 대한 언급은 '잘못 제기된 문제'를 풀려는 의미 없는 시도라는 생각으로 이어지기 쉬우며, 이에 사람들의 세계관과 가치관을 이끌어주는 향도적向導的 역할의 추구나 세계의 본질과 근원을 파악하려는 거대 담론의 추구를 오히려 철학을 비과학非科學, non-science으로 오도하는 것이라는 생각이 지배적이게 된다. 최근의 많은 철학적 작업들이 주로 형식논리적 논증에 의거한 미시 담론에 집중되고 있는 것도 본질적으로는 바로 이러한 판단에 따른 것이다.

350

철학의 트레이드오프

그렇다면 철학이 취해야 할 올바른 방향은 거대 담론이나 가치 및 의미 영역에 대한 해명을 포기하고 오로지 가치 중립적이고 탈의미적인 미시적이고 사실적인 영역에 대해 객관적이고도 확실한 답을 제공하고, 그럼으로써 제대로 된 의미에서의 '지식'과 '과학'의 자격을 얻는 것에 있는 것일까? 이 길을 선택함으로써 철학이 지식과 과학을 지향하는 것은 물론 전혀 불가능한 것이 아니다. 그러나 이러한 선택은 또한 철학으로 하여금 그것이 오래도록 유지해온 매우 소중한 학문적 자기정체성을 포기하는 것을 대가로 치를 수밖에 없게 한다. 먼저 철학의 자기정체성을 나타내는 것으로 오랜 동안 인정받아온 것이 바로 우리에게 매우 익숙한 '제1학문' 또는 '궁극학문'이라는 칭호다. 모든 다른 학문들이 제각각 영역을 나누어 학문세계 내에서 일종의 노동분업을 해온 것과는 달리, 철학은 다른 모든 학문들을 근저에서 뒷받침하거나 최고의 위치에서 포섭하고 총괄하고 이끄는, 일종의 지도학문 또는 학문적 최종 심급 역할을 해왔다. 그런데 지식의 구성요소를 갖춤으로써 과학으로서의 자격을 얻으려는 과정에서 철학은 어느새 다른 개별학문들과 같은 수준의 또 다른 하나의 개별 분과discipline가 되어버릴 위험에 빠질 수 있다.

그런데 우리가 철학의 자기정체성 문제와 관련해서 실제로 문제 삼아야 하는 것은 이러한 위상 추락이 아니다. 즉 더욱 심각한 문제는 대답 가능한 객관적이고 미시적인 담론으로의 방향 전환은 자칫하면 철학을 더 이상 철학이 아니게 만들 수 있다는 것이다. 2500년 전 철학은 '아르케arche', 즉 모든 존재의 근원을 이성의 언어를 통해 따지고 설명하고자 했던 데서 그 역사를 시작했고, 또한 다른 학문에서는 기대하기 어려운, 가치와 의미 영역에 대한 지적 탐험과 해명을 자신의 학문적 정체성으로 삼아왔다. 그런데 저 근원적인 영역과 가치 및 의미 차원에 대한 객관적이고 명쾌한 해답이 어렵다는 이유로 자신이 수천 년 동안 지속해온 노력을 포기한다면, 이제 철학의 본질적 과제는 역설적이게도 철학이 아니라 종교 공동체나 비학문적이고 사적인 담론으로 넘어갈 수밖에 없게 될 것이다. 쉽게 말하면, 개념과 논증을 통해 이성적 언어로 형이상학적 질문이나 아름다움과 선, 정의 등에 대해 설명하는 것이 불가능하다고 철학이 스스로 일종의 '무지에 대한 양심고백'을 한다면, 그러한 주제들에 대한 물음이 실질적으로 제기되고 또한 그 해답의 발견이 추구되는 장場은 이제 더 이상 철학이라는 지적 콘텐츠의 영역이 아니라, 교회 같은 신앙의 영역이나 선배와의 술자리 같은 비학문적인 사적 영역이 되고 말 것이다.

이상에서 간단히 얘기한 이러한 이율배반은 경제학에서 말하는 '트레이드오프trade off'를 떠올린다. 즉, 한편으로 사람들이 철학이라는 혜비급 학문에게서 기대하는 것은 다른 분과학문들에서는 기대할 수 없는 기능, 다시 말해 심오한 세계관이나 원대한 희망을 제시함으로써 삶의 방향을 이끌어주고 자칫 절망하기 쉬운 삶 속에서 희망을 제공하는 기능이지만, 이러한 '치유적'이고 '향도적'이라 부를 수 있는 기능에 충실하다 보면 철학은 주장의 정당성을 입증함으로써 이루어지는 지식이라기보다는 그저 듣기 좋은 이야기에 그칠 가능성이 크다. 그리고 반대로 그러한 수사학을 지양하고 그 대신 지식의 엄밀성을 갖추기 위해 노력하다 보면 철학은 다른 여러 학문들과 마찬가지로 심오하고 거대한 의미 및 가치의 차원이 결여된 일개 개별 분과학으로 그치게 될 위험을 지니게 될 뿐 아니라 자기의 본질적 정체성이 심히 훼손될 수밖에 없게 된다. 이러한 상황을 트레이드오프라고 부른 것은 과학적 엄밀성이라는 한편과 근원에 대한, 그리고 가치 및 의미 영역에 대한 심오한 담론이라는 다른 한편은 서로 양립하기가 거의 불가능하다고 판단되기 때문이다. 그래서 대개의 철학자는 두 갈래의 갈림길 가운데 하나를 택할 것이다. 그리고 그 두 방향의 길은 아이사야 벌린이 '여우'와 '고슴도치'라는 상징어로 나눈 두 상반된 유형의 철학자 군群에 상응한다.[5]

고슴도치 헤겔

헤겔은 과연 어떤 길을 택했을까? 그가 걸었던 길은 방금 말한 두 개의 길 가운데 하나일까? 아니면 그는 또 다른 방향의 길을 발견했을까? 벌린의 방식을 적용하면 헤겔은 통상 고슴도치 철학자 군에 속하는 인물로 언급된다. 나아가 평가하는 이의 철학적 취향에 따라 그는 '최고의 고슴도치'로도, '최악의 고슴도치'로도 불린다. 즉 고슴도치 취향을 지닌 이들의 편에서 보면 헤겔은 사유의 가장 깊은 심연에서 우주의 비밀을 파헤치고자 한, 그리고 진리와 선과 아름다움의 전 영역을 해명하려 한, 그래서 2500년 되는 서양철학 역사를 통틀어 가장 큰 철학적 포부와 시각을 지녔던 대사상가大思想家, Großdenker로 상찬의 대상이 될 수 있지만, 여우의 편에서 보자면 그는 신화 같은 공상적 허구의 세계를 구성하면서 진리 인식을 참칭한, 야심만 컸던 궤변가로 평가되기도 한다.

이렇게 그에 대한 평가는 평가하는 사람의 기호에 따

라 긍정적일 수도, 부정적일 수도 있지만, 적어도 그가 고슴도치 철학자 군에 속한다는 사실만큼은 분명해 보인다. 헤겔 철학이 지니는 고슴도치의 얼굴을 그의 익히 알려진 말들을 통해서 확인해보자. 그가 『법철학』 서문에 남긴 유명한 말에 따르면 "이성적인 것은 현실적이고, 현실적인 것은 이성적이다."[6] 여기서 '현실'이란 '세계'나 '우주'라는 단어로 바꾸어 써도 되는 것으로서, 인간이 인식하고자 하는 대상 전체를 가리킨다. 인식이 우리 주관에 속하고 세계는 우리와 마주하는 객관이니, 이 말은 '주관적인 것은 객관적이고, 객관적인 것은 주관적이다'로 바꿀 수도 있다. 철학사에서의 전통적 입장뿐 아니라 당시의 지배적인 입장, 나아가 현재 우리 대부분이 공유하고 있는 상식의 입장에서도 이른바 주객동일성에 대한 이러한 주장은 쉽게 받아들여지기 어렵다. 나아가 그의 두 차례에 걸친 유명한 취임 강연에서도 헤겔은 이러한 입장을 더욱 분명히 천명한다. 즉 "진리의 용기, 정신의 힘에 대한 믿음은 철학적 탐구를 위한 첫 번째 조건입니다. (…) 우주 삼라만상의 닫힌 본질은 인식의 용기에 저항할 수 있는 그 어떤 힘도 자신 속에 갖고 있지 않습니다." 이 구절에 대한 좀 더 상세한 설명은 '진리'에 관한 질문 편을 참고하면 되겠지만, 어쨌건 이 세계의 법칙이 궁극적으로 이성의 법칙에 포섭되고, 그리하여 원칙적으로 인식 불가능한 객체는 없다는 것으로 충분히 해석될 수 있는 이러한 주장은 감성적으로는 멋있게 여겨질 수 있지만 확실한 논거나 증거를 통해 참이라고 정당화하기 어려운 목소리 큰 선언에 그칠 위험을 상당히 내포하는, 전형적인 고슴도치 철학자의 입장임은 분명하다.

게다가 헤겔의 철학은 이러한 스케일 면에서 고슴도치의 모습을 보일 뿐 아니라, 여우들이 극도로 조심스럽게 다루거나 아니면 아예 다루기를 포기하는 '가치'와 '의미'의 문제를 전혀 거리낌 없이 다룬다. 즉 (좀 과장을 하자면) 윤리적 정당성, 미적 이상 등을 그는 마치 기하학적 공리처럼 객관적으로 논증할 수 있는 듯이 취급한다. 게다가 현실의 모든 영역 및 부분들 사이에는 어떤 유기적인 연관과 높고 낮음의 서열이 있을 뿐 아니라, 자연과 인간세계의 모든 사물들, 사람들, 사건들은 정해진 하나의 목적을 위해 존재하는 것처럼 헤겔은 설명한다. 여기까지만 보면 분명 헤겔은 '말할 수 없는 것'들을 함부로 말하는 야심찬, 하지만 경솔하고 무책임한 고슴도치임을 부인하기 어렵다. 키르케고르가 "헤겔이 자신의 논리학을 모두 쓰고 나서 서문에 '이것은 다만 사고의 실험일 뿐이다'라고 적었더라면, 그는 지금까지 있었던 중의 가장 위대

356

한 사상가가 되었을 것이다"라고 말한 것도 이러한 맥락에서 이해될 수 있을 것이다.[7]

여우 헤겔

그런데 헤겔에게 그저 대답 없는 암중모색이나 무모한 사고실험의 시도만으로 만족하는 고슴도치라는 표식을 붙이는 것은 자못 부당해 보인다. 헤겔에게 붙여지는 또 하나의 보편화된 표식이 바로 '근대철학의 완성자'이기 때문이다. 이성의 순수한 힘에 의해서건(데카르트, 스피노자, 라이프니츠 등으로 대표되는 이성주의), 아니면 직접적 사실의 경험에 의해서건(로크, 흄 등으로 대표되는 경험주의) 조금이라도 미심쩍은 것이 남아 있다면 결코 지식으로 간주하지 않고 의심의 여지가 사라질 때까지 주장의 정당성을 끝까지 따져갔던 것이 근대철학인데, 헤겔이 그러한 근대철학의 완성자라면 헤겔이야말로 누구보다도 까다로운 기준에 따라 지식을 추구했던 인물이어야 하는 것이 아닌가. 그렇다면 헤겔에게도 결코 만만치 않은 여우의 얼굴이 있다는 것인데, 이 점이 드러나는 요소들을 몇 가지만 짚어보자.

첫째, 헤겔은 모든 지식을 '근거'짓고자 하며, 철학에게 그 가장 근원적 근거지음의 역할을 맡긴다. 중세철학보다 근대철학을 우월하게 만드는 요소로 종종 거론되는 것이 수학 및 자연과학과의 각별한 밀착관계다. 기하학이 모범적으로 보여주는 엄밀한 연역적 증명에 의하거나 아니면 실제로 벌어지는 사실에 직접 조회함으로써, 즉 선험적이건 경험적이건 확실한 근거에 의하지 않는 것은 지식의 영역 밖으로 퇴출시킴으로써, 오래도록 사이언스의 덕목을 상실하고 있었던 철학에 다시금 학의 생명을 불어넣은 것이 근대철학자들의 가장 중요한 업적 가운데 하나라는 점은 잘 알려져 있다.

헤겔 역시 한편으로는 이러한 근대철학의 일반적 흐름을 잇고 있다. 후대의 몇몇 적대적 비판가들은 종종 헤겔의 체계에 대해 '신화'라는 경멸적 지칭을 사용하는 경우도 있지만, 사실 헤겔이야말로 당대까지 이루어진 자연과학의 성과들에 최고로 정통했을 뿐 아니라, 그것들을 철학적 진술들에 고스란히 반영하고자 했다. 이는 그가 교수 자격을 취득한 것이 「행성들의 궤도에 관하여De orbitis planetarum」라는 제목의 논문이라는 사실에서도 그렇거니와, 자연철학을 비롯한 그의 세부 체계 곳곳에서 당대 최첨단의 물리학, 화학, 생물학, 의학, 심리학적 주제들이 심도 있게 다루어지고 있다는 사실에서도 충분히 드러난다.

그런데 다른 한편으로 그는 그러한 근대적 노선을 그

극한 지점까지 밀고 나아가 철학과 자연과학의 관계를 다시 한 번 역전시킨다. 즉 출발 당시의 근대철학이 자연과학, 특히 가장 기초학문으로 여겨지는 수학의 힘을 빌려 그것의 학문적 엄밀성을 달성하려 했다면, 이제 헤겔은 수학마저도 철학을 통해 근거짓고자 하며, 이에 수학이 그 엄밀성의 근거를 철학적 논증에 두고 있음을 정당화하는 거의 전대미문의 작업을 도모한다. 이 작업의 의의는 철학과 자연과학의 친화력을 공고히 하면서도 동시에 철학의 양보할 수 없는 학문적 지위를 새롭게 정립하는 헤겔의 가장 근대적인 입장을 잘 보여준다. 즉 근대 초기에는 수학으로 대표되는 자연과학이 엄밀한 학문의 최종 근거 역할을 하고 철학이 그러한 근거에 의지했던 반면, 헤겔에 와서 철학의 최종 근거는 바로 철학 자신이며 이에 철학은 다른 모든 학문의 최종 근거가 됨으로써 '제1학문'이라는 그것의 본래 지위를 회복하게 되는 것이다.

둘째, 이와 마찬가지로 결코 놓쳐서는 안 되는 중요한 사실은, 헤겔은 철학이 그 어떤 것도 전제하지 않는 학문이 되어야 함을 강조한다는 점이다. 현대철학의 한 사조인 현상학이 모든 선입견에서 자유로운 엄밀한 학문을 추구하면서 이른바 '판단 중지epoche'를 철학을 위한 최고의 덕목으로 설정했지만, 헤겔이야말로 그러한 태도의 전형을 가장 모범적으로 보여준다. 그에 따르면 철학은 그것이 진정한 의미의 '학'이기 위해서는 어떠한 방법도, 어떠한 대상도, 어떠한 입장도 미리 세우지 않고도 성립해야 한다. 그래서 헤겔 전공자들 사이에서 특히 헤겔의 위대한 점으로 칭송받는 것이 바로 그가 그 유명한 '~이다. 그저 ~이다Sein, reines Sein'라는 규정으로 자신의 체계를 출발시키는 방식이다. '~이다'는 모름지기 모든 학문이, 아니 더 나아가 모든 명제나 주장이나 규정들이 그 어떤 것을 찬성하거나 반대하더라도, 한마디로 있을 수 있는 모든 술어화 행위가 필연적으로 전제할 수밖에 없는 최소한이자 최초의, 그러면서도 가장 강력한 기능을 하는 계사繫辭, copula다. 그리고 그는 아무리 부정하려고 해도 절대로 부정할 수 없는 이러한 무규정의 계사 '~이다'로부터 그 이후의 모든 범주들, 규정들, 주장들, 나아가 우리에게 알려진 방대한 그의 전 체계를 전개한다.

셋째, 이로부터 그는 자신의 체계가 양적으로 지식의 모든 영역을 포괄하는 것을 넘어, 모든 개념들, 규정들, 주장들이 서로 모순되지 않고 일관되고 정합성을 갖추도록 추구한다. 칸트의 철학이 '건축술Architektonik'이라 불리는 데 비해 헤겔의 철학이 '체계System'라고 불리는 데서 이미 짐작할 수 있듯, 그는 진리·정의·미 등과 같은 철학적 주제들을 총망라하는 것을 넘어 그 모든 것을 하나의 통일된 근본원리에 의거해 근거짓고 규정하고 설명한다. 각 분과별 저작과는 별도로 바로 이러한 체계를 총괄해서 나온 것이 그의 『철학대계』인데, 이 책의 원제목 'Enzyklopädie der philosophischen Wissenschaften im Grundrisse'는 직역하면 '철학적 학문들의 백과'가 된다. 현재 우리가 일반적으로 사용하는 백과는 가나다 또는 알파벳 순서에 따라 내용 순서가 정해지는 사전류에 속한다. 그러나 헤겔 체계 안에서의 내용 전개 순서는 이러한 철자 순에 따른 것이 되어서도, 그의 기호의 강약에 따른 것이 되어서도 결코 안 된다. 왜냐하면 이미 앞에서 언급했듯이, 헤겔 철학에서 다루어지는 내용은 그 출발점의 설정은 물론 이어지는 모든 전개 및 그 종결 지점의 설정까지 모든 것이 논리적 필연성에 의거하기 때문이다. 즉 우리에게 알려진 주제들을 그저 이러저러한 방식으로 모아 하나의 덩어리로 만드는 것이 아니라, 왜 그러한 주제 영역이 존재할 수밖에 없는지, 그리고 왜 하나의 영역으로부터 다른 영역이 도출되는지 등을 그 필연성의 원리에 따라 논증하는 것이 헤겔이 자신의 체계를 통해 수행하고자 하는 작업인 것이다.

여우 같은 고슴도치 헤겔

이상의 설명에 따라서 볼 때 철학자 헤겔의 모습은 꽤 특이하게 다가온다. 그는 말하자면 고슴도치의 야망을 여우의 방법을 통해 실현하고자 하는 사상가로 불릴 만하다. 정리하면, 그는 철학이 다른 어느 학문보다도 모범적으로 엄밀한 과학이 되도록 애쓴다. 그러나 그는 또한 대개의 과학이 엄밀성과는 무관하며 더욱이 적대적이라고 보곤 하는, 거대 담론과 가치 및 의미 차원을 누구보다도 진지하게 규명하고자 한다. 헤겔은 서양철학사 2500년을 통틀어 가장 야심찬 사람이라고 불린다. 그리고 그 이유로 꼽히는 것이 우주의 알파부터 오메가까지, 또는 티끌 같은 무기물에서부터 지고한 신적 영역까지를 하나의 통일된 원리를 통해 진술하는 그의 체계의 내적 정합성과 스케일 등이다. 하지만 우리는 그것에 더해 방금 언급한, 헤겔 특유의 여우적인 자질이 그의 고슴도치적인 깊이와 폭을 더욱 강화한다는 점 역시 그를 그러한 야심가로 만드는 요소임을 잘 알아야 할 것이다.

신화는
어떤 의미를 갖는가
?

새로운 지평에서의 성찰은
새로운 삶으로 연결된다

새로운 지평에서의 성찰은
새로운 삶으로 연결된다

—최신한

독자적 합리성을 지닌 '이성의 신화학'

신화에 대한 관심이 많아졌다. 사람들은 유행처럼 다시 신화를 읽는다. 그렇지만 신화가 이 시대에 어떤 의미를 갖는지 확실하게 아는 사람은 많지 않은 것 같다. 신화는 그야말로 옛것이다. 고대의 신화는 인간과 자연을 성스러운 존재에 관련짓고 인간과 자연을 이러한 관계를 통해 설명하는 기능을 수행했다.[8] 신화를 통해 인간은 신과 관계하며 이러한 관계를 통해 자신의 지위를 인정받는다. 이러한 인정은 인간이 세계 속에서 차지하는 삶의 정당성으로 나타난다. 성스러운 존재는 인간들 간의 투쟁을 넘어서서 이들을 통합하는 존재다. 그러므로 신화는 투쟁과 분열로 나타날 수 있는 인간의 삶을 통합하는 역할을 한다. 인간과 인간, 인간과 자연 사이의 질서는 신화에 의해

364

마련된다.

'옛'신화의 의미는 계몽주의를 거치면서 모두 사라졌다. 이성에 충실한 사람은 더 이상 신화적 설명에 의존하지 않기 때문에 신화는 이성에 의해 소멸된 것이다. 그런데도 이성이 지배하는 현실 가운데 갈등과 분열과 투쟁이 지속되며 자연마저 인간에게 도전한다. 바로 여기서 이성에 대한 근대적 성찰이 등장한다. 이성과 계몽에 대한 반성은 계몽이 불완전하며 이성이 유한하다는 사실에 대한 각성으로 나타난다. 계몽주의 이후의 철학과 더불어 헤겔은 신화를 언급한다. 신화에 대한 논의는 계몽주의의 한계를 반성하면서 다시금 부각된다.

여기서 주목을 끄는 단편이 있다. 「가장 오래된 체계기획」.[9] 이 단편의 저자가 헤겔인지에 대해서는 아직도 논쟁 중에 있다. 그러나 여기서 '새로운 신화학'에 대한 유명한 언급이 나온다.

우리는 새로운 신화학을 소유해야 한다. 그러나 이 신화학은 이념에 봉사해야 한다. 그것은 '이성'의 신화학이 되어야 한다.[10]

신화학Mythologie은 신화로 읽을 수도 있으므로, 위 인용문의 강조점은 '새로운 신화'와 '이성의 신화'로 요약할 수 있다.

계몽주의의 특징 가운데 하나는 '탈신화화Entmythologisierung'다. 탈신화화는 신화에서 벗어나기, 이성을 통해 신화의 신비를 해명하기, 모든 것을 이성의 빛 아래에 두기로 설명할 수 있다. 그런데 모든 것을 이성을 통해 해명한 뒤에도 남는 문제가 있다는 사실이 정말 문제다. 모든 것을 이성을 통해 설명하려고 하는 것은 이성과 학문의 신화화라 할 수 있다. 학문의 신화화 이후에 이것에 대한 성찰이 등장한다. 이것이 계몽주의 비판의 중심점이다. 신화와 종교가 탈신화화 운동을 통해 몰락했다면, 신화화된 이성에 대한 탈신화화를 통해 신화와 종교가 복권된다. 계몽주의 이후 등장한 초기 낭만주의와 독일관념론은 모두 계몽주의가 무력화시켰던 절대자와 이념을 추구한다.

새롭게 요구되는 신, 절대자를 위해 동원된 말이 '이성의 신화학'이다. 신화는 '옛'신화처럼 인간에게 일방적으로 부과되는 삶의 질서와 설명이 아니다. 그렇지만 그것이 모두 이성에 의해 조직화된 것도 아니다. 이성의 신화학이라는 말은 어떤 점에서 형용모순이다. 그러나 이러한 언어의 긴장은 큰 의미를 지닌다. 이성의 신화학이라는 관점에서 보면 신화는 결코 맹목적인 것이 아니다. "신화는 독자적인 합리성을 지니고 있다", "신화는 우리의 현실 관계를 질서 있게 하며 (…) 관점규칙과 행위규칙을 정초한다."[11] 신화는 계몽주의가 선언한 '신의 죽음' 이후에도 여전히 가치와 의미로 살아 있는 이성적인 것이다.

삶에 새로운 시야를 열어주고 성찰케 하는 '신화'

헤겔이나 동시대 철학자가 '이성의 신화학'을 주장하는 이유는 이성과 초월성을 동시에 요구하는 데 있다. 우선 신화는 계몽주의적 이성에 의해 몰락하지 않는 상위의 의미를 드러내야 한다. 그렇지만 이 상위의 의미가 신비로 남아 있어서는 안 된다. 이성의 신화학은 '옛'신화학이 그랬듯이 신화적 설명을 따르는 사람들을 통합할 수 있는 힘이 있어야 한다. 사람들이 이성의 신화학을 통해 똑같이 인식하고 느끼고 행동할 수 있어야 하는 것이다. 신화의 중요성은 예나 지금이나 신화와 관계하는 사람들을 하나로 통합시키는 데 있다. 성스러운 존재와 관계하는 사람들을 신비적으로 묶는 것이 아니라 이성적으로 통합시킬 수 있어야 한다.

단순한 신화나 이야기가 아니라 이성의 신화가 필요한 이유, 그것은 사회구성원들을 주술적인 방식으로 통합시키는 것이 아니라 반성적으로 통합시키기 위함이다. 반성과 성찰을 위해서는 그 내용이 전제되어야 한다. 이성은 전제를 창출할 수 없다. 이 전제가 바로 신화이며, 이는 이성이 아닌 다른 능력을 통해 수용되고 창출되어야 한다. 그러므로 이성의 신화학이 가능할 수 있기 위해서 인간의 전인적인 능력이 동원되어야 한다. 즉, 이성으로 포착할 수 없는 내용을 감정과 직관과 상상력을 통해 수용해야 한다. 이렇게 본다면 이성의 신화학을 위해서도 여전히 비합리적인 능력이 요구된다. 이 능력은 무한한 세계와 접촉할 수 있는 능력이다. 감정과 직관과 상상력에 의해 포착된 신의 세계는 신화의 내용을 이루고, 이성은 이를 합리적인 방식으로 설명한다. 이성의 신화학은 사회적 통합을 가능하게 하는 전제의 창출과 더불어 이 전제를 해명하는 일을 동시에 강조한다. 신화의 역할은 여전히 현실 너머의 지평에서 현실의 문제를 해명하는 데 있다.

이러한 맥락에서 프리드리히 슐레겔은 말한다. "지금은 종교를 건립하는 시대다. 이 말은 결코 농담이 아니며 너무도 진지한 말이다", "나는 분명 새로운 시대의 위대한 탄생이 등장하고 있는 모습을 본다."[12] 계몽주의에 의해 몰락한 신과 종교가 새롭게 부활해야 한다는 주장이다. 이러한 주장은 새로운 신화학과 밀접한 관계를 갖는다. 초기 낭만주의가 이성보다 감정과 직관을 강조하지만, 그렇다고 그것이 맹목적인 초월성을 비합리적으로 추구하는 것은 결코 아니다. 이보다 훨씬 중요한 것은 계몽주의 너머의 지평에서 확보해야 하는 '이념'이며 이것과 관련된 인간 삶의 통일성과 통합이다. 이것은 새로운 신화학의 의도와 일치한다. 철학은 분열과 갈등을 해결할 수 있는 근원적인 길을 모색해야 하며, 이성의 신화학은 이것에 봉사하려고 한다. 신화는 단순히 이야기로 그치는 것이 결코 아니며 심심풀이를 대신하는 읽을거리는 더더욱 아니다.

새로운 신화학이 담고 있는 '이념'은 "인간성의 스승"[13]으로 묘사된다. 이념은 개인을 도야시켜주는 스승을 넘어서서 개인과 개인을 통합하는 인간성의 스승이다. 이념은 초월적 지평에 있으면서 동시에 현실의 분열을 치유한다. 치유할 뿐 아니라 통합에 도달할 수 있는 방법과 힘을 가르쳐준다. 이념이 이성의 신화학을 통해 드러나게 된다면 그것은 더 이상 초월적 지평에만 머물지 않으며 현실과 통합된다. 이성의 신화학은 현실의 문제를 초월의 힘을 빌려 해결하면서 동시에 현실과 초월의 분열을 통합시킨다. 이러한 통합은 초월을 동경하기만 하는 불행한 의식 상태를 벗어나서 이미 현실 속에서 통합을 실현하고 있다.

이성의 신화학이 갖는 관심이 공동체 통합에 있지만 그것은 개인의 삶을 위해서도 유의미하다. 개인 내면에서도 끊임없이 분열이 일어나며 그것이 또 다른 문제를 낳기 때문이다. 이성의 신화학은 삶에 새로운 시야를 열어 보여준다. 그리고 새롭게 열린 세계와 자신의 관계를 성찰하게 한다. 새로운 지평에서 이루어지는 성찰은 필경 새로운 삶으로 연결될 것이다.

진리란
무엇인가
?

진리는
이념이다

진리는
이념이다
―권대중

빌라도의 물음에 내재하는 여러 국면

많은 사람들이 학문의 목적은 진리탐구하고 하며, 특히
철학이야말로 진리탐구의 선구적 학문이라고 한다. 헤겔
의 교수 취임 강연 구절에서도 진리가 핵심어였다. 그러
나 '진리'라는 하나의 동일한 단어를 쓰면서도 사람들이
그것을 통해 의미하는 바는 서로 다른 경우가 많다. 신약
성경에 나오는 유명한 장면에서도 빌라도가 재판정에서
예수에게 '진리가 무엇인가?'라고 묻는 장면이 나오는데,
그것에 대한 답이 성경에는 직접적으로 주어져 있지 않
다. 물론 기독교적 의미에서 진리가 가리키는 바를 어느
정도 유추할 수는 있겠지만, 진리 문제가 그 자체로 철학
의 한 중요한 난제가 되고 있음은 분명한 까닭에, 서양철
학사에서 진리 문제는 종종 '빌라도의 물음Pilatus-Frage'이

라고 상징적으로 표현되어왔다. 따라서 헤겔이 진리에 대해 어떤 입장을 개진하는지를 설명하기에 앞서 일단 그 '진리'가 무엇을 의미하는지부터 분명히 할 필요가 있다.

먼저 진리에 대해 전해 내려오는 전통적 규정이나 지금도 통용되고 있는 일반적 관념들을 유형화하자면 대충 다음 버전들로 압축될 수 있다.

1) 만물의 근본에 흐르는 올바른 질서 : 道

'도道'라는 말은 사뭇 동아시아적인 개념이고, 요즘엔 중국어 발음 그대로 'Dao' 또는 'Tao'라고 쓰는 것이 상례이지만, 가까운 과거까지만 해도 영어 단어 'truth'에 상응하는 것으로 해석한 경우도 많았는데, 이는 서양에도 '도'와 동일하지는 않지만 꽤 가까운 의미로 '진리'를 이해한 사례가 있음을 유추할 수 있게 해준다.

2) 우주의 참된 본질이 감추어지지 않고 드러남 : aletheia

망각 또는 은폐를 뜻하는 'lethe'에 부정적 의미의 접두어 'a'를 덧붙여 이루어진 복합어로, 서양철학사에서 가장 오래된 버전의 진리 개념이 여기에 해당하며, 현대철학에서는 마르틴 하이데거가 이 단어의 근원적 의미에 몰두하면서 다시금 주목을 받기도 했다. 고대철학에서는 플라톤의 '태양의 비유'를 통해 잘 알려져 있는데, 플라톤은 태양 빛의 매개를 통해 세상의 사물들과 우리의 눈이 연결됨으로써 우리는 보이지 않던 사물들을 볼 수 있으며, 이와 마찬가지로 선善의 이데아의 매개를 통해 사물의 참모습인 이데아들과 우리 정신이 연결됨으로써 우리는 인식할 수 없던 이데아를 인식할 수 있다고 말한다.

3) 사실과의 대응 또는 다른 명제와의 일관성을 통해 이루어지는 참명제

철학적으로 가장 많이 거론되는 것으로, 이른바 진리대응론correspondence theory of truth과 진리정합론coherence theory of truth의 주된 입장에 속한다. 이에 따르면 진리는 어떤 말이나 생각, 즉 명제가 거짓이 아닌 참일 때 성립한다. 다만 차이점은, 전자는 표명된 명제와 실제 사실이 일치할 때 참명제가 성립한다고 보는 반면, 후자는 하나의 명제가 다른 명제들과 서로 모순에 빠지지 않고 일관적일 때, 즉 정합적일 때 참명제가 성립한다고 본다.

이 중 진리 물음에 대한 헤겔의 답변을 듣기 위해 우리가 주목해야 할 것은 특히 철학사에서 가장 긴 전통을 가지고 있는 진리대응론이다. 이는 세 가지 이유에서 그러

374

한데, 첫째, 헤겔은 명제의 참과 거짓 여부가 진리 물음의 핵심이 되어서는 안 된다는 점을 드러내고, 둘째, 그러면서도 동시에 대응론 자체가 이미 포함하고 있었던 또 다른 중요한 측면인 '가치'의 차원을 재조명하며, 셋째, 이를 통해 규범적일 뿐 아니라 매우 정교한 학적 엄밀성까지 갖춘 자신의 논리적이고 형이상학적인 진리 개념을 주조해내기 때문이다. 이 점을 확인하기 위해 먼저 진리대응론의 구조부터 간단히 조망해보고 이어서 헤겔의 진리관을 살펴보기로 하자.

진리대응론에 따르면 진리는 '사물과 지성의 일치 adaequatio rei et intellectus'가 이루어졌을 때 성립한다. 이미 고대에서부터 비슷한 입장이 전개되었고, 이는 중세의 토마스 아퀴나스 등을 통해 더욱 체계화되었다. 그런데 사물과 지성이 일치하는 방식에 따라 이 세 번째 버전은 매우 다른 두 갈래로 나뉜다.

그 하나의 방향은 사물을 기준으로 해서 그것에 지성이 일치함으로써 이루어지는 진리, 즉 '사물에 대한 지성의 일치adaequatio intellectus ad rem'로서의 명제적 진리인데, 대응론 중에서도 압도적으로 잘 알려져 있는 이론이다. 객관적 사실을 우리의 말 즉 명제가 제대로 기술했을 때 진리가 성립한다는 것이 바로 이 입장인데, 아마도 많은 독자들은 중고등학생 시절 수학 시간에 T(참)와 F(거짓)로 만들어진 '진리표'를 기억할 것이다. 한마디로 현실에서 S가 P인데, 그것에 대해 'S는 P이다(S→P)'라고 말하면 참이고, 반대로 'S는 P가 아니다(S→~P)'라고 말하면 거짓이 된다는 것으로서, 명제의 주어(S)와 술어(P)를 올바르게 연결하는가의 여부에 따라 참과 거짓이 정해진다. 그래서 '명제 〈S→P〉는 참/거짓이다'라는 식으로 참과 거짓에 대한 판단이 이루어지며, '참'과 '거짓'이라는 수식어는 대부분의 경우 이처럼 어떤 명제를 주어로 한 복합 문장에서 술어적으로 사용된다. 그리고 '참이다' 또는 '거짓이다'라는 술어는 '맞다right' 또는 '틀리다wrong'와 바꾸어 써도 무방하다.

다른 한 방향의 대응론적 진리에서는 그 기준항과 대응항이 정반대로 구성된다. 즉 이 입장에서 진리는 '지성에 대한 사물의 일치adaequatio rei ad intellectum'로 정식화되며, 앞에서 말한 명제적 진리와 매우 대비되는 성격을 지닌 것으로서 '사태적事態的 진리'(또는 '사물적 진리')로도 불린다. 여기서 진리 판단의 기준은 바로 개념이나 가치관, 이념과 같이 우리의 지성에 속하는 것이고, 진리 또는 비진리의 여부는 어떤 사물이나 사건, 현상 등이 이 지성적 기준에 부합하는지의 여부에 달려 있다. 예를 들어 우리가 '국

376

가' 개념에 대한 일정한 기준을 가지고 있는데 현실의 국가는 그 개념에 부합할 수도 있고 부합하지 않을 수도 있거니와, 개념에 부합하는 국가에 대해 우리는 '참된 국가'라고 부르는 반면 그렇지 못한 국가에 대해서는 '참되지 못한 국가'라고 부른다. 명제적 진리와 비교했을 때 이 사태적 진리가 지니고 있는 중요한 차이점은 첫째, 전자의 경우 '참이다', '거짓이다'로 표현되던 진리/비진리가 후자의 경우에는 '참되다', '참되지 못하다'라고 표현된다는 점이며, 둘째, 전자의 경우 '참'과 '거짓'이 각각 '맞음'과 '틀림'을 의미하는 반면, 후자의 경우 '참됨'과 '참되지 못함'은 각각 '좋음'과 '나쁨'을 의미한다는 점이다. 셋째, 그럼으로써 명제적 진리는 근본적으로 이론적이고 기술적이며 가치중립적인 반면, 사태적 진리는 실천적(또는 제작적)이고 규범적이며 또한 가치지향적인 성격을 지닌다.

진리는 이념이며, 만들어지는 것이 아니라 발견되는 것

헤겔의 진리관은 이 가운데 어느 것에 속할까? 자신의 저작이나 강의에서 쉽게 발견되는 것처럼 그는 여러 곳에서 '맞는 말'보다는 '참된 대상' 편에 서서 진리를 거론하기 때문에, 그의 진리관은 일단은 명제적 진리가 아닌 '사태적 진리'를 강조하는, 대응론적 진리관 중 하나의 버전에 속한다는 인상을 줄 수도 있다. 실제로 그는 여러 곳에서 말이나 생각이나 판단 따위의 '맞음Richtigkeit, rightness'이란 '진리' 즉 참됨Wahrheit이라는 칭호를 받을 자격이 없으며, 참된 것은 궁극적으로 좋은 것을 의미한다고 주장한다. 게다가 이 점에서 헤겔은 순수 이론적이고 기술적인 측면이 아닌 규범적 측면을 강조한다고 할 수 있다.

그런데 헤겔의 진리관에서 우리가 주목해야 할 중요한 것은, 그는 진리라는 단어가 지니는 규범적 측면이 사람마다, 집단마다, 시대마다 다를 수 있을 어떤 '기호嗜好'나 '신념'처럼 주관적인 것에 의거해서는 안 되고 오히려 철저히 객관적인 것에 의거해야 함을 강조한다는 점이다. 그리고 이 점에서 그의 진리관은 단순히 대응론적 버전 중 하나라고 규정해서는 안 된다는 사실이 드러난다. 앞에서 전통적 진리 이론에서 사태적 진리는 '지성에 대한 사물의 일치'로 규정된다고 했는데, 헤겔이 말하는 참됨 즉 진리는 이 전통 이론과 어떻게 다르기에 그것이 대응론적 버전에 포함된다고 말해서는 곤란한 것일까?

그 이유는 일단 대응론적 진리관에서는 판단의 기준이 되는 '지성intellectus'과 판단의 대상이 되는 '사물res'이 근본적으로 서로 이질적인 것이라는 믿음, 즉 전자는 주관성의 영역에 그리고 후자는 객관성의 영역에 속한다는 믿음이 전제가 되고 있는 반면, 헤겔의 진리관에서는 그 기준과 대상이 하나의 동일한 영역에 속한다는 점에 있다. 먼저 '참된 국가'나 '참된 친구'와 같은 참된 어떤 것은 진리 판정의 대상 즉 어떤 국가나 친구가 '응당 그것이 존재해야 하는 바'대로 존재할 때 성립한다고 본다는 점에서는 헤겔의 진리관과 대응론적 진리관은 크게 다르지 않다. 그러나 헤겔의 가장 구체적인 진리 규정은 '지성과 사물의 일치'라는 말 대신 '개념과 그 실재성의 통일Einheit von Begriff und seinem Realität'이다. 그런데 이 경우 '개념'은 판단의 주체가 자신의 주의나 신념, 기호에 따라 임의로 부과하는 것이 아니라 대상 자체에 주어져 있으며, 이런 의미에서 그 개념은 객관적으로 타당성을 지닌다. 물론 '개념'이란 인식 주체인 우리 인간이 사용하는 지적 도구이기도 하지만, ('사유'에 관한 장에서 보았듯) 어디까지나 객체의 영역에서 발견된 것이지 주관이 구성한 것이 아니다. 대상 자체의 개념 및 그 대상의 현실적 상태와의 일치 여부에 따라 그 대상의 참됨이 규정된다는 바로 이러한 생각으로 인해 헤겔의 진리관은 정합론적 요소를 지닌다고 할 수 있다. 한마디로 자체적 모순이 없어야 그 개념에 대응하는 대상은 참된 대상일 수 있다는 것이다. (물론 이때 '정합론적'이라는 말을 쓴다고 해서 앞에서 열거한 명제적 진리 문제에 대한 정합론과 동일시되어서는 안 된다.)

그런데 진리치를 따질 수 있는 대상은 매우 많다. 국가, 친구, 예술작품, 교육, 인간, 스승, 군인, 남자, 여자, 부모 등등. 이 모든 것들은 각각 그것의 개념 및 실재의 일치 여부에 따라 '참된 X' 또는 '좋은 X'로 불리거나 '참되지 못한 X' 또는 '나쁜 X'로 불릴 것이다. 이는 무엇을 의미하는가? 모든 참된 것들은 '개념과 그 실재성의 통일'이라는 동일한 '구조'에 의거한다. 이 '구조'는 참된 모든 대상을 참될 수 있게 하는 원리 또는 논리이므로 선험적이고 메타적이고 거시적인 성격을 지닌다. 모든 구체적인 참된 대상들 즉 미시적 진리들은 바로 이 논리로서의 진리 즉 거시적 진리에 의거해 비로소 참될 수 있다. 어떤 것의 개념 및 그 실재와의 통일이 아닌 개념과 실재성의 통일이라는 구조 그 자체, 바로 이것이 헤겔이 말하는 궁극적 차원의 진리다. 그리고 헤겔은 이를 '(절대) 이념'이라고 부른다.

그런데 헤겔 철학에 대해서 조금이라도 알고 있는 사람들에게 이념이라는 말은 매우 친숙하다. 특히 그 앞에 '절대적'이라는 형용사가 붙을 경우 그것은 모든 사물과 모든 물질적 및 정신적 사건, 나아가 모든 가치와 모든 의미를 논리적으로 발생시키는 시원始源의 제1자, 즉 (헤겔이

꺼려하는 종교적 표현을 이해를 돕기 위해 굳이 쓰자면)
'신'에 해당하는 위상을 차지한다. 그가 우리 이성의 무한
한 능력과 위대함을 강조하기 위해 '진리의 용기'라고 말
했을 때의 '진리'가 궁극적으로는 바로 이것이다. 보기에
따라 사뭇 신학적인 배음背音, Unterton이 느껴질 법한 이 새
로운 판본의 형이상학적 진리는 '신' 개념을 다루는 장에
서 설명한 바 있다. 다만 여기에서 확실해지는 것은, 이와
같은 절대적 위상의 진리 개념의 조탁을 통해 헤겔이 말
하는 바의 '진리'는 앞에서 열거한 다른 판본의 진리관들,
즉 진리를 '만물의 근본에 흐르는 올바른 질서'로, 혹은
'우주의 참된 본질이 감추어지지 않고 드러남'으로, 혹은
'사실과의 대응 또는 다른 명제와의 정합성을 통해 이루
어지는 참명제'로 보는 등의 진리관들을 배제한다기보다
는 모두 하위범주의 진리로서 포섭할 수 있다는 점이다.
헤겔은 철학사 전체가 자신의 철학 속으로 포섭되었다고
자부하는데, 진리 개념 또한 그러한 면모를 지니고 있음
을 볼 수 있다.

데카르트와 비슷한 시기에 활동했던 비코G. Vico는 "진
리는 곧 만들어진 것이다.Verum esse ipsum factum."라고 말한
바 있다. 비코는 물론 형이상학적 신학보다는 문화철학에

철학적 관심을 두고자 하는 의도에서 이 말을 남겼지만, 이를 확대해서 해석하거나 적용할 경우, '실제로 객관적 사실에 일치하는 참명제는 없다'는 주장이 나올 수 있다. 그리고 실제로 칸트의 경우 이러한 입장이 가장 정교하게 대변되어, 그에게 있어서 모든 인식은 주체의 내적 구조를 통해 만들어진 것이 된다. 이에 반해 헤겔에게서 진리란 발명이 아니라 발견의 대상이다. 주체 영역과 객체 영역의 동일한 하나의 근원이 로고스이고, 자연을 통해 매개된 유한정신의 영역에서 개념적 사유를 통한 철학을 하게 될 때, 인간은 로고스를 사유하는 것, 즉 진리를 발견하는 것이기 때문이다.

종교는 번창하는데
왜 세상은
달라지지 않는가
?

세상을 바꾸는 힘은
깨어 있는 의식을 요구한다

세상을 바꾸는 힘은
깨어 있는 의식을 요구한다
—최신한

삶의 변화를 이끌어내지 못하는 종교는 죽은 종교

종교는 먼저 개인의 문제이며 내면의 관심사다. 삶의 환경이 매우 종교적인데도 종교를 거부하는 사람들이 있는가 하면, 집안분위기가 반종교적인데도 자기만의 고백을 갖는 사람도 있다. 종교는 내면의 고유한 체험에서 출발하며 이 체험을 토대로 영위하는 삶이다. 종교는 개인의 내면에서 피어나서 그의 전체 삶을 불태운다. 이런 점에서 종교는 개인의 삶을 지배하는 문화다. 종교학이 몰두하는 '종교현상'은 이러한 종교적 삶과 문화를 가리킨다. 그러므로 종교현상은 종교적 교리와 일치하지 않을 수 있다. 종교현상은 실제적인 종교적 삶인 반면 종교적 교리는 삶에 대한 추상적 반성물이기 때문이다.

종교는 내면의 체험에서 출발하지만 내면에만 머물지

않는다. 종교적 체험의 생명력은 개인에서 다른 개인으로 전달되며, 전달을 통해 그 힘이 더욱 확대된다. 이와 달리 전달을 거치면서 생명력이 약화되는 체험도 있다. 이것은 진정한 체험이 아닐 수 있기 때문에 공동체의 종교로 발전할 수 없다. 일반적으로 말하는 '종교'는 개인의 차원을 넘어서는 공동체의 종교를 뜻하며 시대를 관통해 인정된 '실정종교'다. 실정종교는 종교적 삶을 통해 '실정實定적으로positive' 확인된 종교다. 그러므로 실정종교는 역사적 종교이며 시대와 함께 호흡하고 있는 생생한 삶이다.

실정종교와 함께 거론할 수 있는 또 다른 종교는 '자연종교'다. 자연을 숭배하는 종교가 아니라 자연적 능력인 이성을 통해 초월적 세계를 고찰하는 종교다. 이것은 형이상학의 전통에서 '자연신학theologia naturalis'으로 불렸다. 이런 점에서 자연종교는 내적 체험을 토대로 하는 실정종교와 다르다. 초월의 세계를 이성을 통해 체계적으로 파악하기 때문에 이것은 형이상학적 신론神論이나 교리로 나타난다. 이론은 개인의 관심사를 넘어 보편을 지향하므로, 공동체의 삶을 자연종교를 통해 진단하는 것은 당연하며 필요하다.

종교가 번창한다면 그 진정성은 활활 타오르는 종교적 체험이나 초월에 대한 진지한 탐구에서 나온다. 생생한 종교적 체험은 타인을 무시하거나 배제하지 않는다. 자신의 체험이 소중하듯이 타자의 체험도 소중함을 인정하기 때문이다. 자기의 체험만을 신봉하고 타자의 체험을 무시한다면 그것은 사이비체험일 가능성이 높다. 그러나 초월자와 직접적으로 접촉하는 삶은 결코 이기적인 삶이 될 수 없다. 이 삶은 내면 가운데 살아 있는 초월자의 도움으로 이타적인 삶을 추구한다. 그러므로 진정한 종교의 번창은 공동체를 지상에서 천상으로 고양시킬 수 있다. 반면 사이비체험의 번창은 공동체를 비인간적인 집단으로 전락시킨다.

종교적 체험의 주체가 타자를 인정하듯이 초월에 대한 진지한 탐구도 타자관계를 중시한다. '자연종교'의 번창은 이기적 삶을 허용하지 않는다. 초월자는 전체존재를 끌어안기 때문이다. 그러므로 초월자를 탐구하는 사람은 당연히 타자와 관계해야 하며 전체존재와의 결속을 추구해야 한다. 그렇지 않을 경우 그의 신앙은 사고의 유희에 불과하며 삶에 아무런 영향을 미치지 못하는 이중적 삶이 된다. 삶의 변화를 이끌어내지 못하는 종교는 이미 죽은 종교이며 박제된 정신이다.

종교는 보편의 다른 이름이다

종교가 번창하는데도 세상이 달라지지 않는 이유는 자명하다. 신앙인이 진정한 실정종교에 귀의하지 않고 있든지 자연종교에 대한 이해가 부족하기 때문이다. 초월자를 절실하게 체험하고서 변화된 삶을 사는 신앙인, 초월자와의 관계를 이성적으로 파악한 신앙인은 세상의 잘못을 방관할 수 없다. 그는 종교와 신앙의 힘으로 세상을 변화시키려고 한다. 적극적 실천이 없더라도 최소한 종교적 삶을 통해 타자에게 무언의 영향을 미칠 수 있다. 그는 내면의 명령을 어길 수 없기 때문에 세상을 향해 변화를 강하게 요구한다. 세상의 잘못을 지적하고 새로운 세상을 꿈꾸면서 이를 실현하려고 한다. 여기서 종교는 '계몽'의 수행자가 된다. 종교가 번창하는데도 세상이 달라지지 않는 것은 계몽의 기능을 상실한 종교현상에 기인한다. 현실에 대해 아무런 생각과 실천도 하지 않으면서 그저 복福만 바라는 기복신앙은 반계몽적이다. 반계몽적인 신앙에서 세상의 변화를 기대하는 것은 가장 큰 모순이다.

종교적 계몽은 학문적 계몽이나 과학적 계몽과 구별되지만 세상을 더 좋은 세상으로 바꾸는 데 결정적으로 기여한다. 종교적으로 계몽된 사람은 이전에 알지 못했던 세계를 늘 새롭게 경험할 수 있다. 그는 종교적 체험을 할 때마다 새로운 세계를 접하게 되며 이를 통해 기존의 질서를 넘어서는 새로운 질서를 만난다. 새로운 세계는 초월적 세계를 접촉할 때마다 새롭게 열린다. 새로운 세계와의 접촉은 기존의 세계를 새로운 세계로 바꿀 수 있는 원동력이다. 그러므로 새로운 현실은 진정한 종교적 계몽에서 펼쳐진다. 이것은 자연법칙과 같은 정신의 법칙이다.

헤겔이 주장하는 종교적 계몽은 여기서 한 걸음 더 나아간다. 모든 종교에 객관적으로 주어져 있는 신비적 '코드'를 이성적으로 파악하는 것이 계몽의 완성이다. 진정한 계몽은 종교의 내용을 철학적으로 파악하고 번역하는 일에서 이루어진다. 종교를 철학으로 이행시키는 일, 이것은 천상의 종교가 지니고 있는 비밀스런 내용을 지상에 실현시키는 일이다. 이를 위해서는 비밀스런 내용을 합리적인 내용으로 번역할 수 있어야 한다. '종교를 철학으로 지양한다'는 것은 철학과 학문이 종교 위에 군림한다는 말이 결코 아니다. 오히려 이것은 종교를 모두가 이해할 수 있는 틀 가운데 담는 작업이다. 역사 속에 등장한 그 어떤 고등종교도 사악한 것을 가르치지 않는다. 그런데 공동체를 해치는 행위는 가르침의 내용을 파악하지 못하면서 이를 맹종할 때 나온다. 헤겔에 의하면 종교의 선한 가르침은 철학적 계몽을 통해서만 세상 가운데 실현될 수 있다.

종교적 계몽이 드러내는 새로운 세계는 철학적 계몽이 보여주는 보편적 이념과 일맥상통한다. 종교적 계몽이 생생한 삶의 구체성을 창출한다면 철학적 계몽은 공동체를 결속하는 질서를 제시한다. 종교의 번창이 종교적 계몽과 철학적 계몽을 수반한다면, 세상은 늘 새로운 세상으로 변하고 새로운 결속력을 가질 수 있다. 반면 종교의 번창이 세상의 변화와 무관하다면, 종교는 사실상 고유의 기능을 상실한다. 세상 변화의 힘을 상실한 종교가 존립할 이유는 없다. 그것은 무지한 군중을 권력자에게 복종시킬 뿐이다.

세상을 바꾸는 힘은 깨어 있는 의식을 요구한다. 종교적 의식은 깨어 있는 의식의 토대다. 깨어 있는 의식을 자기 자신과 관계하는 의식으로 규정한다면, 종교적 의식은 초월적 존재와 관계하는 자기에 관계하는 의식이다. 여기서 의식의 한편은 초월자를 의식하는 자ᵇ이며 다른 한편은 초월자를 의식하는 자를 다시금 의식하는 자이다. 이렇게 깨어 있는 의식은 가장 보편적인 의식이다. 의식이 종교적 의식 즉 보편적 의식으로 고양된다면, 온갖 욕망과 이기심에 사로잡혀 있는 파편적 의식은 설 자리가 없다. 종교의 번창이 세상의 변화로 이어지려면 종교를 가진 사람이 깨어 있어야 하며 이로써 늘 보편적 의식을 소유하고 있어야 한다.

보편적 의식은 나의 의식과 너의 의식의 만남에서 시작한다. 종교를 통해 얻게 되는 보편적 의식은 나와 너의 상호성에서 출발한다. 상호주관성, 공동성, 주관성들 간의 의사소통은 현실을 변화시키는 토대다. 나의 개별적 종교의식이 너의 개별성을 일깨운다면 나와 너의 현실은 보편에 좀 더 다가서게 된다. 종교는 보편의 다른 이름이다.

세상을 바꾸는 종교는 이른바 '세속화secularization'를 거친 종교다. 세속화는 초월을 파괴하고 현세에만 집중하는 세속주의secularism와는 다르다. 진정한 의미의 세속화는 종교에 대한 올바른 계몽과정을 가리킨다. 말하자면 시대가 요구하는 계몽에 걸맞은 모습으로 변화된 종교가 세속화를 통과한 종교다. 세속화를 거친 종교는 시대의 문제를 올바로 인식하기 때문에 시대도 종교의 요구를 진지하게 받아들인다. 종교와 시대의 상호관계는 양자에게 긍정적인 결과를 가져온다. 종교는 그 시대가 필요로 하는 초월의 의미를 제시하고, 시대는 이러한 초월의 기준으로 세상을 변화시킨다. 문제를 안고 있는 현실은 새로운 의미를 제시하는 종교의 도움으로 문제를 해결할 수 있다. 이러한 조건에서는 종교에 귀의하는 사람이 많을수록 세상은 더 좋은 세상으로 바뀐다.

정신이란
무엇인가
?

정신은 타자 속에서
자신을 발견하는 것

정신은 타자 속에서
자신을 발견하는 것
—권대중

객관성 차원에서의 정신

앞에서 다루었던 개념들처럼 '정신Geist' 역시 우리에게 매우 친숙하고 또 그 중요함이 언제나 강조되지만 동시에 그 의미를 특정하기 어려운 개념이다. 특히 뚫고 나아가기 어렵다고 정평이 난 헤겔의 용어법에서 정신이 구체적으로 무엇을 가리키는지를 몇 마디로 규정하기는 사실상 불가능하기도 하다. 헤겔적 의미에서의 '정신'이라는 단어는 '세계정신', '절대정신' 등과 같은 용례를 통해 대중적으로도 어느 정도 알려져 있기는 하나,[14] 그 유명세만큼 제대로 이해되고 있다고 보이지는 않는다. 앞에서 본 그의 '사유' 개념이 - 우리가 편의상 1부터 3까지 숫자를 매겨 분석했듯이 - 꽤 복잡한 층위로 이루어진 것처럼, 이 '정신' 개념도 매우 복잡하고 다양한 층위로 이루어져 있어서 몇 쪽에 그 내용을 제대로 담아내기는 불가능하다. 따라서 여기서는 사유 개념의 분석에서와 비슷하게 정신 개념에서 드러나는 객관성과 주관성의 측면 및 이 두 측면의 근원적 동일성을 강조하는 헤겔의 근본 입장에 집중하기로 한다.

일반적으로 '객관성'이란 주관성의 대립 개념으로 이해된다. 그래서 대개 시간적·공간적으로 존재하고 일어나는 사물들 및 사건들 전체가, 즉 '세계 그 자체'가 객관성의 영역으로 간주되고, 반대로 그것을 마주하고 있는 우리 마음의 영역 즉 느끼고 욕구하고 상상하고 사유하는 정신의 영역이 바로 주관성에 해당한다고 일컬어진다. 그런데 앞에서 우리는 헤겔이 이질적이라고 간주되어온 이 두 영역이 기실은 동일한 근원에 의거하며 그 근원을 '사유'라고 부른다는 사실을 보았다. 그리고 이에 대해 우리의 지성 능력으로서의 사유$_2$가 세계 및 자신을 지배하는 원리로서의 사유$_1$을 발견해 철학에서 '사유의 사유'로서의 사유$_3$을 성취한다고 정리했다. 따라서 헤겔이 말하는 바의 '정신'을 이해하려면 그것이 방금 말한 '사유'와 얼마만큼 같고 또 얼마만큼 다른지를 밝혀야 한다.

먼저 객관성의 측면에서 본 사유, 즉 객관적 세계를 지배하는 논리적 구조로서의 사유는 종종 '정신'이라는 말로 바꾸어 사용된다. 사실 '정신'은 '사유'라는 규정적인 표현보다는 좀 더 포괄적이고 따라서 좀 더 애매모호하다는 느낌을 주기는 한다. 그렇지만 철학사적으로 볼 때 이는 멀리는 어떤 지성적 원리로서의 누스νοῦς가 만물을 지배한다고 본 아낙사고라스나, 모든 것이 개념의 영역 즉 이데아들의 세계에서 비롯된다고 한 플라톤의 전통을, 가까이는 모든 존재자의 궁극적 근원으로서의 모나드를 '혼'이라고 부른 라이프니츠의 근본사상을 헤겔이 어느 정도 계승하고 있는 것으로 이해될 수 있다. 게다가 사유, 이념, 개념, 이성, 로고스 등등의 다른 단어와 많은 부분을 공유하고 있으면서도 그 단어들보다는 일반적으로 더 친숙한 것이 '정신'이라는 단어다. 그래서 헤겔 철학을 설명할 때 앞에서 본 '사유의 발견'과 거의 동의어로 자주 쓰이는 표현이 바로 '정신의 발견Entdeckung des Geistes'이다.

이처럼 객관성 측면에서 바라본 정신은 실로 이성적이고 지적이고 논리적인 성격을 지닌다. 따라서 대중의 이해를 돕기 위해 헤겔이 "만물에는 정신이 흐르고 있다"고 말하더라도 그것은 정신 또는 신성神性을 근본적으로 모종의 인격적 성질을 가진 것으로 이야기하는 대개의 범심론汎心論, panpsychism이나 범신론汎神論, pantheism과는 다르다. 그래서 헤겔의 객관적 관념론의 대의를 충실히 반영하는 더 정확한 별칭은 오히려 '범논리주의汎論理主義, panlogism'일 것이다. '사유는 무엇인가?'를 다루는 장에서 우리는 모든 것이 개념이고, 모든 것이 판단이며, 모든 것이 추론이라는 것이 헤겔의 강한 확신임을 보았는데, 이를 여기에서 조금만 더 상세하게 설명하면 객관성 측면에서의 정신의 면모가 좀 더 설득력 있게 다가올 것이다.

좀 갑작스러운 것 같지만 1977년에 그 네 번째 에피소드가 개봉된 것을 시작으로 지금도 인기를 끌고 있는 영화 시리즈 〈스타워즈〉를 떠올려보자. 그 첫 장면을 잘 기억할 것이다. 그 긴 시리즈물은 바로 '옛날 옛적 까마득히 먼 어느 은하계에서A long time ago in a galaxy far far away'라는 자막으로 시작된다. 지금 우리가 살고 있는 이 세계와는 전혀 다른 시간과 공간에서 우리와는 전혀 다른 생명체 군에 속하는 어떤 이들이 권력을 둘러싸고 싸우고 죽고, 혹은 서로 사랑하고, 또 정의를 위해 뭉치기도 하고, 누가 누구를 가르치고, 누구는 기뻐하고 누구는 슬퍼하고, 누구는 태어나고 누구는 사라지고, 또 어떤 집단은 이어지고 어떤 집단은 멸망하는 등등 다양한 사건들이 펼쳐진다. 헤겔이 이 영화를 봤다면 상당히 좋아했을 것 같다. 왜냐하면 전혀 다른 이들이 전혀 다른 곳과 전혀 다른 때에 전혀 다른 사건들 속에 살더라도 그 세계 역시 우리 세계를 지배하는 원리와 동일한 원리에 필연적으로 지배되기 때문이다.

　언제 어디에서 어떻게 벌어지는 어떤 사건이건 그것의 발생은 '생성', 즉 '일어남'이라는 범주Kategorie에 포섭되고, 그 사건을 채우는 사물들은 '어떤 것'이라는 범주에 포섭되며, 또한 어떤 것이건 있거나 없거나 할 것이므로 그것들은 '존재' 또는 '무'라는 범주에 포섭된다. 또 모든 사건들은 '언제', '어디서' 말고는 벌어질 수 없기 때문에 '시간', '공간', '현존재'라는 범주에 포섭된다. 누군가 태어나거나 어떤 새로운 사건이 발생하면 그것들은 '생성' 범주에 포섭되고, 반대로 죽거나 사라지면 '소멸' 범주에 포섭된다. 나아가 생성과 소멸은 더 큰 범주인 변화, 즉 '됨'의 범주에 포섭된다. 즉 우리 세계뿐 아니라 어느 세계의 어느 것이건 모든 대상과 현상은 어떤 범주 즉 '개념'에 포섭될 수밖에 없다. 그래서 헤겔은 "모든 것은 개념이다."라고 말하는 것이다. 나아가 어느 때 어느 곳에서 어떤 것에게 어떤 일이 일어나건, 그 어떤 것들은 '~는 ~이다'라는 형식으로 있거나 없거나 생겨나거나 사라지거나 유지되거나 바뀐다. 이것이 바로 "모든 것은 판단이다."가 의미하는 바다. 나아가 어디에서 어떤 일이 벌어지건, 그 모든 일들은 'S가 P이고, P가 Q이면, S는 Q이다'라는 형식을 벗어날 수 없다. 이것이 바로 "모든 것은 추론이다."라는 말을 통해 헤겔이 드러내고자 하는 바다.

방금 든 예에서 우리가 확인할 수 있는 것은 무엇일까? 그것은 아무리 우리와 전혀 다른, 이른바 '절대 타자'라고 여겨지는 것들도 궁극적인 차원에서는 우리 자신과 동일하며, 그 동일성의 정체는 최고로 관념적인 것 즉 '정신'이라는 사실이다. 그래서 '정신'으로서의 우리는 타자 속에서 '정신'을 발견해야 하며, 이 '정신의 발견'은 달리 말하면 '타자 속에서 나 자신을 발견'하는 것이다.

주관성 차원에서의 정신

이제 자연스럽게 이어지는 다음의 물음은, 그렇다면 이러한 객관성 측면에서 바라본 정신을 '우리'는, 즉 주관성 측면에서의 정신은 얼마만큼 잘 인식하는가 하는 것이다. 지금까지의 설명을 통해 우리는 헤겔이 제공하는 답의 대강을 충분히 예상할 수 있을 것이다. 정신에게 절대 타자는 없으며, 그 어떤 대상도 우리 자신과 동일한 근원에서 비롯되기 때문에 우리 정신은 그러한 동일성 내지 동근원성을, 다시 말해 '주체와 객체의 근원적 동일성'을 제대로 인식하면 제 소임을 잘 수행하는 것이고, 반대로 우리 앞에 있는 대상이 우리 자신과는 다르다고 여기면 그 정신은 진리가 아닌 '가상'에 사로잡혀 있다는 것이 바로 헤겔의 답이다.

그래서 그는 처음에 주객이질성에 사로잡혀 있는 단계에서부터 시작해 그 이질성의 가상을 극복하고 주객동일성을 확신하는 단계를 향해 나아가는 과정이 바로 우리 정신의 성장 논리라고 설명한다. 예컨대 「이론정신철학Philosophie des theoretischen Geistes」[15)에서 헤겔은 1) 우리 지성이 주객이질성의 가상에 지배되어 인식을 위해서 항상 외부 대상과의 감각적 접촉을 필요로 하는 단계를 '직관Anschauung'이라고, 2) 직관의 가상에서 벗어나 외부 대상에 대한 의존성을 벗어났지만 그럼에도 아직 완전한 주객동일성의 수준에까지 이르지는 못한 단계를 '표상Vorstellung'이라고, 그리고 3) 지금까지 말한 동일성을 완전히 인식해 세계 속에서 정신을 발견할 수 있는 단계를 '사유'라고 부른다.

정리하자면 일반적으로 우리 정신과는 근본적으로 상이한 차원의 것이라고 믿어져온 객관성의 영역도 궁극적으로는 정신 또는 사유 영역에 속하므로, 주관성 영역에 속하는 우리 정신이 제대로 기능을 수행하기 위해서 필요한 것은, 첫째, 주객이질성에서 벗어나 양자의 동일성을 회복하는 것이며, 둘째, 이는 정신이 외부의 타자에 대한

398

의존성에서 벗어나 자기 스스로의 내면적 작동 원리를 통해 참된 사유를 수행하는 일이다.

현실성을 획득하는 헤겔의 '정신'

이렇게 아주 짧게 압축된 헤겔의 생각은 여러 오해와 반발을 유발할 수 있으며, 그의 상세한 설명 안에서도 의아스런 부분들이 충분히 발견될 수 있는 것도 사실이다. 그러나 그럼에도 우리는 헤겔의 이와 같은 언급들에서 오늘날에도 의미 있는 시사점을 주는 단초를 감지해야 한다.

자연과 타인이라는 타자를 자기와 동일시하는 헤겔의 근본 태도는 첫째, 심화된 생태 위기의 시대를 사는 우리들에게 자연도 궁극적 차원에서는 우리 자신과 동일하므로 자연의 파괴는 결국 우리 자신의 파괴라고 볼 수 있게 하는 자연철학과 생태철학의 계발에 기여할 수 있으며, 둘째, 우리 삶의 절대적 환경으로 작용하고 있는 자본주의 세계가 끝내 만인 대 만인의 투쟁이라는 야만적 단계로 전락하지 않게 바로잡아주는 균형추로 작용해서 '세계시민'에의 꿈을 지킬 수 있게 한다.

우리는 생태계 파괴나 제국주의나 전체주의의 출현 등 현재 또는 가까운 과거의 어두운 체험들의 근원이 서구에 뿌리를 둔 이른바 '근대성'이라고 자주 말하거나 듣고 있다. 하지만 헤겔의 사상에는 이처럼 진정한 근대성, 철저한 근대성은 그러한 폭력성을 결코 정당화하지 않으며, 일정 측면에서는 오히려 사이비 근대가 낳은 상처를 치유할 수 있는 철저한 근대성의 단초를 발견할 수 있다. 따라서 '정신의 발견'은 철학사적 주제일 뿐 아니라 우리 태도에 따라서는 상당한 현실성을 획득할 수 있는 테제 역할을 할 수도 있을 것이다.

자연이란
무엇인가
?

자연은 '이념'의 타자태이자
정신의 출발을 위한 필요조건

자연은 '이념'의 타자태이자
정신의 출발을 위한 필요조건
―권대중

헤겔의 자연철학이 푸대접받는 이유

헤겔의 방대한 체계 가운데서 오늘날 가장 푸대접을 받는 부분은 아마도 자연철학일 것이다.[16] 앞에서 보았듯 헤겔 철학이 압도적으로 정신의 여러 층위를 밝히는 데 집중되어 있기 때문에, 그의 체계 안에서 자연이라는 주제가 상대적으로 홀대받고 있다는 인상을 주는 것도 한 가지 이유로 거론될 수 있을지도 모른다. 그러나 아무래도 더 주된 이유는 다음의 사실에서 찾아야 한다.

첫째, 당시의 자연과학에 비해 오늘날의 자연과학은 감히 비교조차 할 수 없을 정도로 발전했으며, 따라서 오늘날의 전혀 인정되지 않는 내용까지 정설로 인정되던 당시의 낙후된 자연과학을 억지로 정당화하거나 원리짓는 자연철학에까지 깊은 관심을 기울일 연구자는 별로 없을 것이다.

둘째, '정신'이나 '정의', '미', '진리', '선', '역사' 등의 이른바 '인문학적' 주제들에 대해서는 여전히 철학이 해명할 수 있는 부분이 많을 수 있지만, 적어도 객관적 사물 영역의 총체로서의 '자연'에 대해서만큼은 자연과학이 그 학문적 우월성을 철학에게 결코 양보하지 않을 정도로 강력한 설명력을 지니고 있다는 것이 오늘날의 상식이다.

셋째, 비교의 범위를 철학 내로 한정하더라도 헤겔의 자연철학은 특히 환경위기를 맞아 생태학적 성찰을 진지한 주제로 삼고 있는 현대의 맥락에서 볼 때 원천적으로 거부될 소지가 크다. 왜냐하면 철학사에서 자연에 대해 가장 적대적인 입장을 취한 것으로 평가되는 것이 근대철학의 주류인 이성중심주의이고, 그 중에서도 헤겔의 철학은 이성중심주의의 가장 강력한 판본이므로 가장 반생태적인 철학으로 간주될 개연성이 크기 때문이다.

첫째와 둘째 사항과 관련해서는, 헤겔 자연철학에는 오늘날에도 결코 지양되지 않는 유효한 통찰이 여전히 발견될 수 있으며, 또한 과학에 대한 궁극적인 정초 가능성은 결국 철학에서 찾아져야 한다는 다소 원칙론적이고 선언적인 언급으로 족하고자 한다. 이에 대한 상세한 논의는 별도의 많은 지면을 필요로 한다. 따라서 여기서 우리의 관심은 세 번째로 제시된 생태학적 맥락에서 헤겔의 자연철학이 우리 현대인들에게 유의미한 대답을 제공할 수 있는지, 아니면 세간에서 언급되듯이 근본적으로 반생태적인 사고 유형에 속하는 것인지를 밝히는 데 있다.

근대철학은 반생태적인가

먼저 역사적으로 '근대'라 불리는 시대가 생태학적 위기의 근원을 가장 많이 포함하고 있음은 결코 부정할 수 없는 사실이다. 지구상에 존재했던 그 어떤 단일 종種도 인간만큼 이 행성을 극적으로 파괴한 적이 없으며, 더욱이 인간의 역사에서 과거의 그 어떤 시대도 근대 이후만큼 이토록 단시간에 이토록 광범하고 이토록 심각하게 자신의 삶의 터전을 괴멸시킨 전례가 없다. 그래서 생태학 담론에 참여하는 많은 사람들이 위기를 타개하기 위한 일종의 '필요조건'으로 '근대의 청산'을 언급한다.

그렇다면 과연 헤겔의 자연관도 그러한 '청산되어야 할 근대'에 속하는 것일까? 헤겔의 자연철학을 전체 체계 구성과 연관해서 조심스럽게 관찰하면, 자신을 생태학적 위기의 한 철학적 원흉으로 간주해 청산 대상으로 삼는 것은 그의 입장에서는 꽤나 억울한 일일 것 같다. 왜냐하면 시간적으로 함께 '근대'라는 범위에 속하더라도 헤겔에게는 예컨대 데카르트나 심지어 칸트의 노선에서와는 질적으로 다른, 그래서 결과적으로는 오히려 친생태학적인 것으로 평가될 수 있는 생산적인 요소가 충분히 발견되기 때문이다. 익히 알려져 있듯이 데카르트에게서 자연이란 근본적으로 '연장된 것res extensa', 즉 내면이나 주체성이 없이 그저 물리적으로만 존재하는 것으로 간주된다. 그러한 연장적 성격은 생명체이건 무기물이건 상관없이 자연 그 자체의 본질이다. 따라서 인간에게는 고통의 감정이 있지만, 칼에 찔린 말이 소리 지르는 것은 단순한 물리적 반작용에 불과하다. 이러한 연장의 영역을 인간이 장악하고 조작하고 사용하는 것에는 따라서 어떠한 도덕적 부담도 발견되지 않는다.

도덕에 어떠한 조건을 달거나 효용을 따지는 것도 허용하지 않는, 그리고 그럼으로써 윤리학이 형이상학의 지위를 갖게끔 한 위대한 철학자 칸트에게도 유감스럽지만 반생태적 요소가 발견된다. 그의 사상 체계에서 모든 '존재'는 결국은 '구성'으로서의 인식으로 환원된다. '내 앞에 이 나무가 있다'라는 것은 내 앞에 나무가 있다는 객관적 상황의 진술이 아니라, 어떤 대상(인식 불가능한 사물 자체)을 내가 내 앞에 있는 나무의 방식으로 경험한다는 것을 의미한다는 것이 그의 생각이다. 게다가 모든 경험은 나의 인식 틀을 통해 만들어진 것이다. 그래서 이 세계의 주인은 인식 주체로서의 나, 즉 인간이다. 내 앞에 있는 대상은 질료일 뿐이고 그것을 만드는 형식은 내 안에 있다. 바로 이러한 패러다임으로 인해 칸트는 자연에 대한 그의 그토록 경건하고 겸손한 태도에도 불구하고, 그리고 그의 목적론에 포함된 어마어마한 철학적 에너지에도 불구하고 자신을 철학적 반생태주의의 공범으로 몰아가도록 하는 여지를 제공하는 것이다.

'이념'의 타자태로서의 자연

그렇다면 헤겔의 자연철학은 데카르트나 칸트의 경우와는 어떻게 다른가? 여러 차례 언급되었듯이 헤겔의 철학은 객관적 관념론에 속한다. 즉 최고도의 이성적인 질서는 우리의 사유 영역뿐 아니라 객관적 사물과 현상의 영역도 절대적으로 지배하며, 모든 존재하는 것들은 바로 그러한 이성적 질서의 영역, 즉 논리의 영역에서 비롯된다는 확신이 헤겔 철학의 가장 근저에서 작용한다. 이 태초의 근원으로서의 이성적 질서 가운데 가장 최고의 완전한 단계를 헤겔은 '이념' 또는 '절대이념'이라 부른다. 이러한 가장 완벽한 정신적이고 논리적인 것으로서의 이념이 자신과 다른 모습으로, 즉 '타자태他者態, Anderssein'로 드러난 것이 바로 자연이다. 즉 자연이란 이념으로 완성되는 논리의 세계에 종속되고 또한 논리적 질서'에 따라' 존재하지만, 그러한 논리적 질서 자체'로서' 존재하는 것은 아니다. 그 근원은 정신적이지만 실제 존재하는 양태는 물질적인 것이 자연이다. 이것이 바로 헤겔이 말하는 '이념의 타자태로서의 자연'이다.

자연에 대한 이러한 규정은 생태학적 견지에서 볼 때 자못 양가적인 성격을 지닌다. 한편으로 자연은 이념의 '타자태', 즉 이념이 정신이 아닌 물질의 방식으로 존재하기에 이념이 아니고, 따라서 이념이 정신적인 방식으로 현실화되는 인간의 인식 영역보다 저급하다. 그러나 다른 한편으로 자연은 또한 '이념의' 타자태다. 즉 그 외양상 자연은 물리적 법칙에 종속된 사물과 사건들의 총체이지만 그것의 궁극적인 뿌리는 바로 순수한 정신으로서의 이념의 세계에 있으므로, 결과적으로 우리의 정신 영역과 근원적 동일성을 지닌 것이다. 헤겔의 자연관은 전자의 국면이 강조되면 반생태적이고, 후자의 국면이 강조되면 친생태적이다. 전자에서는 정신적 주체로서의 인간과의 차이가 강조되는 반면, 후자에서는 역으로 동일성이 강조되기 때문이다.

그런데 객관적 관념론의 전체 기조를 중심으로 바라볼

때는 헤겔은 아무래도 후자의 입장에 서 있는 것으로 볼여지가 많다. 데카르트나 칸트에게서와는 달리 헤겔에게서는 정신적 주체로서의 우리 인간과 전혀 이질적인 절대적 타자는 없으며, 결국 자연 또한 우리를 지배하는 근원적 질서에 함께 참여하는 동반자로 충분히 해석되기 때문이다. 나아가 헤겔의 자연관을 친생태학적인 것으로 재해석 내지 재평가할 수 있게 하는 적어도 두 가지의 또 다른 요소도 발견된다.

첫째, 헤겔의 체계에서 자연의 존재는 절대이념을 논리적인 측면에서 진정으로 절대적일 수 있게 하는 결정적인 역할을 한다. 절대이념이 진정 절대적이려면, 그것은 완전한 논리적 세계 안에 머물러서는 안 되며, 자신과 전혀 다른 영역으로도 자신을 드러내야 한다. 즉 이것이 바로 이념의 자연으로의 외화外化, Entäußerung이다. 바로 이를 통해 그 어떤 타자도 결국은 이념의 자기 계기로 포섭되며, 이로써 이념은 무한하고 절대적이게 된다.

둘째, 자연은 현실 영역에서 정신 영역의 출현을 가능하게 하는 필요조건이다. 즉 헤겔의 체계에서 순수 정신적인 이념이 현실에서 진정으로 실현되는 지점 또한 순수 정신적인 단계, 즉 순수 개념적 사유를 통해 구현되는 철학이다. 하지만 철학은 이념 그 자체처럼 초시간적·초공

408

간적인 논리의 영역에 존재하는 것이 아니라 구체적인 시간적 및 공간적 좌표에 위치하면서 구체적인 인간을 통해 수행되는 것이다. 다시 말해, 순수한 정신적 현실태인 사유와 철학은 자연적인 조건이 없으면 결코 시작도 될 수 없는 것이다. 이 때문에 인간의 정신은 '유한정신endlicher Geist'이라 불리며, 이 유한정신에게 자연은 문자 그대로 필요조건, 즉 '그것이 없으면 아무것도 있을 수 없는 바의 조건conditio sine qua non'이다. 그리고 이 때문에 자연의 파괴는 주체로서의 정신이 자기의 현실적 존립 조건 자체를 절멸하는 자살 행위일 수밖에 없다.

주석

서문 및 1부

1) R. Eisler, *Kant-Lexikon. Nachschlagewerk zu Kants sämtlichen Schriften, Briefen und handschriftlichem Nachlaß*, Berlin, 1930.

2) M. Inwood, *A Hegel Dictionary*, Oxford: Blackwell, 1992.

3) F. Schiller, Die Götter Griechenlands, in: *Werke* (Nationalausgabe) 1,194.

4) 66.469ff.; E. §§213~222(6.367ff.).

5) E. §§337~376(9.337ff.).

6) 죽음을 그 '이후의 세계'와 연관지어 설명하는 것은 '죽음'에 관한 장의 과제다.

7) G. W. F. Hegel, *Religions-Philosophie*, Hamburg, 1987, 27쪽.

8) J. Ringleben, *Hegels Theorie der Sünde*, Berlin/New York, 1977, 222쪽.

9) Hegel, *Religions-Philosophie*, 281쪽.

10) 같은 곳.

11) Hegel, *Grundlinien der Philosophie des Rechts*, Frankfurt, 1970, § 132 참조.

12) J. Ringleben, 같은 책, 197쪽.

13) Hegel, *Grundlinien der Philosophie des Rechts*, § 137.

14) 같은 책, § 100.

15) 그에 의하면 죄가 복된 이유는 "하느님께서 악으로부터 선을 산출하는

410

것이 아무런 악도 존재하지 못하게 하는 것보다 낫다고 판단하셨기 때문이다." 이 구절은 토마스 아퀴나스의 『신학대전』에도 나타난다. *Summa Theologica*, III. 1. 3, ad 3.

16) 이에 대해서는 다음과 같은 우스갯소리가 있다. 어느 교회 주일학교의 아동반 담임교사가 아이들에게 교리를 가르치기 위해 물었다. "여러분, 구원을 받으려면 어떻게 해야 하죠?" 한 아이가 손을 들고 대답했다. "죄를 지어야 합니다." 즉 원죄가 있어야 구원이 성립하므로 행복의 필요조건을 충족시키기 위해서는 죄를 짓는 것이 역설적으로 의무인 것처럼 된다는 얘기다. 그래서일까? 포르노그래피적 요소로 가득찬 독일의 한 성인 프로그램의 제목이 'Liebe Sünde(사랑스러운 죄)'였다. 한국적 기준으로는 상상도 할 수 없는 온갖 엽기적인 성문화를 취재하고 보여준 다음 방송 말미에는 항상 "mea culpa(내 탓이오, 직역하면 '나의 죄')"가 종료 표시로 제시된다.

17) 12.389. 이하부터 숫자로만 표기되는 헤겔의 저작은 몰덴하우어와 미헬의 편찬본(G. W. F. Hegel, *Werke in zwanzig Bänden*, hrsg. von E. Moldenhauer & K. M. Michel, Frankfurt a. M. 1969~1971)에 의한다. 점 앞의 숫자는 권수를, 뒤의 숫자는 쪽수를 가리킨다. 예컨대 12.389는 제12권 389쪽을 의미한다.

18) 물론 이러한 타락신화에서의 허구적인 줄거리를 벗어나 개념적인 차원에서 거론되는 '원죄'도 있다. 인간은 그 천성에서부터 악하다는 관념이 바로 그것이다. 헤겔은 이러한 관념에 대해서도 적극적으로 인간을 변호한다. 물론 악한 상태를 보이는 인간은 존재한다. 그러나 그가 보기에 그것은 인간의 천성이 아직 제대로 드러나지 않은 경우, 즉 그가 아직 인간답지 못한 상태에 머물러 있는 것이다.

19) Hegel, *Vorlesungen über die Geschichte der Philosophie II*, Frankfurt, 1971, 282쪽.

20) 같은 책, 283쪽.

21) Hegel, *Phänomenologie des Geistes*, Frankfurt, 1970, 452쪽.

22) 같은 책, 453쪽.

23) Hegel, *Grundlinien der Philosophie des Rechts*, 14쪽.

24) Hegel, Glauben und Wissen, in: *GW, Bd. 4*, Hamburg, 1968, 318쪽.

25) Hegel, *Enzyklopädie der philosophischen Wissenschaften III*, § 480.

26) 10,299~300.

27) 3,156.

28) 7,360.

29) Hegel, *Frühe Schriften*, Frankfurt, 1970, 345쪽.

30) 같은 책, 344쪽,

31) 같은 책, 305쪽.

32) 같은 책, 346쪽.

33) 같은 곳 참조.

34) Ch. Taylor, 정대성 역, 『헤겔』, 그린비, 2014, 134쪽.

35) 3,163ff.

36) Hegel, *Religions-Philosophie*, 7쪽, 『종교철학』, 13쪽.

37) 같은 책, 59쪽, 『종교철학』, 71쪽.

38) Hegel, *Phänomenologie des Geistes*, 348쪽.

39) D. Köhler, O. Pöggeler, *Klassiker Auslegen. Phänomenologie des Geistes*, Berlin, 1998, 13쪽 재인용. 이 인용문은 소포클레스의 원문이다.

40) Hegel, *Religions-Philosophie*, 43쪽, 『종교철학』, 52쪽.

41) 같은 책, 154쪽, 『종교철학』, 185쪽.

42) 같은 책, 202쪽, 『종교철학』, 240쪽.

43) 같은 책, 283쪽, 『종교철학』, 333쪽.

44) 같은 책, 279쪽, 『종교철학』, 328쪽.

45) 같은 책, 294쪽, 『종교철학』, 313쪽.

46) 같은 책, 266쪽, 『종교철학』, 315쪽.

47) Hegel, "Glauben und Wissen", 414쪽.

48) 헤겔의 친구 횔덜린은 엠페도클레스의 죽음에 열광했다고 한다. 엠페도클레스는 스스로 화산에 뛰어들어 자신이 신들 가운데 하나인 것처럼 연출하고자 했으나, 신발 한 짝이 튀어나오는 바람에 그의 계획은 무산되었다고 한다.

2부

1) Hegel, *Grundlinien der Philosophie des Rechts*, 26쪽.

2) 같은 책, § 185.

3) Hegel, *Vorlesungen über die Philosophie der Geschichte*, Frankfurt, 1970, 504쪽.

4) 같은 책, 497쪽.

5) Hegel, *Religions-Philosophie*, 294쪽, 『종교철학』, 346쪽.

6) Hegel, *Vorlesungen über die Philosophie der Geschichte*, 496쪽.

7) Hegel, *Religions-Philosophie,* 76쪽, 『종교철학』, 90쪽.

8) *Religions-Philosophie*, 38쪽, 『종교철학』, 47쪽.

9) Hegel, *Grundlinien der Philosophie des Rechts*, 24쪽.

10) Hegel, *Vorlesungen über die Philosophie der Geschichte*, 520쪽.

11) Die Geheimnisse, 1784~1785.

12) 신성을 현세와 적극 연관시킨다는 점에서 헤겔은 친기독교적이라 할 수 있지만, 이처럼 더 이상 예수의 역사라는 일회적 사건이 아닌 인류 보편적 차원에 신성의 현실화 가능성을 열어놓았다는 점에서 그는 반기독교적 철학자로도 여겨질 수 있다.

13) Hegel, *Phänomenologie des Geistes*, 147쪽.

14) 같은 책, 148쪽.

15) Hegel, *Grundlinien der Philosophie des Rechts*, § 270, Zusatz.

16) 물론 헤겔은 간주관성이라는 용어도 제대로 사용하지 않았고, 나아가 우리의 용법으로 '간주관성'에 해당하는 '객관정신'의 실천적 영역을 오히려 궁극적으로는 주체의 이론적 사유의 최고 지점인 철학보다 저급한 단계로 설정하고 만다. 그래서 '이웃', 즉 간주관성의 문제에 관한 한 헤겔은 한편으로는 탁월한 논증을 제공하면서도, 다른 한편으로는 그것을 다시금 주관성 속에서 용해시킴으로써 이론지상주의자라는 오명을 뒤집어쓸 위험에 처해 있다.

17) Hegel, *Grundlinien der Philosophie des Rechts*, § 158.

18) Hegel, *Enzyklopädie der philosophischen Wissenschaften III*, Frankfurt,

1970, § 399.

19) Hegel, Grundlinien der Philosophie des Rechts, § 151.

20) H. Schnädelbach, *Hegels praktische Philosophie*, Frankfurt, 2000, 252쪽.

21) 같은 책, 256쪽.

22) Hegel, *Grundlinien der Philosophie des Rechts*, § 163.

23) 같은 책, § 162 참조.

24) Ch. Taylor, *Hegel*, 『헤겔』, 803쪽.

25) Hegel, *Grundlinien der Philosophie des Rechts*, § 177.

26) 같은 책, § 173.

27) 같은 책, § 175.

28) 같은 책, § 166 참조.

29) 같은 책, § 165.

30) 같은 책, § 163, Zusatz.

31) R. Bubner, *Handlung, Sprache und Vernunft. Grundbegriffe praktischer Philosophie*, Frankfurt, 1976, 171쪽 참조.

32) Hegel, *Phänomenologie des Geistes*, 235쪽.

33) 같은 책, 376쪽.

34) 같은 책, 478, 490쪽.

35) 같은 책, 518쪽.

36) 같은 책, 478쪽.

37) 같은 책, 479쪽.

38) 같은 곳.

39) 가장 대표적인 회의주의적 입장은 고르기아스에 의해 표명되었다. 그에
의하면 1) 아무것도 존재하지 않는다. 2) (설령 어떤 것이 존재하더라도)
우리는 아무것도 알 수 없다. 3) (설령 우리가 무엇을 알더라도) 우리는
아무것도 타인에게 전달할 수 없다. 결국 1), 2), 3)의 화자는 자신이
부정하고자 하는 것을 이미 전제하지 않으면 그 세 명제를 말할 수조차
없는 바의 자기모순을 범하고 있는데, 이에 대해 플라톤은 이미 말을 하는
순간 세 명제가 부정된다는 사실을 즉각 지적한 바 있다.

414

40) Hegel, *Phänomenologie des Geistes*, 13f.

41) Hegel, *Nürnberger und Heidelberger Schriften 1808~1817*, Frankfurt, 1970, 318쪽.

42) Hegel, *Phänomenologie des Geistes*, 32쪽.

43) 같은 책, 326쪽.

44) Hegel, *Nürnberger und Heidelberger Schriften*, 314쪽.

45) Jacques D'Hondt: "Der Endzweck der Erziehung bei Hegel", in: W. R. Beyer, *Die Logik des Wissens und das Problem der Erziehung*, Nürnberg Hegel-Tage, 1981, Hamburg, 1982, 195쪽.

46) Hegel, *Wissenschaft der Logik I*, Frankfurt, 1970, 49쪽.

47) Hegel, *Nürnberger und Heidelberger Schriften*, 321쪽.

48) Hegel, *Grundlinien der Philosophie des Rechts*, § 151, Zusatz.

49) 같은 책, § 177.

50) 같은 책, § 175.

51) Hegel, *Nürnberger und Heidelberger Schriften*, 348쪽.

52) 1,234ff. 참조.

53) 최초의 글은 스위스 바트란트Waadtland 주와 베른Bern 시의 관계에 관한 카르 J.J.Cart의 『비밀편지』에 대한 번역 및 주석(1798)이며, 최후의 글은 영국의 선거법 개정 법안에 관한 글(1831)이다.

54) 13,24f. 참조.

55) Hegel, 『역사 속의 이성』, 96쪽, *Vorlesungen über die Philosophie der Geschichte*, Frankfurt, 1970, 32쪽.

56) Hegel, *Vorlesungen über die Philosophie der Geschichte*, 539쪽.

57) 같은 책, 97쪽.

58) 같은 책, 529쪽.

59) Hegel, *Vorlesungen über die Ästhetik III*, Frankfurt, 1970, 356쪽.

60) Hegel, *Wissenschaft der Logik II*, 425쪽.

61) Hegel, *Enzyklopädie der philosophischen Wissenschaften I*, § 209.

62) 같은 책, § 209, Zusatz.

63) 같은 곳.

64) Hegel, *Enzyklopädie der philosophischen Wissenschaften III*, § 548.

65) F. Schiller, 'Resignation(체념)'

66) P. Cornehl, *Die Zukunft der Versöhnung*, Göttingen, 1971, 159쪽.

67) F. Fukuyama, *The End of History and the Last Man*, New York, 1990, 『역사의 종말』, 한마음사, 1992 참조.

68) 이와 비슷하게 헤겔은 철학사에 대해서도 매우 자기중심적이다. 교수 취임 강연의 한 지점에서 그는 철학이라는 최고의 학문이 다른 곳이 아닌 바로 독일에 새로운 거주지를 찾았다고 말한다. 그리고 그는 자연철학에서는 뉴턴보다 케플러를 절대적으로 높이 평가하는데, 이 점도 그의 자기중심적 태도를 드러내는 요소로 지적되곤 한다. 물론 독일어가 이탈리아어에 비해 근본적으로 성악에 부적합하다고 말하는 미학강의의 설명들처럼 그가 무조건적으로 자기중심주의에 빠져 있지는 않음을 보여주는 반례도 있다.

69) 7,28.

3부

1) Hegel, *Grundlinien der Philosophie des Rechts*, §197.

2) Hegel, *Phänomenologie des Geistes*, 268쪽.

3) 같은 책, 265쪽 이하.

4) Hegel, *Das System der speculativen Philosophie. Fragmente aus Vorlesungsmanuskripten zur Philosophie der Natur und des Geistes(1803/04)*, Hamburg, 1975, 322쪽.

5) Hegel, *Grundlinien der Philosophie des Rechts*, § 183.

6) 같은 책, § 207.

7) GW 6, 321f.

8) 13,338 참조.

9) 7,355~357.

10) 1816년 하이델베르크대학 취임 강연에 포함되어 있던 이 구절을 헤겔은 1818년 베를린대학 취임 강연에도 그대로 끌어온다.

11) 1822년 헨리히Hinrich의 『학문과의 내적 관계에 있는 종교에 관하여Über die Religion im inneren Verhältnis zur Wissenschaft』에 추천자 서문으로 쓴 글에서 헤겔은 슐라이어마허를 다음과 같이 노골적으로 비난했다. "인간에게서 종교가 오로지 감정에 근거를 둔다면 (…) 개야말로 최고의 그리스도일 것이다. 왜냐하면 개는 그러한 감정을 가장 강하게 자신 속에 갖고 있고 무엇보다도 그러한 감정 속에서 살기 때문이다. 개는 뼈다귀를 먹고 주린 배가 채워질 때 (인간이 종교에서 느끼는 것과 비슷한) 구원의 감정마저 갖게 된다."

12) 이는 비토리오 회슬레에 의한 탁월한 정식화를 필자가 이해를 용이하도록 하기 위해 좀 더 평이한 표현으로 풀어 쓴 것이다. 회슬레의 정식화는 다음과 같다. "우리의 주관적 사상이 존재를 향하는 것도 아니요, 존재가 우리의 주관적 사상과 표상을 향하는 것도 아니다. 오히려 존재와 우리의 주관적 사상이라는 양자는 모두가 객관적 사상을 향한다." V. Hösle(1988), S. 66f.

13) 사유라는 수행능력을 철학과 적극적으로 연결시키기 위한 헤겔의 또 다른 노력을 우리는 그의 『정신철학』에서 개진되는 훨씬 더 정교하고 상세한 설명들에서 발견할 수 있다. 거기서 그는 사유란, '기호들의 상기Erinnerung der Zeichen', 즉 언어화된 개념들의 상기로 매우 협의로 정의되는 '기억'이 '기계적'일 정도로 능하게 구사될 때 비로소 수행 가능한 지성능력이라고 규정한다. 이 역시 우리의 관심을 끄는 매우 흥미로운 발상이지만, 부족하나마 좀 더 자세한 설명은 '정신이란 무엇인가?'를 다루는 장에서 가능할 것이다.

14) Hegel, *Phänomenologie des Geistes*, 302쪽 이하.

15) 같은 책, 303쪽.

16) 같은 책, 520쪽.

17) Hegel, *Wissenschaft der Logik II*, 206쪽.

18) 같은 책, 205쪽.

19) 같은 책, 212쪽 이하.

20) H. Schmitz, *Hegels Logik*, Bonn, 1992, 136f. 참조.

21) Hegel, *Hegels Theologische Jugendschriften*, Tübingen, 1907, 147쪽. W. Jaeschke, *Hegel Handbuch*, Stuttgart/Weimar, 2003, 97쪽에서 재인용.

22) M. Buchanan, *Ubiquity*, London, 2000, 『우발과 패턴』, 시공사, 2014 참조.

23) Hegel, *Enzyklopädie der philosophischen Wissenschaften I*, § 145.

24) 물론 헤겔이 '간주관성'이라는 개념을 특정한 범주로 명시적으로 구분해 주제화한 것은 아니고, 또 그의 철학 전체에는 간주관성보다는 오히려 주관성이 더 부각되는 지점도 종종 발견되기는 한다. 하지만 특히 사회철학적 저술이나 강의들에서는 적어도 유아론적 주관성이야말로 저급하고 따라서 마땅히 지양되어야 할 단계로 간주되며, 타자를 자신과 동일시할 줄 아는 단계가 훨씬 더 높은 단계로 설정되는 것은 분명한 사실이다.

25) E. §428Z, 10.218 참고.

26) Hegel, *Enzyklopädie der philosophischen Wissenschaften III*, § 474.

27) Hegel, *Vorlesungen über die Philosophie der Geschichte*, 38쪽.

28) 같은 책, 25쪽.

29) 같은 책, 45쪽 이하.

30) 1806년 친구 니트함머Niethammer에게 보내는 편지.

31) *Enzyklopädie III*, § 474.

32) 같은 책, 49쪽.

33) 같은 책, 59쪽.

34) *Das UTB-Online-Wörterbuch Philosophie*, A. G. Wildfeuer, 'Theodizee'.

35) Hegel, *Vorlesungen über die Philosophie der Geschichte*, Kapitel 51.

36) H. Schnädelbach, *Hegels praktische Philosophie*, Frankfurt, 2000, 96쪽.

37) 같은 책, 215쪽.

38) 같은 책, 243쪽.

39) Hegel, *Vorlesungen über die Philosophie der Religion*, Erster Band, Hrsg. v. G. Lasson, Hamburg, 1974, 76.

40) Hegel, *Vorlesungen über die Philosophie der Geschichte*, Kapitel 1.

41) 같은 곳.

4부

1) 이 책은 얼마 전까지 '철학백과', '철학강요' 등으로 번역되거나 아니면
아예 '엔치클로패디'라는 독일어 발음을 그대로 써서 표기되어왔고, 지금도
많은 연구자들은 이러한 관행에 따르고 있다. 하지만 그 첫 단어부터
논리적 필연성에 따라 설정되어야 하고, 그에 이어지는 모든 내용의 진행
역시 내적 필연성에 의거해야 하는 것일 뿐 아니라, 이를 통해 전체가
하나의 유기적이고 거대한 '체계'를 구성해야 하는 것이 헤겔이 말하는
'철학적' 백과인 점을 반영하기 위해 한국헤겔학회에서는 약 십 년 전에
헤겔전집 간행과 연관해서 이 책을 '철학대계哲學大系'로 부르기로 했다.

2) E § 1, 8.41.

3) 독일에서 최근에 실시된 설문조사에 따르면, 대학 입학 시 철학을
전공으로 선택하거나 아니면 타전공자라도 철학 강의를 찾는 학생들이
철학을 찾는 가장 큰 이유로 언급된 것이 바로 '삶의 의미를 생각해보기
위해서'였다고 한다. 우리나라에서도 이와 비슷한 취지의 철학 수요를
많이 확인할 수 있다. 가령 2012년 한국연구재단이 주관한 '인문주간'의
개막사에서 학술원장은 이른바 '문·사·철'의 세 분과로 대표되는 인문학의
가장 본질적인 소명을 '치유healing'라고 규정한 바 있다.

4) L. Wittgenstein, *Tractatus Logico-Philosophicus*, 7: "Wovon man nicht
sprechen kann, darüber muß man schweigen."

5) 이 비유는 "여우는 많은 것을 알지만, 고슴도치는 큰 것 하나를 안다"는
고대 그리스의 시인 아르킬로쿠스의 말을 재해석한 아이사야 벌린에 의해
널리 알려졌다(Isaiah Berlin, *The Hedgehog and the Fox*, 1953). 철학의 경우,
하나의 통일된 형이상학적 원리에 기대어 총체적이고 거대한, 따라서
어렵기 짝이 없는 체계적 담론을 (일관되게 또는 미련하게) 추구하는
이들은 고슴도치에, 그리고 명쾌한 답변이 가능한 문제들을 다루면서
즉각적이고 실용적인 태도를 취하는 이들은 종종 여우에 비유되곤 한다.

6) Was vernünftig ist, das ist wirklich; und was wirklich ist, das is vernünftig.(Vorrede zu *Grundlinien der Philosophie des Rechts*. 7.24)

7) S. Kierkegaard, *Tagebuch*, 1842/44.

8) M. Frank, *Kaltes Herz, Unendliche Fahrt, Neue Mythologie*, Frankfurt, 1989, 96f. 참조.

9) "Das sogenannte Älteste Systemprogramm", in: M. Frank, G. Kurz (Hg.), *Materialien zu Schellings philosophischen Anfängen*, Frankfurt, 1975.

10) 같은 책, 111쪽 이하.

11) H. Lübbe, *Religion nach der Aufklärung*, Graz/Wien/Köln, 1986, 25쪽 이하.

12) F. Schlegel, Brief 7, Mai, 1799.

13) "Das sogenannte Älteste Systemprogramm", 111쪽.

14) '세계정신Weltgeist'은 여러 차례 의미 변천을 통해 헤르더와 헤겔에 이르러 '역사를 통해 스스로를 현시하는 정신(이성)'이라는 의미로 특화된 개념으로서, 헤겔이 예나에 있을 때 나폴레옹의 모습을 직접 보고 '말을 탄 세계정신'이라 칭했다는 얘기가 특히 유명하다. '절대정신der absolute Geist'은 헤겔이 하나의 분명한 범주로 구분해서 다루는 개념으로, 그의 전 체계 가운데 맨 마지막 부분 즉 최고 단계에 해당하며, 구체적으로는 예술, 종교, 철학을 통해 인간정신이 절대이념을 인식하는 단계로 정의된다.

15) 헤겔의 『철학대계』는 그의 체계에 상응해 총 3권으로 구성되어 있는데, 제1권 『논리학』, 제2권 『자연철학』에 이은 제3권이 『정신철학』이다. 정신철학은 다시 「주관정신철학」, 「객관정신철학」 및 「절대정신철학」으로 3분되는데, 「이론정신철학」은 주관정신철학의 매우 핵심적인 부분으로서 최종 부분인 절대정신철학을 원리적으로 기초짓는 역할을 담당한다.

16) 독일 유학 당시 나는 헤겔의 자연철학을 강독하는 세미나식 강의를 들은 적이 있는데, 그 강의가 전후 독일 대학에서 개설된 두 번째의 헤겔 자연철학 관련 과목이었다고 한다.